浙江省社会科学重点研究基地（江南文化研究中心）社科规划课题成果

项目编号：15JDJN03YB

江南文化世家研究丛书

梅新林　陈玉兰◎主编

六朝吴兴沈氏文化世家研究

周淑舫／著 ●

中国社会科学出版社

图书在版编目（CIP）数据

六朝吴兴沈氏文化世家研究／周淑舫著. —北京：中国社会科学出版社，2019.4
（江南文化世家研究丛书）
ISBN 978-7-5203-4357-2

Ⅰ.①六…　Ⅱ.①周…　Ⅲ.①宗族-研究-中国-六朝时代　Ⅳ.①K820.9

中国版本图书馆 CIP 数据核字（2019）第 074440 号

出 版 人	赵剑英
责任编辑	宫京蕾
特约编辑	李晓丽
责任校对	李　莉
责任印制	李寡寡

出　　版	中国社会科学出版社
社　　址	北京鼓楼西大街甲 158 号
邮　　编	100720
网　　址	http：//www. csspw. cn
发 行 部	010-84083685
门 市 部	010-84029450
经　　销	新华书店及其他书店

印刷装订	北京君升印刷有限公司
版　　次	2019 年 4 月第 1 版
印　　次	2019 年 4 月第 1 次印刷

开　　本	710×1000　1/16
印　　张	18
插　　页	2
字　　数	268 千字
定　　价	78.00 元

凡购买中国社会科学出版社图书，如有质量问题请与本社营销中心联系调换
电话：010-84083683

总　序

　　《江南文化世家研究丛书》是浙江省社会科学重点研究基地——浙江师范大学江南文化研究中心（下文简称"中心"）重大研究项目的系列成果。"江南"的区域定位、"文化世家"的中心主题以及"丛书"系列的发表方式，鲜明地体现了《江南文化世家研究丛书》的学术意旨。

一

　　"江南"是一个同时兼容自然地理与文化地理、历史意涵与现实意涵的充满活力与魅力的空间概念，主要包含了地理方位、行政区划以及意象空间三重意涵，彼此有分有合，相互交融，由此形成"大江南""中江南""小江南"的不同空间指向。

1. "江南"的地理方位

　　江南，即长江以南之谓也，最初为一自然地理概念，然后逐步被赋予诸多的文化意涵。在二十四史中，以司马迁《史记》有关"江南"的记载为最早：

　　　　（舜）年六十一代尧践帝位。践帝位三十九年，南巡狩，崩于苍梧之野。葬于江南九疑，是为零陵。（《史记·五帝本纪》）

　　　　禹会诸侯江南，计功而崩，因葬焉，命曰会稽。（《史记·夏本纪》）

　　　　秦昭襄王三十年，蜀守若伐楚，取巫郡及江南为黔中郡。（《史记·秦本纪》）

— 1 —

> 王翦遂定荆江南地；降越君，置会稽郡。（《史记·秦始皇本纪》）

> 吴王濞弃其军，而与壮士数千人亡走，保于江南丹徒。（《史记·周勃世家》）

以上所载"江南"，正如同"中原""塞北""岭南"等地理名词一样，仅用以表现特定的地理方位，涉及今长江中下游的广大区域，所指区域范围相当宽泛，却难以明确其边界所在。可见这里的"江南"是一个泛指地理方位的"大江南"概念。

此外，《史记·货殖列传》将全国物产与民俗地理分为四大区域："夫山西饶材、竹、谷、纩、旄、玉石；山东多鱼、盐、漆、丝、声色；江南出楠、梓、姜、桂、金、锡、连、丹砂、犀、玳瑁、珠玑、齿革；龙门、碣石北多马、牛、羊、旃裘、筋角；铜、铁则千里往往山出棋置；此其大较也。""江南"作为与山西、山东及龙门、碣石并列的四大区域之一，同时兼具标识经济（物产）地理和民俗地理方位的意涵。值得注意的是，《史记·货殖列传》还有一段有关"楚越之地"与"江淮以南"经济（物产）地理和民俗地理的记载："总之，楚越之地，地广人希，饭稻羹鱼，或火耕而水耨，果蓏蠃蛤，不待贾而足，地势饶食，无饥馑之患，以故呰窳偷生，无积聚而多贫。是故江淮以南，无冻饿之人，亦无千金之家。"以"江淮以南"与"楚越之地"相对应，则已大致确定了江南的区域范围，即主要是指今长江中下游以南地区。

司马迁《史记》虽出于西汉，但其中所反映的地理观念则渊源有自。所以，《史记》所谓之"江南"，或许不仅代表了汉代而且也代表了此前更早时期的比较通行的"大江南"观。在《史记》之后，《汉书》《后汉书》也大致沿承了这一"大江南"概念：

> 楚有江汉川泽山林之饶；江南地广，或火耕水耨。民食鱼稻，以渔猎山伐为业，果蓏蠃蛤，食物常足。故呰窳偷生，而亡积聚，饮食还给，不忧冻饿，亦亡千金之家。（《汉书·地理志》）

吴地，斗分野也。今之会稽、九江、丹阳、豫章、庐江、广陵、六安、临淮郡，尽吴分也。……吴东有海盐章山之铜，三江五湖之利，亦江东之一都会也。豫章出黄金，然堇堇物之所有，取之不足以更费。江南卑湿，丈夫多夭。会稽海外有东鳀人，分为二十余国，以岁时来献见云。（《汉书·地理志》）

江南宗贼大盛……唯江夏贼张虎、陈坐拥兵据襄阳城，表使越与庞季往譬之，乃降。江南悉平。（《后汉书·刘表传》）

更始元年……天下新定，道路未通，避乱江南者皆未还中土，会稽颇称多士。（《后汉书·循吏传》）

仍然泛指今长江中下游以南地区，但重心似呈东移之势。

与"江南"相近的还有"江东""江左""江浙"等。"江东"又称"江左"，其地理方位的确定是由于长江在安徽境内向东北方向斜流，于是以此处为标准确定东西和左右。魏禧《日录杂说》对此解释道："江东称江左，江西称江右，盖自江北视之，江东在左，江西在右耳。""江东""江左"的区域范围也有广义和狭义之分，狭义是指芜湖、南京一带，广义是指以芜湖为轴心的长江下游南岸地区，大致与春秋时期的吴国相接近。以此对应于古代有关"江东"的记载，诸如《史记·春申君列传》："（春申君黄歇）献淮北十二县。请封于江东。考烈王许之。春申君因城故吴墟，以自为都邑。"《史记·项羽本纪》："江东虽小，地方千里，众数十万人，亦足王也。""且籍与江东子弟八千人渡江而西，今无一人还，纵江东父兄怜而王我，我何面目见之！"《史记·黥布列传》："项梁定江东会稽，涉江而西。"《三国志·吴书·周瑜传》："将军（孙权）……割据江东，地方数千里，兵精足用"；有关"江左"的记载，诸如《晋书·王导传》："京洛倾覆，中州士女避乱江左者十六七。"《晋书·温峤传》："于时江左草创，纲维未举，峤殊以为忧。及见王导共谈，欣然曰：'江左自有管夷吾，吾复何虑！'"邵雍《洛阳怀古赋》："晋中原之失守，宋江左之画畿。"区域范围即在狭义与广义的"江东""江左"之间游动。周振鹤曾从历时性的角度总括"江南"与"江东""江左"的关系，谓"汉代人视江南已比先秦及秦人宽泛了，包括今天的江西及安徽、江苏南部。这时候，江南的概念大于江东，说江南可以概江东了。到了南北朝隋代，'江南'一词已多用来代替江东与江左"。① 比较而言，尽管"江东""江左"与"江南"一样，都有广义和狭义之分，然而一者"江南"所指的区域范围相当宽泛，而"江东""江左"则较为确切；二者"江南"区域范围原先大于"江东""江左"，然后随着时间的推移，"江南"的区域范围逐步缩小而向"江东""江左"靠拢，以至彼此可以相互替代。至于"江浙"之称，源于北宋设立江南东路、江南西路和两浙路，南宋再分两浙路为浙江东路、浙江西路，区域范围大致相当于今天的上海、浙江、江西全境以及江苏、安徽的长江以南部分。元代设立江浙行省，区域范围大致相当于今浙江、福建两省全境。清代分别设立江苏省与浙江省，后人合称为"江浙"，在区域范围上与江南和江东、江左有分合。

2. "江南"的行政区划

以"江南"为行政建制究竟始于何时？学界存有争议。裴骃《史记集解》引徐广曰："高帝所置。江南者，丹阳也，秦置为鄣郡，武帝改名丹阳。"张守节《史记正义》则认为"徐说非。秦置鄣郡，在湖州长城县西南八十里，鄣郡故城是也。汉改为丹阳郡，徙郡宛陵，今宣州地也。上言吴有章山之铜，明是东楚之地。此言大江之南豫章、长沙二郡，南楚之地耳。徐、裴以为江南丹阳郡属南楚，误之甚矣"。由于缺少其他相关文献的佐证，《史记集解》所引徐广之说终究难以定论。据班固《汉书·地理志》载，西汉末年王莽曾改夷道县（今湖北宜都）为江南县②，此为"江南"由地理方位转化并落实为行政区划之始，然以"江南"局限于一县之区域范围，实与当时通行的"大江南"地理空间概念不相称。再至唐

---

① 周振鹤：《释江南》，《中华文史论丛》第49辑，上海古籍出版社1992年版。

② 班固：《汉书》卷二八《地理志第八上》，中华书局2006年版，第1566页。

代贞观元年（627），分天下为十道，其中之一道即名之为"江南道"，区域范围涵盖自今湖南西部东至江浙地区，较之西汉王莽时首设的江南县，已在政区空间的层面与"大江南"地理空间概念相衔接。开元二十一年（733），再将江南道一分为三（江南东道、江南西道、黔中道），其中江南东道（简称江东道）大致包括了今浙江、福建二省以及江苏、安徽二省的南部地区。中唐时期，又将江南东道细分为浙西、浙东、宣歙、福建四个观察使辖区。北宋至道三年（997），分天下为十五路，其中两浙路、江南东路、江南西路大致相当于今江苏、安徽长江以南地区与上海、浙江、江西全境。元代改路为省，所设江浙行省的区域范围大致相当于今浙江、福建两省全境。明代设立南北直隶，南直隶所辖区域缩小至今江苏省、上海市和安徽省全境的范围。清代顺治二年（1645）以此另设江南省，所辖与明代南直隶区域范围大致相当。

3. "江南"的意象空间

"江南"意象空间之与地理、政区空间所不同者，似乎在于更具感性化、个性化、诗意化色彩，因而令人时有随心所欲、变动不居之感。自古而今，在历代文人笔下都曾不断出现对"江南"的追忆和描述：南朝齐谢朓《入朝曲》："江南佳丽地，金陵帝王州。逶迤带绿水，迢递起朱楼。飞甍夹驰道，垂杨荫御沟。凝笳翼高盖，叠鼓送华辀。献纳云台表，功名良可收。"咏的是金陵，显然以金陵为江南之代表。南朝梁丘迟《与陈伯之书》："暮春三月，江南草长，杂花生树，群莺乱飞。见故国之旗鼓，感平生于畴日，抚弦登陴，岂不怆恨。所以廉公之思赵将，吴子之泣西河，人之情也；将军独无情哉！想早励良规，自求多福。"宋代王安石《泊船瓜洲》："京口瓜洲一水间，钟山只隔数重山。春风又绿江南岸，明月何时照我还。"清代严绳孙《江南好》："江南好，一片石头城。细雨飞来矶燕小，暖风扶上纸鸢轻，依约是清明。"所写所咏也都是金陵。唐代白居易《忆江南》三首追忆江南之美，先总后分。其一："江南好，风景旧曾谙。日出江花红胜火，春来江水绿如蓝。能不忆江南？"为总写江南之美。其二："江南忆，最忆是杭州。山寺月中寻桂子，郡亭枕上看潮

头。何日更重游?"咏的是杭州。其三:"江南忆,其次忆吴宫。吴
酒一杯春竹叶,吴娃双舞醉芙蓉。早晚复相逢?"咏的是苏州。白居
易曾先后任杭州刺史、苏州刺史,显然以苏杭为江南之代表。清代龚
自珍《吴山人文徵沈书记锡东饯之虎邱》:"一天幽怨欲谁谙? 词客
如云气正酣。我有箫心吹不得,落花风里别江南。"所咏也是苏州,
同样以苏州为江南之代表。唐代杜牧《寄扬州韩绰判官》:"青山隐
隐水迢迢,秋尽江南草未凋。二十四桥明月夜,玉人何处教吹箫。"
清代龚自珍《过扬州》:"春灯如雪浸兰舟,不载江南半点愁。谁信
寻春此狂客,一茶一偈过扬州。"咏的是扬州,则以扬州为江南之代
表。元代虞集《听雨》诗:"屏风围坐鬓毵毵,绛蜡摇光照暮酣。京
国多年情态改,忽听春雨忆江南。"又《风入松》词:"画堂红袖倚
清酣,华发不胜簪。几回晚直金銮殿,东风软花里停骖。书诏许传宫
烛,香罗初剪朝衫。御沟冰泮水拖蓝,飞燕又呢喃。重重帘幕寒犹
在,凭谁寄金字泥缄。为报先生归也,杏花春雨江南。"咏的是故乡
江西崇仁。清代朱彝尊《卖花声》:"背郭鹊山村,客舍云根,落花
时节正销魂。又是东风吹雨过,灯火黄昏。独自引清樽,乡思谁论,
声声滴滴夜深闻。梦到江南烟水阔,小艇柴门。"咏的是故乡浙江秀
水,皆以故乡为江南之代表。但就其总体趋势观之,多聚焦于长江三
角洲地带,尤其以环太湖流域的金、陵、苏、杭为核心区域。

综观"江南"作为地理方位、行政区划与意象空间三重意涵
的演变与交融,并参考诸多学者的意见,大致可以划定"大江
南""中江南""小江南"的空间区域范围:"大江南"对应于长
江以南地区,源起最早,但随着时代的推移而逐渐被人们所抛
弃;"小江南"对应于环太湖流域,近代以来渐居上风,当代许
多学者如王家范、刘石吉、樊树志、范金民、包伟民、陈学文等
在有关江南问题的专题研究论著中对"江南"区域范围的界定与
确认,以及如李伯重《简论"江南地区"的界定》①、周振鹤

---

① 李伯重:《简论"江南地区"的界定》,《中国社会经济史研究》
1991 年第 1 期。

《释江南》①、徐茂明《江南的历史内涵与区域变迁》② 等对 "江
南" 的专业性释义，也基本持此观点；"中江南" 则有一定的分
歧，或包括今浙江省、江西省与上海市之全部以及江苏、安徽两
省的长江以南部分，大致与宋代的江南东路、江南西路与两浙路
区域范围相当；或将其中的江西省排除在外，接近于通行的 "江
东" "江左" 的区域范围。本丛书之 "江南" 所取为后一意义，
同时又以环太湖流域为核心区域。

二

江南文化孕育和发展于江南区域，然后逐步从边缘走向中心，进
而引领全国、走向世界，向世人充分展示了其超越区域文化之上的独
特意义与魅力。这是由建都、移民与文化交融三大要素综合作用于江
南区域的核心成果。

1. 从文化边缘到文化中心的跨越

追本溯源，江南同样有着深厚的文化积累与悠久的文化传统，远
古时代的河姆渡文化、马家浜文化、崧泽文化、良渚文化等的相继出
现，已经为后来江南文化的发展与繁荣开启了源头。然而，三代以降
直至东晋之前，各主要王朝皆建都于黄河流域中原地区，因而全国文
化中心也相应地在黄河流域作东西向移动。其间，尽管前有春秋战国
时期吴、越建都江南，吴越文化发展成为江南区域文化的代表，后有
三国鼎立时代东吴立国江南，对于区域开发、人才聚集与文化发展都
产生了重要作用，在一定程度上带动了江南区域文化地位的上升，但
终究无法改变长期处于边缘状态的局面。

东晋建都建康，全国文化中心首次由中原迁于江南，由此形成了
江南文化发展史上的第一次高峰。陈正祥尝谓西晋末 "永嘉之乱"、
唐代 "安史之乱"、北宋末 "靖康之难"，为逼使中国文化中心南迁

---

① 周振鹤：《释江南》，《中华文史论丛》第 49 辑，上海古籍出版社
1992 年版。

② 徐茂明：《江南的历史内涵与区域变迁》，《史林》2002 年第 3 期。

的三次波澜①。由"永嘉之乱"引发的直接后果：一是迁都，从西晋洛阳到东晋建康，江南文化首次由边缘走向中心；二是移民，史载西晋末年"永嘉之乱"发生之际，"京洛倾覆，中州士女避乱江左者十六七"②，因而为安置大量北方移民而特别设立的"侨郡"也重点分布于江南地区。此后，以王、谢为代表的北方"侨姓"不仅主导了东晋政局，从"王（导）与马，共天下"经历"庾（亮）与马，共天下""桓（温）与马，共天下"，一直延续至"谢（安）与马，共天下"，而且主导了东晋文坛，通过与江南本土文化的交融与重建，最终熔铸为一种由武而文、由刚而柔、由质而华的新江南文化精神。由东晋延续于南朝，在南北文化之间，又时时交织着士族与庶族文化的冲突与交融，两者一同成为本时期江南区域文化创新活力的主要源泉。"永嘉之乱"第一次波澜发之于中原，而最终落之于江南，首次确立了江南文化引领全国的中心地位，在江南文化发展史上无疑是一次具有划时代意义的质的飞跃。

2. 从文化次中心到文化中心的回归

由隋而唐统一全国建都长安，至北宋建都汴京，全国文化中心再次北返，江南区域文化随之退出中心地位。然而，由唐代"安史之乱"引发的第二次波澜虽然未尝导致迁都之后果，但却再次引发了大规模的移民浪潮，尤其是大批上层移民的定居江南，对于江南区域文化的发展起到了极为重要的作用。再至五代时期，偏安于江南的吴越国、南唐经济与文化的局部繁荣，也有益于巩固中唐以来江南区域文化发展的良好态势。所以，隋唐至北宋时期江南区域文化地位的下降，只是从东晋南朝的中心地位降至次中心地位，而与东晋以前长期处于边缘化状态有所不同。事实上，由于中唐以来江南地位的回升，江南区域文化的积累日益丰厚，到了北宋时期已渐与中原并驾齐驱。

南宋建都临安，全国文化中心再次由中原迁于江南，由此形成了江南文化发展史上的第二次高峰。作为促使中国文化中心南迁的第三

---

① 陈正祥：《中国文化地理》，三联书店1983年版。
② 房玄龄等：《晋书》卷六五《王导传》，中华书局2003年版，第1746页。

次波澜，北宋末年"靖康之难"的爆发，同样产生了两个直接后果：一是迁都，从北宋汴京到南宋临安，江南文化从次中心走向中心；二是移民，本次北方大移民潮尤其是上层移民远远超过唐代"安史之乱"的第二次波澜，而与西晋末"永嘉之乱"第一次波澜相当，迁居重地落在以都城临安为中心的江南地区，只是不再如东晋特别设立"侨郡"而是让北方移民分散迁居各地，直接融入本土文化，显然更有利于促进南北文化的交融。另外，宋代商业经济的发展与市民文化的兴盛，既对传统文化造成了不同程度的冲击，同时也为儒学道统的重建提供了新的机遇和活力。由永康学派、永嘉学派、金华学派所组成的浙东学派于江南东南部的崛起，在倡导事功与重商主张上与理学主流意识形态的分流，以及诸如陈亮与朱熹的义利之辩，都可以视为不同文人学士群体面对市井文化挑战、重建儒学文化传统所作出的不同回应。不妨这样说，由陈亮、叶适、吕祖谦等倡导义利兼顾，甚至直接为商业、商人辩护，实际上开启了经世致用的另一儒学新传统，而且更具近世意义与活力，具有解构理学的潜在功能。所以，本时期江南区域文化的创新活力不仅源于南北文化，同时也源于士商文化的冲突与交融。"靖康之难"第三次波澜发之于中原，而最终落之于江南，进一步巩固了江南文化引领全国的中心地位。

3. 从一元文化中心到双重文化中心的建构

元代建都大都，对江南业已形成的全国文化中心地位构成了严峻的挑战，但其结果并没有重复隋唐至北宋的北返命运，而是形成了一种新的二元模式：一是政治中心与文化中心的分离，大都作为元代首都，同时必然是全国政治中心，但江南因为两次文化高峰奠定的独特优势与惯性作用，依然居于全国文化中心地位；二是南北双重文化中心的形成，即江南因其区域文化优势而成为优秀人才及其文化创造成果的输出中心，而首都大都则因其政治地位而成为全国文人群体荟萃之地与文化活动中心，前者不妨称之为"本籍"文化中心，后者则不妨称之为"客居"文化中心，前者对后者具有重要的支撑作用。

明代建都南京，而后迁都北京，但仍以南京为陪都，全国文化中心业已牢固地确立于江南，由此形成了江南文化发展史上的第三次高峰。与南北双都结构相契合，明代文化中心先由二元分离回归统一，继之再成南北对应之格局。清代继续建都北京，但取消了南京的陪都建制，其政治中心与文化中心的两相分离、"客居"与"本籍"双重文化中心的南北对应的二元模式与元代相承，而与明代明显有别。但不管如何，在经历上述三次高峰之后，江南作为全国文化中心的地位已牢固确立，再也无法改变。然而，从社会历史进程的坐标上看，与明代同时的西方已进入文艺复兴时代，文艺复兴、思想启蒙、宗教改革等此呼彼应，成为摧毁封建专制主义、开创资本主义文明、实现社会转型的主体力量，并逐步形成一种张扬人性、肯定人欲的新文化思潮，即初具近代启蒙性质的文化思潮。而明代也同样进入了近世时代，一方面，日趋僵化的程朱理学已经无法适应基于商品经济发展的新的文化生态与文化精神的需要，而宋元两代以来日益高涨的市民思想意识，则在不断地通过士商互动而向上层渗透，这是推动中国社会与文化转型的重要基础；另一方面，明代尤其是从明中叶开始，由王阳明心学对官方禁锢人性的理学的变革，再经王学左派直到李贽"童心说"的提出与传播，实已开启了一条以禁锢人性、人欲始，而以弘扬人性、人欲终的启蒙之路，王学之伦理改革的意义正可与西方马丁·路德的宗教改革相并观。这说明基于思想启蒙与商业经济刺激的双向推动，理学的衰落与启蒙思潮的兴起势不可当，而起于南宋的陈亮、叶适、吕祖谦等事功之学以及陆九渊心学在江南的传播及其后续影响，便通过从王学到王学左派，由思想界而后文艺界、科学界引发了联动效应。江南文化在其第三次高峰到来之际，最充分地显示了源于士商文化冲突与交融的创新活力，同时也更加牢固地确立了其引领全国的中心地位。

近代以来，上海凭借其地缘优势发展为近代中国的一个新兴国际都会与中西文化交流中心，元代以来传统的南北双重文化中心模式借此得以革新和重塑。在走向世界与现代的历史进程中，明清时期理学的禁锢与衰落，意味着中国文化需要再次借助和吸纳一种新的异质文化资源进行艰难的重建工作，而在中国文化或东方文化内部，已无提供新的文化资源的可能，这就迫切需要通过中西文化的交流与融合，推进中国传统文化的重建与转型，继而实现中华民族文化的伟大复兴。若以历史的眼光略作回溯，那么，可以 16 世纪中叶西方传教士陆续进入中国进行"知识传教""学术传教"为前锋，以五四新文化运动与当代改革开放时期为前后两次高潮，前一次高潮的核心主题是推进中国传统文化的重建与转型，后一次高潮的核心主题则是实现中华民族文化的伟大复兴。基于这一历史机遇与使命，江南再次显示出了开风气之先、领时代新潮的气度与实力，在经过一番自我调整而将区域重心东移之后，于是以上海为轴心，以长三角为舞台，以环渤海与珠三角为两翼，以内陆广大地区为后盾，然后以江南区域文化带动和推动中国文化从本土走向世界，从传统走向现代。

武廷海在《中国城市文化发展史上的"江南现象"》一文①中曾提出"江南之江南""中国之江南""世界之江南"的三阶段论，颇有启示意义。以此对应于上文所述江南文化发展历程，则从远古到东晋江南成为全国文化中心之前，为"江南之江南"阶段，也是以江南本土文化为主导的阶段，历时最长，但积淀不厚，所以一直处于文化边缘地位；东晋南朝从文化边缘走向中心以后，由"江南之江南"进入了"中国之江南"阶段，并在南北、士商文化的冲突与交融中先后形成三次高峰；近代以来，在中西文化冲突与交融的背景下，再由"中国之江南"进入"世界之江南"阶段，江南文化由此开始了走向世界与现代转型的历史新征程。

三

江南文化世家作为江南区域文化的杰出成果与重要标志，既孕育和诞生于江南区域肥沃的文化土壤之中，又伴随着江南区域文化的发展而发展。

1. 汉代至西晋：江南文化世家的初兴时期

文化世家发源于巫、史、子的家族文化化与文化家族化的缓慢进

---

① 武廷海：《中国城市文化发展史上的"江南现象"》，《华中建筑》2000年第 9、第 12 期。

程，在春秋战国诸子百家的学派传承中，曲阜孔氏世家——由孔子上溯于七世祖正考父①，下延于孔子孙子思、七世孙孔穿、九世孙孔鲋，已具早期文化世家之特征，也可以说是开启了汉代经学文化世家之先河。到了两汉时期，得益于经学博士制度的有力推动，由经学世家成功的家学传承，孕育和产生了一批著名文化世家，诸如彭城韦氏，南阳杜氏，洛阳贾氏，沛郡桓氏，扶风班氏、马氏、窦氏，汝南应氏，博陵崔氏，弘农杨氏，颍川荀氏，安定梁氏，酒泉张氏世家，等等，但多密集分布于北方，实与当时全国文化中心一直居于黄河流域，江南长期处于边缘化地位相契合。与此同时，江南土著"吴姓"文化世家也正在逐步成长。唐人柳芳《氏族论》谓"过江则为'侨姓'，王、谢、袁、萧为大；东南则为'吴姓'，朱、张、顾、陆为大；山东则为'郡姓'，王、崔、卢、李、郑为大；关中亦号'郡姓'，韦、裴、柳、薛、杨、杜首之；代北则为'虏姓'，元、长孙、宇文、于、陆、源、窦首之"。② 这里所说的东南"吴姓"——朱氏、张氏、顾氏、陆氏四大世家，发端于两汉时期，代表了江南土著文化世家的主体成就。除了"四姓"之外，又有"八族"之说。《文选》卷二四陆士衡《吴趋行》："属城咸有士，吴邑最为多。八族未足侈，四姓实名家。"李善注引张勃《吴录》："八族：陈、桓、吕、窦、公孙、司马、徐、傅也；四姓：朱、张、顾、陆也。"这些土著大族一开始多为官宦家族或军功家族，随着文化的积累和传承，才逐步衍化和转型为文化世家，其中以陆氏世家地位最显，贡献最大。但与源远流长、积淀深厚的关中、山东"郡姓"相比，无论于量于质都颇有差距。此为江南文化世家初兴阶段。

2. 东晋南朝：江南文化世家的第一个黄金时期

如果说东晋南朝建都建康、全国文化中心首次迁于江南为江南文

① 《国语·鲁语下》载正考父曾于周太史处发现并与其共同整理《商颂》12篇。《史记·宋微子世家》："宋襄公之时，修行仁义，欲为盟主，其大夫正考父美之，欲追道契、汤、高宗殷所以兴，作《商颂》。"学者对此看法有分歧。

② 欧阳修、宋祁等：《新唐书》卷一九九《儒学中·柳冲传》，中华书局2003年版，第5677—5678页。

化世家的兴盛提供了表演舞台，大移民潮中大批北方"侨姓"世家南迁江南为其提供了演员群体，那么，北方南迁"侨姓"与江南本土"吴姓"世家的冲突与交融则为其提供了创新活力。上引唐人柳芳《氏族论》所论"侨姓""吴姓""郡姓""虏姓"同时具有共时性与历时性意义。其中"侨姓"与"吴姓"既经历了从冲突到融合的艰难历程，同时又有各自不同的生命周期，但居于主流地位的仍是外来"侨姓"世家，东晋皇权从"王（导）与马，共天下"经历"庾（亮）与马，共天下""桓（温）与马，共天下"，到谢安出将入相，指挥谢氏家族的谢石、谢玄、谢琰赢得"淝水之战"，而发展为"谢与马，共天下"，创造了谢氏世家的空前辉煌。从政治文化制度层面考察，这是九品中正制度通过赋予各种政治、经济、教育、文化特权，促成门阀文化世家迅速走向鼎盛时期的必然结果。所以，在以王、谢、袁、萧为代表的"侨姓"与以朱、张、顾、陆为代表的江南本土"吴姓"世家之间，既有不可避免的相互冲突，又有寻求共同应对和压制庶族世家的合作意向。进入南北朝之后，以刘裕代晋立宋为标志，庶族的崛起与皇权的复归，宣告了门阀政治的结束，门阀士族与寒门庶族在退出与走向政治权力中心过程中发生易位。然而就文化地位而言，则仍然以北方"侨姓"为主导，以本土"吴姓"为辅助，彼此一同演绎为江南文化世家的第一个黄金时期。

3. 隋唐：江南文化世家的回落时期

由隋而唐统一全国之后，实施门荫和科举双轨并行制度，由山东、关中"郡姓"以及代北"虏姓"组合而成的北方文化世家群体占有绝对的优势。据王伟考证，这些世家高居相位者，依次为：韦氏20人，赵郡李氏、河东裴氏各17人，博陵崔氏15人，赵郡崔氏、陇西李氏各12人，京兆杜氏、弘农杨氏、荥阳郑氏各11人，太原王氏、范阳卢氏各8人，琅琊王氏4人，河东薛氏、柳氏各3人。[①] 与此同时，这些世家也都通过家族文化化与文化家族化

---

① 王伟：《唐代京兆韦氏家族与文学研究》，博士学位论文，西北大学，2009年。

的积累与延续，逐步形成了一个人才辈出、阵容庞大的家族文人群体，在代际延续与文化创造方面充分显示了与世俱变、与时俱进的生存发展能力。相比之下，江南文化世家的实力与地位明显从高峰回落。然而由于东晋南朝时期第一个黄金时期的惯性作用，以及江南原有吴姓与侨姓两大群体的长期融合，江南文化世家尚能进入关中、山东、江南三大士族三足鼎立的新格局。据李浩研究，关中、山东、江南三大士族次序，在唐前期为山东、关中、江南，而至唐后期则变为山东、江南、关中①，这也大致反映了唐代文化世家的整体区域分布与流向，意味着江南区域文化以及文化世家在失去中心地位后的回升，这是唐代"安史之乱"第二次文化中心南迁波澜的重要成果。

4. 宋代：江南文化世家的第二个黄金时期

五代时期偏安于江南的吴越、南唐经济与文化发展的局部积累，已为宋代江南文化世家优势的恢复直至形成第二个黄金时期奠定了良好的基础。而更为重要的是，宋代承续隋唐科举制度而在多方面加以改革与完善，一是着眼于制度自身的严格规范，以便于创造更好的公平竞争的环境与机制；二是大幅度增加科举录取名额，以最为重要的进士为例，唐代录取进士总数为7516人，宋代增至36131人②，为唐代的4.8倍，这就为一大批中下层士人通过科举改变命运和改写历史提供了广阔的舞台。所以，到了宋代的科举制度，才真正起到了抑制豪门、提携庶族、加快社会阶层流动，不断为统治阶层补充新鲜血液的作用，由科举产生的科宦世家才真正成为士人阶层的主体。

北宋时代，尽管仍然建都于北方，但由于江南书院教育的高度发达，家族举业教育与文化学术传承的巨大成功，在当时几乎唯以科举为仕途的制度设计与时代氛围中，江南文化世家逐渐脱颖而出，较之北方世家普遍拥有更多的优势。范纯仁《上神宗乞设特举之科分路

---

① 李浩：《唐代三大地域文学士族研究》，中华书局2002年版，第79、第142页。

② 吴建华：《科举制度下的社会结构和社会流动》，《苏州大学学报》（哲学社会科学版）1994年第1期。

考校取人》云："然进士举业文赋，唯闽蜀江浙之人所长。"吴孝宗《余干县学记》云："古者江南不能与中土等。宋受天命，然后七闽、二浙与江之西东，冠带诗书，翕然大肆，人才之盛，遂甲于天下。"宋代江、浙、闽、蜀之所以能成为科举最强、人才最盛的地区，即受惠于书院与家庭教育的高度发达及其与科举制度的成功对接。即便如钱塘钱氏世家这样的旧豪门也在转型为新兴科宦—文化世家方面取得了巨大成功。据钱氏十三世孙钱国基的《钱氏宗谱》卷三统计，宋代钱氏擢进士者有三百二十余人，其情势之盛、人数之多为其他家族所不及。① 科举的发达不仅再度奠定了钱氏家族的显赫地位，也造就了钱氏家族文人群体的庞大。厉鹗《宋诗纪事》著录有钱氏能诗者包括钱惟演、钱惟济、钱易、钱昆、钱勰、钱端礼等三十余人，其中钱惟演与杨亿、刘筠同为宋初西昆派领袖，这的确是旧豪门成功转型的新的典范案例。至于通过科举的成功直接通向文化世家的更是多不胜举。

北宋以来江南文化世家的良好发展态势，借助于"靖康之难"第三次北方大移民浪潮的有力推动而迅速进入一个新的黄金时期。以南宋都城临安为中心，陆续迁入的大批北方文化世家与本土文化世家的冲突与交融，再次激发了江南文化世家的创新活力，并确立了在全国文化世家的区域分布与流向中的核心地位。

5. 明清：江南文化世家的鼎盛时期

元代建都大都，明代先建都南京而后又迁都北京，以及清代建都北京，对由南宋再次确立的江南文化世家的绝对优势地位也同样造成一定程度的冲击，但在总体上已无法撼动。尤其是明中叶以来，随着商品经济的迅猛发展，市镇数量及其人口的快速增长，以及藏书刻书、读书著述等文化风气的浓厚，江南地区的文化世家不仅遍地开花，处处皆是，而且各自规模庞大，代际延续于数代、十余代乃至数十代，其中不乏累世延续而经久不衰的巨型文学世家。近人薛凤昌

---

① 参见俞樟华、冯丽君《论宋代江浙家族型文学家群体》，《浙江师范大学学报》（社会科学版）2004 年第 5 期。

《吴江文献保存会书目序》曰："吾吴江地钟具区之秀，大雅之才，前后相望，振藻扬芬，已非一日。下逮明清，人文尤富，周、袁、沈、叶、朱、徐、吴、潘，风雅相继，著书满家，纷纷乎盖极一时之盛。"① 其他如昆山归氏世家、常州庄氏世家、钱塘许氏世家、海宁查氏世家、湖州董氏世家、无锡秦氏世家、慈溪郑氏世家，等等，彼此共同展示了明清时期江南文化世家传承之久之盛，更印证了江南文化世家发展史上一个空前繁荣的巅峰时刻的到来。此外，由不同类型文化世家的多元化发展，商业世家成功转型为新型文化世家的逐步壮大，孕育和延续女性作家群的文化世家的明显增多……也都为明清时期江南文化世家增添了新的亮色。

6. 近现代：江南文化世家的转型时期

光绪三十二年（1906），科举制度的改革与废止，不仅成为促进现代新式教育制度诞生的核心动力，同时也为传统文化世家的现代转型铺平了道路，因为正是出于现代新式教育的新型知识群体的形成与壮大，才使现代新型文化世家有了新的主体力量。其中一个特别突出的现象是随着现代学科的建立与分化，以往具有泛文化传统的文化世家逐步走上文理分科的专业化道路，尤其在当时科学救国、实业救国的鼓动下，许多家庭成员弃文而从理、工、医、军、商等，从而有力地促进了现代文化世家的多元化与丰富性。仍以钱塘钱氏世家为例，近代以来，无锡钱穆、钱伟长叔侄，钱基博、钱锺书父子，吴兴钱玄同、钱三强父子，以及钱锺韩、钱仲联、钱临照、钱君匋、钱松嵒、钱致榕、钱令希、钱保功，等等，在苏浙一带形成了一个教育、科技、学术、文学、艺术世家的最大群体。据统计，国内外仅科学院院士以上的钱氏名人就有100多人，其中不少是吴越王钱氏后裔。② 钱氏世家从五代一直将世家盛势延续于今，各类人才辈出，灿若星河，不能不说是一个文化奇迹。然而由于现代家族制度彻底变革的严重冲击，集中表现在家族结构的重要变化，即由过去普遍的"家庭—家

---

① 薛凤昌：《吴江叶氏诗录序》，载《遼汉斋文存》。

② 参见吴光主编《中国文化世家·吴越卷》，湖北教育出版社2004年版，第302—303页。

族—宗族"三维结构的大家族逐步转向一夫一妻制的核心家庭，家族规模的快速缩小，家族成员的普遍减少，大大削弱了现代文化世家成员数量扩张与代际延续的能量。这是对现代文化世家最严重也是根本性的伤害。就此而论，现代及未来文化世家逐步趋于衰落的命运已无法避免。

从中国通代文化世家的历史演变与区域轮动观之，江南文化世家不仅起步迟，而且起点低，然而借助中国文化中心南迁三次波澜的有力推动，通过从边缘走向中心、从两个黄金时期到一个鼎盛时期的起伏链接，终于后来居上，大放光彩。

四

《江南文化世家研究丛书》作为浙江省社会科学重点研究基地——浙江师范大学江南文化研究中心重大研究项目，正式启动于2006 年 5 月，这是"中心"鉴于江南文化世家本身的重要地位与价值，试图以开放的方式，通过课题招标的平台，整合校内外研究力量，集中推出一批高质量的重要成果，以期将目前的江南文化世家研究提高到一个崭新的水平。

1. 基于对江南文化世家研究意义的认知

首先，是对推进江南文化世家研究的意义。与全国其他区域相比，江南文化世家最具典范性：一是数量众多。在东晋南朝、宋代两个黄金时期以及明清的鼎盛时期，江南文化世家在数量上占有绝对的优势，即使在从高峰回落的唐代，据童岳敏统计，京都道所占全国的比率为 16%，都畿道为 13.8%，两都所占合之为 29.8%；江南东道、江南西道紧随其后，占全国的 24.3%[①]，与李浩《唐代三大地域文学士族研究》关中、山东、江南三大士族的排次——唐前期为山东、

---

① 童岳敏：《唐代文学家族的地域性及其家族文化探究》，《人文杂志》2009 年第 3 期。

关中、江南，唐后期则变为山东、江南、关中①——可以相印证。二是分布密集。江南文化世家的区域分布大致可以分为核心区与外缘区，从环太湖流域之外的外缘区，到环太湖流域的核心区，文化世家分布的密集度依次上升，其中尤以南京、苏州、杭州分布最为密集，为核心区的核心之所在。三是类型齐全。主要有学术、文学、艺术、科技、教育、医药、藏书、刻书、商业世家等，囊括了文化世家的重要类型。四是历时悠久。江南文化世家的代际延续普遍较长，十代乃至二十代、三十代以上而不衰的大型、巨型文化世家为数不少。五是人才辈出。通观文化世家的盛衰历史，可以得出这样的结论：人才兴，则世家兴；人才衰，则世家衰。江南文化世家尤其是其中的大型与巨型文化世家中，往往拥有一个为数众多、代代相继的庞大人才群体，这既是文化世家长期累积与培育的核心成员，又是继续保障文化世家生命延续的主体条件。六是成果丰硕。江南文化世家普遍具有旺盛的文化创造力，文化积淀深厚，成果卓著，而且特别注重家族文集的编辑与刊刻，所以能将这些丰硕的文化成果惠于当世，传之后人。七是贡献巨大。江南重要文化世家的贡献往往基于家族而又超越家族，乃至超越区域，起到引领全国的示范与导向作用。八是影响深远。首先是超越时间，对后代产生重要影响；其次是部分杰出文化世家还能超越空间，在世界产生重要影响。从根本上说，正是江南文化世家的典范性，决定了研究价值的重要性。

其次，是对推进江南区域文化研究的意义。江南区域文化与江南文化世家具有先天的同构关系，从历时性的意义上说，江南区域文化与江南文化世家的发展曲线与节律大致相近；从共时性的意义上说，江南文化世家孕育和诞生于江南区域文化土壤之中，江南区域文化则建立在江南文化世家的坚实根基之上，彼此密不可分；再从江南区域文化与江南文化世家的特殊性来看，江南移民世家与本土世家的文化冲突和交融激烈而持久，是促进江南人文传统形成与演变的核心动力。

---

① 李浩：《唐代三大地域文学士族研究》，中华书局 2002 年版，第 79、142 页。

大者如西晋末年"永嘉之乱"、唐代"安史之乱"、北宋末年"靖康之难"引发的三次大移民浪潮，大批北方世家迁居江南之地；小者如明清时期，全国各地又有不少商业世家迁居江南，这既是居于全国前列的江南商业经济快速发展强力吸引的结果，同时又是促进江南商业经济更加繁荣的动力，由此开创了士商互动的文化世家发展的新局面。持续不断的移民世家迁居江南，即意味着持续不断地为江南世家带来异质文化，然后从文化冲突走向文化融合，产生新质文化形态与文化精神，这也是江南文化世家特别具有生机与活力的根本动因。

再次，是对推进中国文化研究的意义。研究中国文化，离不开文化世家；研究文化世家，离不开江南这一典范区域。只有对文化世家有了全面、系统、深入的了解与研究，才能比较准确地把握江南特定区域的总体风貌，才能比较真实地还原江南特定区域的原生状态。进而言之，只有真实、准确把握住了江南特定区域的总体风貌与原生状态，才能为区域文化版图进而整合为中国文化版图奠定坚实的基础。江南文化世家之于推进中国文化研究的意义：一是在于拓展中国文化研究视野。家族是社会的细胞，文化世家是文化殿堂的基石，江南文化世家在中国文化世家发展史上的举足轻重的地位，决定了江南文化世家研究对于拓展中国文化研究视野的重要意义与价值。二是在于丰富中国文化研究成果。对江南文化世家展开全面、系统、深入的研究，可以从一个重要层面拓展中国文化研究领域，丰富中国文化研究成果。三是在于创新中国文化研究模式。通过对当前江南文化世家研究成果的反思与总结，探索诠释江南文化以及中国文化形态与精神的新路径，借以建构一种以文化世家为中心的文化史研究新模式，并以此弥补当前文化史研究的缺失。

2. 基于对江南文化世家研究成果的评估

在《江南文化世家研究丛书》作为重大研究项目立项之前，"中心"曾对目前研究成果与不足进行了综合评估，认为自潘光旦[①]、陈

---

① 潘光旦：《明清两代嘉兴的望族》，商务印书馆 1947 年版（成书 1937年）。

寅恪等现代学者"导夫先路"之后,江南文化世家研究伴随新时期的改革开放进程而勃兴,尤其在进入 21 世纪之后,研究进程明显加快,研究方向明显拓宽,研究水平明显提高,但从更高的要求衡量,还存在着诸多缺憾,迫切需要进行整体性的策划和推进。

目前学界有关江南文化世家的研究,大致可以归纳为两大阵营、双重路向、一个重心和四点不足。

两大阵营:一是史学界的研究,侧重于历史、文化、政治等方面的研究,但多限于断代,且仍多集中于六朝;二是文学界的研究,则以六朝与明清两头为盛。两大阵营的学术宗旨、路径、方法固然多有不同,但在以文献研究为基础、以文化研究为指向以及文史互证互融上有交集之处,彼此需要加强交流与合作。

双重路向:一是专门性的江南文化世家的研究,代表性论著有:王欣《中古吴地文学世家研究》①,张承宗《三国"吴四姓"考释》②,王绍卫《孙吴的世家大族与学术》③,方北辰《魏晋南朝江东世家大族述论》④,徐茂明《东晋南朝江南士族之心态嬗变及其文化意义》⑤,王永平《六朝江东世族之家风家学研究》⑥,景遐东《唐代江南家族诗人群体及其家学渊源》⑦,顾向明《关于唐代江南士族兴衰问题的考察》⑧,俞樟华、冯丽君《论宋代江浙家族型文学家群体》⑨,

---

① 王欣:《中古吴地文学世家研究》,《苏州科技学院学报》2004 年第 3 期。

② 张承宗:《三国"吴四姓"考释》,《江苏社会科学》1998 年第 3 期。

③ 王绍卫:《孙吴的世家大族与学术》,《阜阳师范学院学报》2007 年第 5 期。

④ 方北辰:《魏晋南朝江东世家大族述论》,台湾文津出版社 1991 年版。

⑤ 徐茂明:《东晋南朝江南士族之心态嬗变及其文化意义》,《学术月刊》1999 年第 12 期。

⑥ 王永平:《六朝江东世族之家风家学研究》,江苏古籍出版社 2003 年版。

⑦ 景遐东:《唐代江南家族诗人群体及其家学渊源》,《安徽师范大学学报》2005 年第 4 期。

⑧ 顾向明:《关于唐代江南士族兴衰问题的考察》,《文史哲》2005 年第 4 期。

⑨ 俞樟华、冯丽君:《论宋代江浙家族型文学家群体》,《浙江师范大学学报》(社会科学版) 2004 年第 5 期。

吴仁安《明清时期上海地区的著姓望族》①、《明清江南望族与社会经济文化》②、《明清江南著姓望族史》③，［美］基恩·海泽顿《明清徽州社会的大家族与社会流动性》④，王日根《明清东南家族文化发展与经济发展的互动》⑤，江庆柏《明清苏南望族研究》⑥，童岳敏、罗时进《明清时期无锡家族文化探论——兼论顾氏家族之文学实践》⑦，王培华《明中期吴中故家大族的盛衰》⑧，罗时进《清代江南文化家族雅集与文学》⑨、《清代江南文化家族的文学文献建设》⑩，罗时进、陈燕妮《清代江南文化家族的特征及其对文学的影响》⑪，凌郁之《苏州文化世家与清代文学》⑫，宋路霞《上海望族》⑬，等等；二是全局性研究中的江南文化世家研究，规模最大的是曹月堂主编的《中国文化世家》⑭，分江淮、江右、荆楚、中州、齐鲁、燕赵辽海、三晋、巴蜀、岭南、吴越、关陇 11 卷，其中吴光主编《吴越卷》与江南区域范围比较

---

① 吴仁安：《明清时期上海地区的著姓望族》，上海人民出版社 1997 年版。

② 吴仁安：《明清江南望族与社会经济文化》，上海人民出版社 2001 年版。

③ 吴仁安：《明清江南著姓望族史》，上海人民出版社 2009 年版。

④ ［美］基恩·海泽顿：《明清徽州社会的大家族与社会流动性》，《安徽师范大学学报》（人文社会科学版）1986 年第 1 期。

⑤ 王日根：《明清东南家族文化发展与经济发展的互动》，《东南学术》2001 年第 6 期。

⑥ 江庆柏：《明清苏南望族研究》，南京师范大学出版社 1999 年版。

⑦ 童岳敏、罗时进：《明清时期无锡家族文化探论——兼论顾氏家族之文学实践》，《苏州大学学报》（哲学社会科学版）2010 年第 1 期。

⑧ 王培华：《明中期吴中故家大族的盛衰》，《安徽史学》1997 年第 3 期。

⑨ 罗时进：《清代江南文化家族雅集与文学》，《文学遗产》2009 年第 2 期。

⑩ 罗时进：《清代江南文化家族的文学文献建设》，《古典文学知识》2009 年第 3 期。

⑪ 罗时进、陈燕妮：《清代江南文化家族的特征及其对文学的影响》，《江苏社会科学》2009 年第 2 期。

⑫ 凌郁之：《苏州文化世家与清代文学》，齐鲁书社 2008 年版。

⑬ 宋路霞：《上海望族》，文汇出版社 2008 年版。

⑭ 曹月堂主编：《中国文化世家》，湖北教育出版社 2004 年版。

接近。其他代表性论著有：李朝军《家族文学史建构与文学世家研究》①，杨晓斌、甄芸《我国古代文学家族的渊源及形成轨迹》②，吴桂美《东汉家族文学与文学家族》③、《东汉家族文学生态透视》④，孟祥娟《汉末迄魏晋之际文学家族述论》⑤，何忠盛《魏晋南北朝的世家大族与文学》⑥，田彩仙《魏晋文学家族的家族意识与创作追求》⑦，毛汉光《魏晋南北朝士族政治之研究》⑧，杨洪权《两晋之际士族移徙与"门户之计"浅论》⑨，徐茂明《东晋南朝江南士族之心态嬗变及其文化意义》⑩，王大建《东晋南朝士族家学论略》⑪，秦冬梅《论东晋北方士族与南方社会的融合》⑫，程章灿《世族与六朝文

① 李朝军：《家族文学史建构与文学世家研究》，《学术研究》2008 年第 10 期。

② 杨晓斌、甄芸：《我国古代文学家族的渊源及形成轨迹》，《新疆大学学报》2005 年第 1 期。

③ 吴桂美：《东汉家族文学与文学家族》，《中国文学研究》2008 年第 3 期。

④ 吴桂美：《东汉家族文学生态透视》，黑龙江人民出版社 2008 年版。

⑤ 孟祥娟：《汉末迄魏晋之际文学家族述论》，硕士学位论文，吉林大学，2005 年。

⑥ 何忠盛：《魏晋南北朝的世家大族与文学》，硕士学位论文，四川师范大学，2002 年。

⑦ 田彩仙：《魏晋文学家族的家族意识与创作追求》，《中州大学学报》2001 年第 2 期。

⑧ 毛汉光：《魏晋南北朝士族政治之研究》，台北中国学术著作奖助委员会，1996 年。

⑨ 杨洪权：《两晋之际士族移徙与"门户之计"浅论》，《武汉大学学报》（人文社会科学版）1998 年第 1 期。

⑩ 徐茂明：《东晋南朝江南士族之心态嬗变及其文化意义》，《学术月刊》1999 年第 12 期。

⑪ 王大建：《东晋南朝士族家学论略》，《山东大学学报》（社会科学版）1995 年第 2 期。

⑫ 秦冬梅：《论东晋北方士族与南方社会的融合》，《北京师范大学学报》（社会科学版）2003 年第 5 期。

学》①，杨东林《略论南朝的家族与文学》②，周淑舫《南朝家族文化探微》③，孔毅《南朝刘宋时期门阀士族从中心到边缘的历程》④、《论南朝齐梁士族对政治变局的回应》⑤，韩雪《略述南朝士庶政治势力之消长》⑥，牛贵琥《南朝世家大族衰亡论》⑦，李浩《唐代关中士族与文学》⑧、《唐代三大地域文学士族研究》⑨，童岳明《唐代文学家族的地域性及其家族文化探究》⑩，张剑、吕肖奂《宋代的文学家族与家族文学》⑪，吕肖奂、张剑《两宋科举与家族文学》⑫、《两宋家族文学的不同风貌及其成因》⑬，宋三平《宋代家族教育述论》⑭，李真瑜《吴明清文学世家的基本特征》⑮，杨经建《论现代化进程中

①　程章灿：《世族与六朝文学》，黑龙江教育出版社 1998 年版。

②　杨东林：《略论南朝的家族与文学》，《文学评论》1994 年第 3 期。

③　周淑舫：《南朝家族文化探微》，吉林大学出版社 2008 年版。

④　孔毅：《南朝刘宋时期门阀士族从中心到边缘的历程》，《江海学刊》1999 年第 5 期。

⑤　孔毅：《论南朝齐梁士族对政治变局的回应》，《重庆师院学报》（哲学社会科学版）2000 年第 3 期。

⑥　韩雪：《略述南朝士庶政治势力之消长》，《辽宁大学学报》（哲学社会科学版）1998 年第 5 期。

⑦　牛贵琥：《南朝世家大族衰亡论》，《山西大学学报》1994 年第 4 期。

⑧　李浩：《唐代关中士族与文学》，中国社会科学出版社 2003 年版。

⑨　李浩：《唐代三大地域文学士族研究》，中华书局 2002 年版。

⑩　童岳明：《唐代文学家族的地域性及其家族文化探究》，《人文杂志》2009 年第 3 期。

⑪　张剑、吕肖奂：《宋代的文学家族与家族文学》，《文学评论》2006 年第 4 期。

⑫　吕肖奂、张剑：《两宋科举与家族文学》，《西北师大学报》（社会科学版）2008 年第 4 期。

⑬　吕肖奂、张剑：《两宋家族文学的不同风貌及其成因》，《文学遗产》2007 年第 2 期。

⑭　宋三平：《宋代家族教育述论》，《南昌大学学报》（社会科学版）1996 年第 1 期。

⑮　李真瑜：《吴明清文学世家的基本特征》，《中州学刊》2006 年第 1 期。

的家族文学》①，等等。就全国区域分布而言，无论是文化世家本身还是学术研究，都是以江南为最盛。

一个重心：是指江南文化世家的个案研究，论著为数最多，但学术质量参差不齐，时代分布也不均衡。代表性成果有：跃进《从武力强宗到文化士族——吴兴沈氏的衰微与沈约的振起》②，唐燮军《论吴兴沈氏在汉晋之际的沉浮》③、《六朝吴兴沈氏宗族文化的传承与变易》④、《从南朝士族到晚唐衣冠户——吴兴沈氏在萧梁至唐末的变迁》⑤，张兆凯《东晋南朝王、谢两大侨姓士族盛衰探析》⑥，丁福林《东晋南朝的谢氏文学集团》⑦，萧华荣《华丽家族——六朝陈郡谢氏家传》⑧，郭凤娟《南朝吴郡陆氏研究》⑨，杜志强《兰陵萧氏家族及其文学研究》⑩，毛策《孝义传家——浦江郑氏家族研究》⑪，张剑《家族与地域风习之关系——以宋代宗泽及其家族为中心》⑫，张蕾、周扬波《元代湖州花溪沈氏家族概述》⑬，李真瑜《文学世家与

① 杨经建：《论现代化进程中的家族文学》，《学术研究》2005 年第 6 期。
② 跃进：《从武力强宗到文化士族——吴兴沈氏的衰微与沈约的振起》，《浙江学刊》1990 年第 4 期。
③ 唐燮军：《论吴兴沈氏在汉晋之际的沉浮》，《宁波大学学报》（人文科学版）2006 年第 1 期。
④ 唐燮军：《六朝吴兴沈氏宗族文化的传承与变易》，《重庆社会科学》2007 年第 3 期。
⑤ 唐燮军：《从南朝士族到晚唐衣冠户——吴兴沈氏在萧梁至唐末的变迁》，《浙江师范大学学报》（社会科学版）2004 年第 5 期。
⑥ 张兆凯：《东晋南朝王、谢两大侨姓士族盛衰探析》，《湘潭师范学院学报》1996 年第 1 期。
⑦ 丁福林：《东晋南朝的谢氏文学集团》，黑龙江教育出版社 1998 年版。
⑧ 萧华荣：《华丽家族——六朝陈郡谢氏家传》，三联书店 1994 年版。
⑨ 郭凤娟：《南朝吴郡陆氏研究》，硕士学位论文，山东大学，2008 年。
⑩ 杜志强：《兰陵萧氏家族及其文学研究》，巴蜀书社 2008 年版。
⑪ 毛策：《孝义传家——浦江郑氏家族研究》，浙江大学出版社 2009 年版。
⑫ 张剑：《家族与地域风习之关系——以宋代宗泽及其家族为中心》，《中国文化研究》2007 年第 1 期。
⑬ 张蕾、周扬波：《元代湖州花溪沈氏家族概述》，《湖州师范学院学报》2008 年第 4 期。

女性文学——以明清吴江沈、叶两大文学世家为中心》①、《文学世家的联姻与文学的发展——以明清时期吴江叶、沈两家为例》②、《文学世家的文化意涵与中国特色——以明清吴江沈氏文学世家个案为例》③、《沈氏文学世家的家学传承及其文化指向——关于文学世家的家族文化特征的探讨》④、《吴江沈氏文学世家作家与明清文坛之联系》⑤、《明清吴江沈氏文学世家论考》⑥，郝丽霞《吴江沈氏文学世家研究》⑦，陈书录《德、才、色主体意识的复苏与女性群体文学的兴盛——明代吴江叶氏家族女性文学研究》⑧，蔡静平《明清之际汾湖叶氏文学世家研究》⑨，吴碧丽《明末清初吴江叶氏家族的文化生活与文学》⑩，朱丽霞、罗时进《松江宋氏家族与几社之关系》⑪，徐茂明《清代徽苏两地

① 李真瑜：《文学世家与女性文学——以明清吴江沈、叶两大文学世家为中心》，《湖南文理学院学报》（社会科学版）2008 年第 4 期。

② 李真瑜：《文学世家的联姻与文学的发展——以明清时期吴江叶、沈两家为例》，《中州学刊》2004 年第 2 期。

③ 李真瑜：《文学世家的文化意涵与中国特色——以明清吴江沈氏文学世家个案为例》，《社会科学辑刊》2004 年第 1 期。

④ 李真瑜：《沈氏文学世家的家学传承及其文化指向——关于文学世家的家族文化特征的探讨》，《中国社会科学院研究生院学报》2004 年第 1 期。

⑤ 李真瑜：《吴江沈氏文学世家作家与明清文坛之联系》，《文学遗产》1999 年第 11 期。

⑥ 李真瑜：《明清吴江沈氏文学世家论考》，香港国际学术文化资讯出版公司 2003 年版。

⑦ 郝丽霞：《吴江沈氏文学世家研究》，博士学位论文，华东师范大学，2004 年。

⑧ 陈书录：《德、才、色主体意识的复苏与女性群体文学的兴盛——明代吴江叶氏家族女性文学研究》，《南京师大学报》（社科版）2001 年第 5 期。

⑨ 蔡静平：《明清之际汾湖叶氏文学世家研究》，博士学位论文，复旦大学，2003 年。

⑩ 吴碧丽：《明末清初吴江叶氏家族的文化生活与文学》，硕士学位论文，南京师范大学，2005 年。

⑪ 朱丽霞、罗时进：《松江宋氏家族与几社之关系》，《北京大学学报》（哲学社会科学版）2005 年第 2 期。

的家族迁徙与文化互动——以苏州大阜潘氏为列》①，朱丽霞《明清之际松江宋氏家族的散曲创作及文学史意义》②，许霁《清代延令季氏家族文学研究》③，等等。概而言之，目前的江南文化世家个案研究主要有三种取向：一是对特定文化世家的系统研究；二是对特定文化世家某一层面的专题研究；三是对特定文化世家与相关问题的关系研究。

四点不足：一是侧重于个体研究而忽视综合研究；二是侧重于六朝与明清研究而忽视通代研究；三是侧重于家族谱系研究而忽视家族的文化研究；四是侧重于现象描述而忽视理论研究。就目前国内外学术界的现有成果而言，还没有一部有关江南文化世家系统研究的学术专著问世，所以具有进一步深入研究的意义与价值。

3. 基于对江南文化世家研究取向的定位

通过基于个案研究而逐步走向综合研究的整体设计，着力于江南文化世家研究全面、系统、深入的拓展，突破以往文化世家研究限于一时，或限于数家的狭仄格局，从时间和空间上使文化世家研究系统化和完备化，努力建构契合江南文化世家特点与规律的学术体系，使现有的文化世家研究提高到一个新的水平。鉴于此，本丛书着力于以下五个重点方向的整体配合与有序推进。

（1）个案研究。世纪之交江南文化世家研究最大的成果在于个案研究的丰盛。尤其是一些博士论文和硕士论文，大多属于微观研究。文化世家的个案研究是进而开展区域、断代、专题、综合研究的起点和基础，所以本丛书的基本着力点也在于此。鉴于目前的个案研究存在着在地域上重内轻外、在时代上重末轻初、在重心上集中望族的特点，要对江南区域的文化世家进行全面、系统、深入的梳理，遴

---

① 徐茂明：《清代徽苏两地的家族迁徙与文化互动——以苏州大阜潘氏为例》，《史林》2004 年第 2 期。

② 朱丽霞：《明清之际松江宋氏家族的散曲创作及文学史意义》，《上海大学学报》（社会科学版）2006 年第 5 期。

③ 许霁：《清代延令季氏家族文学研究》，硕士学位论文，扬州大学，2009 年。

选一批重要文化世家加以重点研究，然后分批推出系列成果。

（2）区域研究。即在江南大区域范围中选择若干亚区域展开系列研究。从目前已问世的学术著作来看，已涉及苏州与上海等地，还有许多区域尚待进一步的拓展。大致可以分四级范围展开：一是以南京、杭州、宁波、常州、镇江、湖州、绍兴、金华、徽州等现行行政区域为范围；二是以诸如苏南、浙西、皖南等超行政区域为范围；三是选择部分文化世家特别发达的县级区域展开研究；四是跨区域的比较研究，包括江南内部区域及其与其他区域之间的比较研究。

（3）断代研究。目前江南文化世家整体意义上的断代研究主要集中于汉魏六朝，其后各代研究力度与成果明显减弱，尤其是唐、宋、元代成果不著。与江南文化世家的亚区域研究一样，断代研究具有向下链接特定个体文化世家与向上链接通代江南文化世家研究的中介作用，需要重点加强。

（4）专题研究。其中包括对江南文化世家中的学术、文学、艺术、科技、教育、医药、藏书、刻书、商业世家的不同类型的研究，江南文化世家的生态环境、生命周期、人才培养、文化传承、学术活动、社会交际以及婚姻关系等不同方面的研究，以及对文化世家内部的家谱、家训、家规、家学、家风、家集等诸多方面的研究。就未来江南文化世家研究新的增长点而论，专题研究应该成为重点突破方向。

（5）综合研究。综合研究要重点把握和设计双重路向，一是江南文化世家内部的综合化研究，诸如基于个案、区域、断代、专题研究而向相关层面逐步拓展；二是江南文化世家与外部的综合化研究，比如就文化世家与政治史、经济史、文化史乃至军事史等的纵横交错关系展开综合化研究。要基于江南而又超越江南，着力在文化世家的范式与理论建构方面有所突破、有所建树。

就江南文化世家研究的方法论而言，应追求实证与理论、微观与宏观、时间与空间、长度与高度、形态与规律研究的密切交融和辩证统一。

　　值此《江南文化世家研究丛书》开始陆续出版之际，衷心感谢中国社会科学出版社总编辑赵剑英先生所给予的鼎力相助，宫京蕾等责任编辑所付出的辛勤劳动，以及所有作者的积极参与和热忱支持。由于"丛书"出于众人之手，成于忙碌之间，难免存有诸多缺憾，或有未能臻于预期要求者，尚需同人倍加努力，使之更趋完善。

　　是为序。

浙江师范大学江南文化研究中心

梅新林　陈玉兰

2010 年秋

他　序

　　未付梓之前，有幸读《六朝吴兴沈氏文化世家研究》专著。作为特定历史阶段且带有鲜明地域特色的文化世家，血缘支脉有怎样的代代延续？绵远文脉又是怎样世世弘扬？吴兴郡望沈氏文化世家如何成就历史视阈下"不朽"的功业追求？脑海中的疑问在专著中不仅逐步得到满意解答，而且被其优美文笔的论述、文献典籍的厚重、学术严谨论著的独特结构所吸引。

　　在信息网络盛行的当代社会中，以学术探索"穿越"时空的研究，与备受注目的影视文学"穿越"创作比较，用当下话来说没有"粉丝"群，缺少"点击率"，仅有学术"圈子"极少数人的揣摩或过目。周淑舫教授的江南文化研究中心课题《六朝吴兴沈氏文化世家研究》成果，异于一般学术专著。以解读沈氏名人之诗小序画龙点睛的概括、文化世家支脉的梳理、文化风貌的广义理解、人物"尚武崇文""不朽"功业的透彻论述与闺秀才媛的诗歌创作、宫闱才女人生际遇的独特章节结构，令人耳目一新。由沈约《宋书·自序》叙祖父沈林子"永初三年（422 年）薨，时年四十六"的记载、李延寿《南史》模糊带过的审读中，质疑思考，进行理性的剥茧抽丝，得出"四十六"为"三十六"之误。由沈文季与妻子王氏对饮的历史叙事中，阐释吴姓与侨姓通过婚姻关系并借助酒文化消解彼此心中垒块，彰显沈氏打破南北界限将传统文化精华融汇于一体所催发世家文化的生命活力，可见学术研究创新之力度与透析之深度。

　　童谣"金鹅鸣，沈氏兴，代代有公卿"的引入，使东汉初期迁居会稽郡乌程县之余不乡的沈戎，不但有着风光最美江南水乡自然环境的养育，而且有着生命力顽强的沈浒、沈景两大支脉子孙繁衍、沈寂与沈叔昶、沈叔仁与沈总等其他支脉的交错互动，家族文化活力相激发，各有能量，各显才华，功业卓绝，门楣荣耀，辉映先后。

以享年73岁沈约《宋书·自序》、享年85岁沈麟士《沈氏述祖德碑》与文献典籍互补印证为学术支撑，勾勒发轫于沈戎的后裔支脉。沈浒一脉由东汉沈鸾至南朝陈朝沈众，相续十六代，其脉封爵者有沈宪、沈田子等9人，最著名者是沈警、沈林子五兄弟、沈璞、沈约等，还有闺秀才媛沈满愿。沈景一脉由东汉沈彦至南朝陈朝沈遵礼，相续十六代，其脉封爵者有沈叔任、沈君高、沈君理等14人。最著名者是沈充、沈劲、沈庆之等，还有陈后主皇后沈婺华。其他支脉有沈攸之、沈炯、沈怀明等。最著名者是沈文阿、沈炯等，还有陈文帝皇后沈妙容。

驰骋疆场立功者莫过于沈庆之，出生于东晋末期，历仕南朝刘宋王朝自宋武帝至前废帝六帝，以"伐逆定乱"之功爵封为南昌县公，宋孝武帝欢宴时《侍宴诗》脱口而出，武将亦闪现出辞意之美的文学才华，这绝非一时的心血来潮，而是沈氏世家文化积淀的显现。文化"立功"不朽者莫过于沈约，承继先祖沈林子"尚武"而"博览众书、留心文义"之风、父亲"神意闲审"之韵，于流寓孤贫中笃志好学，历仕南朝刘宋、萧齐至萧梁三朝，封建昌县侯。聚书二万卷，帝都无人可比，著有史书、别集与学术著作四百余卷，所创"永明体"无论当时还是后世，都发生了深远的积极影响。"立言"闻名者还有沈炯、沈峻、沈重等，并把家族文化弘扬到北地，出现"儒宗"盛誉的名人学者。

特别为之点赞，《六朝吴兴沈氏文化世家研究》的学术著作，专门为家族才女写上一章。著有三卷别集的沈满愿，是六朝时期吴兴郡作品流传最多的闺秀才媛，现存诗14首，取材生活中的咏物诗创作，艺术表现力可以媲美祖父沈约，而独特视角描写女性内心活动与复杂情感之作，深化着南朝诗歌创作题材。著有十卷别集的沈婺华，皇后到法号观音之变，既开浙江宫闱才女文学创作先例，也活跃着佛学。才子才女，显现六朝沈氏世家的文化风貌与学识魅力。

2013年3月，习近平同志在莫斯科国际关系学院演讲说，"一带

一路"万里长道是联系中俄两国的"世纪动脉",横跨欧亚大陆的
"中俄茶叶"之路,是继"丝绸之路"后又一条国际商路。在比利时
布鲁日欧洲学院演讲时说,要建设增长繁荣之桥,把中欧两大市场连
接起来,把中欧两大文明连接起来。中国人喜欢茶、比利时人喜爱啤
酒,茶的含蓄内敛和酒的热烈奔放,代表品味生命、解读世界的两种
不同方式。茶和酒兼容,可以"品茶品味品人生",也可以"酒逢知
己千杯少"。家族文化研究的古为今用,更需要这种精神。

具体物象的茶与酒,有着亟待拓展的深层文化蕴含。沈演之为家
族增添了浓重的"茶""禅"文化内容,邀请释法瑶到武康小山寺讲
"涅槃"经,释法瑶"饭所饮茶",是饮茶坐禅的长寿高僧。家族文
化在代代学通"左氏春秋"的前提下,又有了好佛悟禅的内容。

读书稿,有感别开生面的"议"或"叙"。所议可为"由武向
文"传统观点进一步深化提供借鉴,其叙可扩大家族文化探索面向。
议、叙不囿于传统之说,广用他人未能涉及的资料,如释道悦《续
名僧传》载记释法瑶"遇沈台真君武康小山寺,年垂悬车,饭所饮
茶"文献。沈约诗研究多有大家,探索赋之文不多,放到家族赋体
中,与侨姓文化大族谢氏相比较,打开另一扇研究之窗。引用明人徐
士俊《奇女子风里络冰丝》杂剧,剧情叙述沈约绵绵不绝的才思,
有如神助。文学创作虽不能作为学术研究的有力论据,却生动说明六
朝沈氏世家如同冰丝一样,经受风雨、以丝的韧劲络织出"鲜洁明
净,不异于冰"的有着独特风格的家族文化。

创作有着随意驰骋的任性,与之相反的学术研究注重科学的严谨
与文献的求实。由刘义庆《世说新语》沈充对褚裒的前倨后恭到
《南齐书》沈文季对褚渊的不卑不亢,不仅是小说到六朝"文史哲"
分野的变化,而且是历史演进中沈氏世家文化嬗变的折射。这种学术
视阈的探索,精巧地结合着抽象思维之"议"与形象思维之"叙",
值得发扬与深化。耐住寂寞,抵住诱惑,是以有感而发。

张　洁

二〇一八年三月于长春净月潭

自 序

我祖文章有盛名，千年海内重嘉声。
雪飞梁苑操奇赋，春发池塘得佳句。
世业相承及我身，风流自谓过时人。
初看甲乙矜言语，对客偏能鸲鹆舞。
饱用黄金无所求，长裾曳地干王侯。
一朝金尽长裾裂，吾道不行计亦拙。
岁晚高歌悲苦寒，空堂危坐百忧攒。
昔时轩盖金陵下，何处不传沈与谢。
绵绵芳籍至今闻，眷眷通宗有数君。
谁见予心独飘泊，依山寄水似浮云。

皎然《述祖德赠湖上诸沈》

　　这是唐代诗僧皎然创作的一首七言排律，诗题明确交代创作其诗是赠送六朝地域区划名吴兴郡、现行政称湖州的文化望族沈氏。诗中可见祖上"轩盖金陵"的辉煌功业，也可见"绵绵芳籍"吴姓与侨姓间的深切交往，"沈与谢"分别汲取"文章""风流"之长而显现各自门楣荣耀与文化世家特色。沈约《宋书·自序》称先祖沈警"素业自娱"，谢瞻《晋书·谢晦传》中言先祖谢太傅"素业为退"。后裔孙称颂不绝的"沈警"与谢安，前者为府中参军，后者为上司，彼此间的"甚相敬重"，是传统文化"独善"与世家"素业"文化的融合。这是六朝吴兴沈氏世家文化走向"崇武尚文"出现名将、学者盈门的必然趋势，这是六朝东山谢氏家族文化由剑锋转向笔锋涌现众多文学家的必然发展。

皎然，湖州长城（今浙江长兴县）人。长城有贤相谢安墓，谢尚于北伐中夺回遗落北地 42 年的玉玺，东晋免去"白板天子"之讥。谢安坐镇建康运筹，弟谢石、侄谢玄、子谢琰，携手取得淝水大捷，"一门四公"同日受封，谢氏走向辉煌。谢灵运承继祖父康乐公爵，独创山水诗，书法与诗虽为宋文帝视作"二宝"，却难登殿堂议政，如同后来沈约《宋书·自序》、沈麟士《沈氏述祖德碑》一样，率先创作出《述祖德》诗，沈氏之作是受谢氏影响来述祖上之德的。谢安以淝水之战将家族功业推向鼎盛，府中参军是沈约"惇笃有行业，学通《左氏春秋》"的曾祖沈警。谢安与沈警，"甚相敬重。"

俗名谢清昼的皎然，是谢灵运七代孙，虽"风流自谓过时人"，因"甲乙"科考不顺，遂寄情山水，学佛受戒，法号皎然。湖州刺史颜真卿《杼山妙喜寺碑铭》誉曰："杼山大德僧皎然。"其诗突出了先祖的山水诗、佛学文章的盛名，也寓意着自己的不凡才学与文名；突出了同在吴兴郡的谢氏"祖德"与沈氏"祖德"的相融共进，显现各自文学才识上的无穷魅力。皎然是中国第一位提出"茶道"之说的茶僧，饮茶修禅。这渊源于沈氏家族沈演之邀请释法瑶到武康小山寺讲经，禅茶文化的出现，丰富着六朝沈氏家族文化。

就吴兴沈氏家族而言，远在秦时迁居江南。东汉时沈戎徙居会稽郡乌程县（吴末主孙皓宝鼎元年设置吴兴郡，归其郡所属）之余不乡，此后子孙繁衍，成为六朝时期吴地望郡的文化家族，既在"尚武"功业上威势赫赫，也在"崇文"功业上闻名于世。吴兴沈氏文化世家兴盛勃发，主要活跃于六朝所辖江南之地。

何谓六朝？学术界有不同说法。本课题研究的六朝，以帝都居地建康而言。脱脱《宋史·张守传》曰："建康自六朝为帝王都。"这里的六朝，是指东吴、东晋、宋、齐、梁、陈六个王朝立祚之地的建康。东吴所处三国鼎立，东晋承西晋司马氏之嗣，乃至先后出现四姓郊祭的南朝。南北朝对峙，北伐是立祚江左各姓王朝的一面旗帜，攻伐有南北间的大战，也有为君权的内讧。正如沈麟士《沈氏述祖德碑》所引"金鹅鸣，沈氏兴，代代有公卿"童谣所表述，沈氏文化世家就在对峙与内乱的六朝崛起，以"尚武""崇文"双重"不朽"功业的建树，显现出极强的生命活力与蕴含丰厚的文化张力。

一

六朝吴兴文化世家沈氏的得姓追溯，源远流长，沈约《宋书·自序》言："少暤金天氏有裔子曰昧。"由此延伸，勾勒出得姓先祖。沈麟士《沈氏述祖德碑》曰："沈本姬姓，自帝喾之妃姜嫄，践巨人迹而生后稷。"由此探索，述出得姓先祖。两者追溯虽有异，在"沈子国，今汝南平舆沈亭是也"的"沈氏得姓，实始诸此"却趋于相同。周敬王十四年，因君主嘉不赴召陵盟会断祀。以国亡为姓的沈氏后人，由中原迁到荆楚，乃至秦汉时，虽不甚通达，但历代有官：

> 秦末有沈逞，征丞相，不就。汉初逞曾孙保，封竹邑侯。保子遵，自本国迁居九江之寿春，官至齐王太傅、敷德侯。遵子达，骠骑将军。达子乾，尚书令。乾子弘，南阳太守。弘子勖，河内守。勖子奋，御史中丞。奋子恪，将作大匠。恪子谦，尚书、关内侯。谦子靖，济阴太守。

沈约《自序》列出之人皆不显，最值得书上一笔的是沈戎，初为光禄勋，以九江从事迁济阳太守，说降剧贼尹良，光武帝嘉奖其安定时局之功，封为海昏县侯。坚辞不受，徙居会稽郡的乌程县，其地后来分属吴兴郡的武康县。

吴兴郡的武康，地理位置大致相当于今天浙江省的德清县，是古代少数民族活跃地区。孙皓时的"吴兴之役"，发生在宝鼎元年（266年）十月，永安山贼施但作乱，事平，因置新郡："吴郡阳羡、永安、余杭、临水及丹阳故障、安吉、原乡、于潜诸县……镇山越，且以藩卫明陵……为吴兴郡，治乌程。"山贼指的是山越族，武康所属，"汉为乌程、余杭之境。初平中始分二邑，置县名曰永安，属吴郡。吴宝鼎元年始置吴兴郡，以永属焉。晋平吴改曰永康，后又改曰武康"。邑境在群山间，涧水交流，聚而为溪。险岩深渊、关隘阻隔、山环水绕的地理形势，有利于大姓豪强拥兵自立，形成区域性势力。

沈戎迁居武康，子孙惟系，血脉相承。沈戎有二子，一曰沈浒，一曰沈景。沈浒后人，著名的有沈林子、沈田子、沈约、沈众等。沈景后人，著名的有沈充、沈劲、沈演之、沈庆之等。东吴之时，沈氏仅有沈宪、沈矫两人封侯。两晋交替之际，沈氏家族成为江左豪门，以武功扬名。"江东之豪，莫强周、沈。"东晋之初，侨迁大族为在江东站稳脚跟，极力拉拢沈氏家族。周勰秉承父亲"杀我者，诸伧子。能复之，乃吾子"之命，不满主祚的司马氏排斥吴姓而重用侨姓，曾举兵叛乱，以失败遭杀告终。周氏之败，有朝廷不能容忍的侨迁大族的政治谋略，也有吴地土著间的利益冲突。

沈氏与周氏虽并列，但沈氏弱于周氏。"一门五侯，并居列位，吴氏为盛，莫与为此。"① 沈氏与之并盛，必须列居朝堂。少好兵书的沈充，以雄豪闻于乡里，承担起振兴家族功业的重任。"王与马，共天下"的王导之兄王敦，引为参军。沈充荐同郡长城（今浙江长兴县）钱凤，钱氏与周氏因称雄地方结仇。王敦染疾日重，钱凤挑拨道："衅难恒必由之，今江东之豪，莫强周、沈，公万死以后，二族必不静矣，周强而多俊才，宜先为之所，后嗣可安。"② 王敦言周札及兄子有异谋，派沈充统兵袭击，尽灭周氏。晋明帝太宁二年（324 年），沈充以"男儿不竖豹尾，终不还也"之志，自吴兴率万余人再次进帝都。王敦兵败，沈充被斩，"头悬桁门"而衰落，但衰落不同于周氏、钱氏遭受打击后一蹶不振。沈氏衰落则是暂时的，沈充尚武崇文的才能与才华，鼓舞着家族再次崛起。

从东晋初期到中期，拥有以血缘支脉为核心乡兵劲卒的沈氏，逐渐露出头角。虽在孙恩之乱时又遭受重创，却于晋末与南朝刘宋交替之际轰然勃兴，不但以"尚武"立功，而且以"崇文"扬名。东山

---

① 房玄龄等：《晋书》卷五八《周处传》，中华书局 1974 年版，第 1574 页。

② 房玄龄等：《晋书》卷九八《王敦传》，中华书局 1974 年版，第 2565 页。

谢氏淝水之战"一门四公"之盛，比起沈氏一门22人公、侯、伯、子、男的封建社会五种封爵俱全来说，虽有唐代诗僧皎然的"沈与谢"并列之说，但比较而言，已是黯然失色。

东晋隆安年间孙恩之乱，曾谢绝谢安挽留、王恭聘请的沈警，其子沈穆夫为孙恩的前部参军。事败，沈警及五子并问罪，唯有沈穆夫五子虽从"并应当诛"，却为平乱的刘裕收留。以勇猛晓兵著称的沈氏，与新崛起的北府兵将领、宋公相遇合，"因时际会"①。这里的"时"，就是"匿起国家罪人"心怀异志的刘裕。沈渊子五兄弟一生追随刘裕，沈田子与沈林子更是以"尚武"而扬名南北。沈田子以"封侯之业，其在此乎"的昂扬斗志，率兵出征，独当一面：

> 参征虏军事、振武将军、扶风太守沈田子，率领劲锐，背城电激，身先士卒，勇冠戎陈，奋寡对众，所向必摧，自辰及未，斩馘千数。泓丧旗弃众，奔还霸西，咸阳空尽，义徒四合，清荡余烬，势在跂踵。

这是沈约《宋书·自序》所载刘裕上表朝廷，言沈田子的英勇善战。他承继家风，活用《左传》兵法战例，前后奋击，所向摧陷。为刘裕成功北伐灭掉后秦而建立他人不能企及之功。

沈林子统军为前锋，屡战摧寇，"绥略有方"，"军国大事，辄询问焉"。在位3年的宋武帝，去世时竟不知沈林子已先自病逝。年龄相差二十余岁的君臣，由疆场建功到立祚治国，非是简单的臣属关系，而是忘年之交的情谊。沈林子是驰骋疆场"尚武"勇将，也是通晓兵书的儒将，更是创作诸种作品的文士。"所著诗、赋、赞、三言、箴、祭文、乐府、表、笺、书记、白事、启事、论、老子一百二十一首。太祖（宋文帝）后读林子集，叹息曰：'此人作公，应继王太保。'"②宋文帝之言，既叹息沈林子早逝，也对其充满崇敬之意。

---

① 李延寿：《南史》卷三七《沈庆之传》，中华书局1975年版，第968页。

② 沈约：《宋书》卷一○○《自序》，中华书局1974年版，第2452页。

沈林子以武为主兼治文，为沈氏文化世家"尚武崇文"文化风貌的彰显打下了坚实基础。

宋武帝刘裕倚重沈氏，承位的刘宋帝室皆借重其"尚武崇文"之力，沈浒一脉由孙恩之乱恢复元气，迅速崛起。沈景一脉亦大展鸿图，"忠谨晓兵，以勇闻"的沈庆之，从30岁起至80岁，率兵征战，封为公爵。沈演之雅仗正义，谥贞侯。其他支脉亦兴旺，如沈攸之南北征战，封贞阳县公。沈氏支脉互相映衬，远引高蹈，致君泽民，立言垂范，折冲御侮，孝友仁悌，忠节殉国，名人代有，照耀史册。从立都建康的东吴起，至南朝陈朝败亡止，沈氏有爵者达33人。

东晋有以谢安为代表的东山谢氏家族，从谢鲲于东晋初讨杜弢功封咸亭侯，到南朝陈朝的谢贞止，封爵者有16人。谢氏"东山再起"，以淝水之功、山水诗创作与拥有"咏絮才女"的家族文化称盛于六朝，封公爵起于东晋孝武帝时，早于沈氏家族而领先。沈氏起于刘宋王朝，"尚武"之功居首，"崇文"之功有文坛领袖、有"儒宗"，更有闺秀才媛与宫闱才女。如果说东山谢氏家族文化领先着六朝文化之风，那么吴兴沈氏文化世家则以"后来者居上"之势，助推着六朝社会的演进，丰富着六朝文化的发展。

二

沈约立家传的"自序"，沈麟士"沈氏祖德碑"的自述，皆言沈戎"徙居会稽乌程县之余不乡"的原因，说明沈氏由会稽、吴郡变为吴兴郡所建立"尚武崇文"的不朽功业。沈氏文化世家的功业建树，既在不同行政区域归属上有着些许的变化，更在立足于本土而弘扬民族文化精华上有着家族文化的不断升华。

沈戎迁居乌程县的余不乡，汉代属会稽郡。汉顺帝永建元年（126年），分会稽郡、丹阳郡为吴郡，乌程县属吴郡。汉灵帝初平五年（176年），分乌程、余杭为永安县，余不乡在永安县。东吴末主孙皓宝鼎二年（267年），分吴郡、丹阳郡为吴兴郡，永安县属吴兴郡。晋武帝统一天下后的太康三年（282年），改永安县为武康县。武康又名千秋，东吴黄武元年（222年）建成千秋桥得名。沈氏沿溪水两岸遍植桃树，桃花盛开之时，落花缤纷，满溪花瓣，缓缓飘去，芳香四溢，武康县亦名曰余英。

清美幽雅的自然环境，陶冶着沈戎从寿春迁至武康为争柯山与姚氏发生过冲突后沈氏人物的品格。乐史《太平寰宇记》引沈氏家传云："后汉沈戎，居郡乌程县余不乡。"又引吴均《入东记》云："后汉青州刺史姚恢与海昏侯沈戎，过江邻争柯日山，居之。"地势复杂，民风剽悍，"好用剑，轻死易发"①。生存危机的压力、强悍民风的影响，骨子里"国亡"的沈氏武力自卫变成内化需要，逐渐成为家族传统。同时，周旋强国纵横术的能"说"潜质也得到传承。沈氏"尚武""崇文"的风貌不但根深蒂固，而且不断发展丰富。

扎根于余不乡的沈戎后裔，从东吴时沈宪封侯到沈庆之封公爵，既显示出"武力"之强的家族血缘因子，也尽显"邦邑屡改，而筑室不迁"经过治理出现山水美景下通晓《左氏春秋》的沈充荡舟唱出《前溪曲》的文学因子。由侯爵而至公爵，"立功"不朽。沈戎"不烦兵甲"，大义前去，"往谕降之"，凭"说降"之语表达渐次出现闻名遐迩的史学、文学与经学"立言"不朽的大家，至南朝吴兴沈氏文化世家推向极致。比之吴地"张文、朱武、陆忠、顾厚"② 四姓仅是权重江左与侨姓"王谢庾桓"多出采于帝都来说，沈氏家族"尚武""崇文"，既以沈林子、沈庆之、沈约等为表率而扬名于江南，也以沈劲、沈文季、沈炯与沈重等为楷模昭彰于北朝。

沈劲率 500 人，为东晋守护桓温北伐时收复的洛阳城，城陷被执。在北魏名将慕容恪面前，神气自若，被称为"奇士"。沈文秀、沈文静兄弟以生命的代价，为刘宋朝廷出征，赢得北人的敬重。辅国将军沈文静，从海道前往青州救援，至东莱之不其城，为北魏大军断遏，城陷捐躯。青州刺史沈文秀被围三年，甲胄生虮虱。城败之日，持节不屈，裸缚到北魏名将慕容白曜前，挺立不拜，正气凛然道："各二国大臣，无相拜之礼。"慕容白曜还其衣，设酒食，锁送桑乾。在桑乾囚禁 19 年的沈文秀，于齐武帝永明四年（486 年）病逝。

---

① 班固:《汉书》卷二八《地理志下》，中华书局 1962 年版，第 1667 页。
② 刘义庆:《世说新语·赏誉》，中华书局 2006 年版，第 369 页。

有"儒宗"尊称的沈重，专心儒学，从师不远千里，遂博览群书，尤明《诗经》《周礼》及《左氏春秋》，起家王国常侍。梁武帝中大通四年（532 年），补国子助教、《五经》博士。梁元帝即位，遣主书何武前来，敬迎西上。及江陵平，留事后梁主萧詧，领羽林监，合欢殿上讲《周礼》。北周武帝极为赏识，遣宣纳上士柳裘至后梁礼征，到了京师，诏令讨论"五经"，紫极殿讲"三教"之义。枢机明辩，诸儒尊崇，官至开府仪同三司。道经释典，靡不毕综，撰述又多，咸得其旨。沈重学业厚博，当世称"儒宗"，彰名南北。

有隽才的沈炯，虽在乱世，却志节不屈，行文之工，义理之正，"莫有逮者"。曾为西魏阶下囚，受到异常礼遇，却心系家园，思念老母。经过磨难波折，终归故国。病逝时，陈文帝亲自举哀吊祭，谥"恭子"，可见其"宜居王佐"的政治才能与文学才华。今天所见有诗 19 首，赋两篇，散文 16 篇。是除沈约之外，沈氏家族存世作品最多者。清初学者吴伟业以其经历为题材，创作出《通天台》杂剧。全剧二折，叙述沈炯因萧梁败亡流离长安，虽为朝堂所重，非志趣所愿。独自出游，经过汉武帝的通天台，登台远眺，想到大汉的兴盛与现实的国破家亡，悲从中来。醉卧酒店，梦见武帝设宴召请欲用之。作者借沈炯之痛哭，倾泄明亡入清的无限幽恨。实乃作者敬佩沈炯，以其自喻，表达"尚文"精神与民族气节。

沈氏凭借"尚武"起家扬名，却从来没有漠视"崇文"的支撑。沈充有别集，沈林子及其子沈亮留有见于史书的各种文体之作。封为公爵的沈庆之，吟出《侍宴诗》，决非临时的机变，而是有着家族文化传统的陶冶。齐梁以来，有沈文秀为齐高帝改封西丰县侯"挥刀驰马"之勇、沈众在侯景之乱时还吴兴召募故旧部曲的寥寥载述，虽未能出现刘宋时公侯连至的兴盛威势，却出现以沈约、沈麟士等为代表"立言""崇文"的繁盛景象，既把沈充《前溪曲》表达"相思"的诗歌题材创作扩大到梁陈宫体诗注重对女性形态的描写，也把诗歌艺术表现力由单纯意象推向"永明体"的审美意境。这不是单纯"由武向文"家族传统的转变，而是两者兼擅在"因时际会"上各有侧重，凸显沈氏世家文化底蕴的深厚与丰润。

沈氏文化世家"崇文"繁盛景象，既显现于人数众多、作品可观，也显现在文学体裁多样；既显现于才子创作不断涌出，也显现在才女的增光添色，且是闺秀才女、宫闱才女同出一门。沈氏文化世家有别集者是沈充、沈亮、沈怀文、沈怀远、沈勃、沈约、沈麟士、沈宏、沈重、沈君攸、沈不害、沈文阿、沈炯，还有沈满愿与沈婺华，共为15位。别集卷帙，达到近千卷。除此之外，还有见于作品之名或文体之称的，沈林子、沈邵、沈庆之、沈璞、沈演之、沈攸之、沈渊、沈冲、沈宪、沈旋、沈趋、沈君理、沈洙13位。

存诗或见于诗篇标题者有沈充、沈庆之、沈怀文、沈约、沈旋、沈趋、沈君攸、沈炯与沈满愿、沈婺华皇后10位，其中诗篇最多者沈约，存诗182首；最少者沈婺华，存诗1首。存文者有沈劭、沈庆之、沈演之、沈攸之、沈怀文、沈怀远、沈渊、沈冲、沈宪、沈约、沈麟士、沈宏、沈重、沈君理、沈不害、沈文阿、沈洙与沈婺华18人，其中存文最多者沈约，存文174篇；最少者沈婺华，存文1篇。存赋或见于赋篇标题者有沈充、沈璞、沈勃、沈约、沈麟士、沈众、沈炯7人，存赋最多者为沈约，存赋11篇；最少者沈充，存赋1篇。

闺秀才媛沈满愿与宫闱才女沈婺华，前者有集三卷，存诗12首（或曰14首）。后者有集10卷，存有1诗1文。宫闱才女与闺秀才媛见于一门者，此前仅有汉代班氏家族的班婕妤、班昭。班婕妤有集一卷，仅存1诗1文2篇赋。班昭有《女诫》7篇，存赋亦是7篇。此后两者集于一姓的，罕见载录。六朝江南大姓家族的才女，只有沈氏一门的女性，居朝居家，均成为家族文化的一道亮丽风景。不仅如此，唐代又出现谥号"睿真"皇后的沈珍珠，明代朝堂上出现女学士沈琼莲，明清沈氏家族才女如沈玉麟、沈毓珠、沈毓英等众多名媛。六朝吴兴沈氏文化世家"崇文"传统何等深厚，影响何等深远。

三

自沈戎从东汉初年迁居会稽郡乌程县后，子孙于此相衍，功名逐渐昭彰。"从沈戎定居吴兴武康到陈代，前后经历了五百多年的沧桑岁月。在这数百年间，沈氏家族由武力转变为文化大族，始终以顽强的生命力活跃于吴兴郡，成为吴兴郡和江东著名的豪门大族之一。"①沈氏家族"尚武""崇文"，门楣荣耀。

门楣荣耀的背后，也有各种阴影。从吴主孙权杀沈友，到陈武帝赐沈众死，中经东晋、刘宋、萧齐、萧梁王朝，沈氏家族皆有"立功""立言"者遭遇不测。东晋孙恩之乱，沈警与沈穆夫五兄弟，父子6人丢了性命，是死于朝廷诏令，也是族人的告发。前废帝刘子业毒死的始兴郡公沈庆之，连其"十余岁，善骑射，帝爱之"封为永阳县侯、食邑千户的少子沈文耀也不能幸免，奉前废帝之命而下手害人的是从兄子沈攸之。虽奉帝命，但"兵仗围宅，收捕诸子"的森严无情，令人不寒而栗。"挥刀驰马去，收者不敢追，遂得免"的沈庆之次子沈文季，于宋顺帝升明三年（479年）时，"收杀攸之弟新安太守登之，诛其宗族"。宗族内讧，诛杀残酷。

何以如此？"沈氏宗人始则因为较少具备文儒素养而难以得意仕途，继而由于固守忠君观念而不愿为新朝所用。"这是唐燮军《六朝吴兴沈氏及其宗族文化研究》中之论，其论颇有见解。具体到家族立功建业显现整体风貌时，又有着不同。东晋初期沈充、沈劲的政治选择很能说明问题，沈充以"雄豪闻于乡里"，追随王敦"为参军"，获罪朝廷。避过"株连"之罪的沈劲，"哀父死于非义，志欲立勋以雪先耻"。驰骋北地疆场，用生命维护东晋旧都洛阳遇害，朝廷大加嘉扬，赠东阳太守。

沈充与沈劲，从血缘来说是父子；从政治态度来看，一个是在破坏"祭则君主，权则重臣"的政治格局，一个在竭尽全力维护皇权主祚。虽然政治选择不同，但根本目的是一致的，为提高家族地位不惜以身犯禁。透析沈氏家族人物"尚武崇文"不同的政治态度，既可以了解家族文化间的碰撞融汇与彼此推进，也可以了解在"因时际会"关注点各有差异的原因，进而认识文化风貌之变所显现世家

---

① 余方德主编：《吴兴郡与吴兴大族的文化现象》，团结出版社1993年版，第35页。

文化的多样性与丰富性。

沈氏自东汉迁入吴兴以来，历经三国两晋，走过六朝风云，各个时期均有杰出人物活跃在历史舞台上，有自身值得骄傲的文化风貌，也不排除总处于"内斗"的尴尬境地。这种内斗即使是以"信德孝悌让"为"立身之本也"的琅邪王氏，也有此类事，王导助司马氏灭了王敦，相杀是一时的。沈氏却时有发生，一旦变成对立，就在仇视中灭其族。孙恩之乱，沈预告密，沈警裔孙复仇，灭了沈预一族。"二凶之乱"时，沈攸之几乎把沈庆之一脉赶尽杀绝。与东山谢氏"文义赏会"宗族互撑比较，显现文化造诣的肤浅。宗族相残，"尚武崇文"的沈氏由文武兼善、以武为主向以文为重偏移。齐梁时"崇文"占据着家族的主导，将文化世家诗文赋创作与经学阐释论述推向高峰，成就如同"尚武"一样繁荣的崇文景象。

吴兴沈氏由武力强宗向文化大族转变，学术研究多有论述，资深学者陈寅恪先生、后起学者刘跃进、方志研究者嵇发根，乃至本世纪新起之秀唐燮军、周扬波，皆有独到论述。或着眼于世奉天师道的两次家难，或着眼于曲学阿世的家学演变传承等。所论角度不同，在学理探索上均有开先例而向深层探索的催发作用。

不论侨姓还是吴姓，以文化世家显赫于世，都必须具备一定的条件，才能得到认可。高官和隽秀，是名门大族文化世家必须具备的。高官是社会地位，隽秀是家族人才，殿堂居要位，家族人才济济，这是大姓以门第相矜的凭恃。没有王导就没有琅邪王氏，没有谢安就没有东山谢氏，没有顾荣就没有吴郡的顾氏。沈氏文化世家的门楣荣耀，与此同理。沈充为王敦参军，虽未能在殿堂上立足，其子沈劲却以节操、尚武扬名南北，为家族"因时际会"的崛起创造了有利条件，遂有南朝沈渊子、沈林子、沈庆之等的公侯封爵，"沈氏之兴，莫过是也"。齐梁以来的沈约、沈麟士、沈文阿、沈炯、沈重等隽才，或文学显名，或礼仪闻名，或佛学成名。还有才女沈满愿、沈婺华，各以诗文创作载入典籍，不仅共筑并维护沈氏门楣的荣耀，而且对后世产生积极的绵远影响。

"一代词宗"的沈约，不但注重声律对仗，促进诗歌由"古体"

向"新体"的发展，使其成为唐代文学的标志，而且影响着明人的杂剧创作，徐士俊为之写出《奇女子风里络冰丝》。本事出元代伊世珍《嫏嬛记》，雨夜斋中独坐读书的沈约，起身执笔，风开竹扉，一女子携着络丝织具，入门就坐。微风吹拂，雾气蒙蒙，细雨如丝，环境幽雅。女子随风引络，络丝飘飘，络绎不绝，如若真丝。俄顷得丝数两，随后捧出，赠与沈约，曰："此谓冰丝，赠君以为冰纨。"沈约以此丝织成纨素，做成扇子，鲜洁明净，不摇自凉，无异于冰，为其酷暑写诗撰文营造出优越的自然环境。这神话般的戏剧，渲染出吴兴文化世家杰出人物沈约，其"崇文"才思如同神来。

吴兴沈氏文化世家的研究，注重特定时限内沈氏血缘支脉的传承，进而彰显代表人物的功业，也注重不同主祚王朝的历史演变，进而显现沈氏作为世家"因时际会"的文化风貌，以便打破"六朝"社会演进与"沈氏世家"的片面结构框架，以具有广度、深度与厚度的文化，充分借鉴学术领域相关探索的新动态，将其置于历史发展与特定地域中加以考察与审视，凸显吴兴沈氏文化世家"尚武""崇文"的亮点与特色，以便用开阔的学术视阈和文化形态来建构著作的章节，形成寓诗于前、寓论于史、寓理于事并为才女走进文化世家写上一章而自成风格的研究体例。就寓诗于前来说，只有自序用诗为皎然所作，彰显南北文化的融会。全书八章小序诗皆为沈氏，凸显文化世家的文化蕴含与创作魅力。

家族不是孤立的，既与社会相交错，也与其他家族相渗透，无论沈氏文化世家怎样的起伏兴衰，在演进的过程中，或宰辅朝政，或导引世风，或尊崇时尚，或诗文斐然，或才艺卓绝，皆有令人叹服的文化风貌。这不仅感动着时人，也震撼着后人。爬梳材料，博涉史典，锐精著述，以成一家之言。其言在于究识家族的兴亡命运，盛衰轨迹，功业之建树，文化之渊博，容仪之可观，器宇之深远。述论所得，个人之见，虽非精雕，但在细作，辟出新意，增益学术。

目　录

第一章

沈氏世家支脉梳理与文化风貌勾勒

天德深且旷，人世贱而浮。东枝才拂景，西壑已停辀。

逝辞金门宠，去饮玉池流。霄辔一永矣，俗累从此休。

沈　约《东武吟行》

小　序

这是有"高才博洽"① 称誉的沈约创作的五言诗。逯钦立《先秦汉魏晋南北朝诗》将其列入"乐府"类。"少有奇才，文章冠世"的陆机，是用此吟唱楚调歌行体诗的创作者，既显现"濯发冒云冠，浣身被羽衣"华美的辞藻，也体现乱世中企盼仙家般自由快乐的梦想。东武小山为泰山余脉，帝都在建康以来，基本归属北朝的势力范围。沈约虽然历经刘宋、萧齐、萧梁三朝，泰山也曾在刘宋疆域最大时曾归属过代表东晋朝廷北伐的宋公刘裕，延至移晋祚的宋文帝刘义隆时，但沈约年纪尚幼，不可能有泰山之脉的东武之行。陆机北上洛阳，见过"五岳"独尊的壮丽雄伟，写出《泰山吟》之诗。

沈约虽不具备陆机那样的条件，却是心有感应。以"天德深且旷"起笔，象征古往今来"封禅泰山"帝王的伟业，也寓意沈氏家族追随帝王伟业"立功"的渊源。与此对应的"人世贱而浮"，显现世事变幻常常出人意料，犹如自然"东枝才拂景，西壑已停辀"一样。面对瞬息万变的人世，"辞宠"而"饮流"，就能达到"俗累从

---

① 姚思廉：《梁书》卷一三《沈约传》，中华书局 1973 年版，第 232 页。

此休"的境界。其诗用"东武"小山来呼应着"天德"的泰山，既形象活脱，又寓意委婉地抒写出自己人生的心路变化。这也是经历不同王朝的沈氏家族由"尚武"立功到"崇文"立言"因时际会"变化的形象反映，既有沈戎以来血缘支脉的传承，也有历史演变文化世家的勾勒。沈约灵性地张扬着"永明体"以来诗歌创作讲究声调韵律，以工整的对仗与华美的语言，凝练地体现出诗歌创作的审美表现力，既彰显着个体的心绪，也映衬着沈氏文化世家的整体风貌。

第一节　沈氏得姓渊源与沈戎奠定世家文化走向

沈氏承"深且旷"的"天德"出现，故而人丁兴旺。家族姓氏渊源的追溯，堪称源远流长，蕴含深厚。血缘支脉梳理与文化世家风貌勾勒，主要典籍文献有沈约《宋书·自序》、沈麟士《沈氏述祖德碑》、颜真卿《吴兴沈氏祖德碑阴记》与《宋书》、萧子显《南齐书》、姚思廉《梁书》《陈书》、李延寿《南史》《北史》、魏征《隋书·经籍志》、欧阳修《新唐书·艺文志》、欧阳询《艺文类聚》等，还有方志与藏于上海图书馆的《沈氏家谱》《姓谱》等。

一

沈氏得姓的渊源追溯，最直接的文献是沈约的《自序》，沈麟士的《述祖德碑》。两人年岁相近，生活时代相同，在"立言"的"不朽"功业上，各有不凡的贡献，前者为朝臣、封侯爵，是著名的文学家、史学家；后者为学者，经学名师。沈约（441—513年）享年73岁，沈麟士（419—503年）享年85岁，两人年过古稀，皆为高寿，都经历过南朝的宋、齐、梁三朝。所不同的是沈约为官三朝，且为梁朝开国功臣，封建昌县侯。其母是沈氏家族唯一有诰命所封建昌国太夫人的女性。沈麟士虽然三朝均有举荐与朝廷的诏命，却皆不就，"织帘先生"终身授徒讲经，躬耕武康家园。

沈约与沈麟士生活的南朝，相对魏晋的门阀政治而言，皇权有了加强，但阀阅仍然是社会主流。南朝掌权者不同于东晋"共天下"的政治格局，刘宋王朝的刘裕、萧齐王朝的萧道成、萧梁王朝的萧衍，出身均为"北府兵"将领。陈朝的陈霸先虽不是北府出身，可与兵者分不开。皇权政治取代门阀政治，威势虽不能与专制中央集权的秦汉相比，但皇权移祚少不了士族大姓的捧玺陪衬，更少不了士族大姓的学识才华，这需要"君为臣纲"的经学儒术。皇权政治下的大姓需要保全性命、地位，又能任我逍遥，这需要通晓典章制度、风雅歌舞等。学术兴盛，文学繁荣，成为沈约与沈麟士所生活的南朝社会背景。这背景是由皇权搭台、名门世家文化演唱。欲在殿堂上亮丽转身，需要有家门背景，即便是立祚的刘裕，还要攀上汉代帝室之裔，何况大族？家门显要，离不开祖上的辉煌。

与司马氏共天下的琅邪王氏兴盛于两晋，历经宋齐梁陈四朝，三百余年冠冕不绝。"文雅儒素，各禀家风，箕裘不坠，亦云美矣。"①家族历史源远流长，上溯春秋周灵王的太子晋。其子宗敬为司徒之官，称"王家"，遂以"王"为姓氏，宗敬成为王氏家族的始祖。王翦、王贲是秦朝的开国元勋。曹魏末期的琅邪王氏第二十八代传人王祥出仕，"遂以显达，开魏晋琅邪王氏门户兴盛之端"②。

琅邪王氏居东晋南迁的侨姓之首，顾氏列在"吴郡四姓"之先。刘义庆《世说新语·赏誉》有"吴四姓"条，刘孝标注引《吴录士林》曰："吴郡有顾、陆、朱、张，为四姓，三国之间，四姓盛焉。"李善《文选》为陆机《吴趋行》作注时引张勃《吴录》曰："四姓：朱、张、顾、陆也。"不论四姓排序如何，"著"与"盛"，突出顾氏家族是"吴姓"典型。《世说新语·德行》注引《文士传》曰："荣字彦先，吴郡人，其先越王句践（亦作勾践）之支庶，封于顾邑，子孙遂氏焉，世为吴著姓。"《顾氏谱》则言：越王句践七代孙闽君摇，汉封东瓯王，摇别封其子为顾余侯，因氏焉。

介于侨姓与土著大姓间的沈氏，从某种意义上严格来说，并不是真正的江左土著大族。后裔共尊的先祖"海昏县侯"沈戎，在东汉光武帝时迁到江南会稽郡的乌程县。沈氏家族曾经是"迁入户"，非

---

① 房玄龄等：《晋书》卷三三《王祥传》，中华书局 1974 年版，第987 页。

② 周淑舫：《南朝家族文化探微》，吉林大学出版社 2009 年版，第 87 页。

为喜桑弄水的土著居民。从东汉到魏晋南朝的几百年，完全融入于江南，深深扎根于吴兴郡。学术界的探索，切入点视沈氏为江南"顾陆朱张"吴地四姓之后而兴起的土著大姓家族。其家族血缘支脉传承，有着文化世家尚武崇文、"立功""立言"的鲜活风貌。

二

沈氏家族源流，据沈约《宋书·自序》、沈麟士《沈氏述祖德碑》、沈炯《归魂赋》等，可窥其源流。就沈约与沈麟士两位言自家姓氏的起源，亦有着不同。沈约《宋书·自序》曰：

> 昔少暤金天氏有裔子曰昧，为玄冥师，生允格、台骀。台骀能业其官，宣汾、洮，障大泽以处太原，帝颛顼嘉之，封诸汾川。其后四国，沈、姒、蓐、黄。沈子国，今汝南平舆沈亭是也。春秋之时，列于盟会。定公四年，诸侯会召陵伐楚，沈子不会，晋使蔡伐沈，灭之，以沈子嘉归。其后，因国为氏。自兹以降，谱谍罔存。秦末有沈逞，征丞相，不就。汉初逞曾孙保，封竹邑侯。保子遵，自本国迁居九江之寿春，官至齐王太傅、敷德侯。遵子达，骠骑将军。达子乾，尚书令。乾子弘，南阳太守。弘子勖，河内守。勖子奋，御史中丞。奋子恪，将作大匠。恪子谦，尚书、关内侯。谦子靖，济阴太守。靖子戎，字威卿，仕州为从事，说降剧贼尹良，汉光武嘉其功，封为海昏县侯，辞不受。因避地徙居会稽乌程县之余不乡，遂世家焉。
>
> 顺帝永建元年，分会稽为吴郡，复为吴郡人。灵帝初平五年，分乌程、余杭为永安县，吴孙皓宝鼎二年，分吴郡为吴兴郡，复为郡人，虽邦邑屡改，而筑室不迁。

与琅邪王氏并列的谢氏，得姓渊源于上古。唐广明元年编修的《浙南谢氏宗谱》曰："我谢氏先祖，本出自炎帝神农氏，周宣王姬静封其元舅申伯于南阳唐河谢城，封申地为谢，居住在申地的姜姓臣民便改称谢氏，这就是姜姓谢氏的由来。"以此为姓的后裔——东晋"风流"宰相谢安，决策淝水之战，以少胜多，赢得东晋南迁以来的空前胜利，更赢得"尚武"文化世家沈氏的景仰与钦佩。

沈约五世祖沈警，官谢安府"参军"，两人气质相近，志趣相同，彼此"甚相敬重"。沈约遂以谢氏得姓溯源于周宣王封舅之例，来追溯其姓之渊源远于谢氏，远在上古崇拜英雄的五帝少暤金天氏，延衍至春秋时期，以国为姓，遂有沈氏。沈麟士的姓氏溯源，则与此不同，其《沈氏述祖德碑》曰：

> 沈本姬姓，自帝喾之妃姜嫄，践巨人迹而生后稷，树艺五谷，开粒食之源，贻万世之利，书曰："后稷播种，蒸民而粒"是也。传启玺叔望裔不窋生鞠，鞠生公刘，复修后稷之业，百姓怀之。子庆节，国于幽，继皇仆、差弗、毁俞、公非辟方、高圉侯牟、亚圉云都、组绀诸绎及古公亶父，笃于仁义，避狄迁岐，民皆舍故土而归之。古公传王季、文王，圣化普被，归命者四十国。孔子曰："周之德，其可谓至德也已矣。"迨武王受命，其同母弟聃季载，乃文王十子也。有才德，为司空，封于汝南平舆之沈亭，为沈子国，沈氏得姓，实始诸此。
>
> 聃季卒，子伯桓立，伯桓卒，子冏立，冏卒，子采立，采卒，子乙初立，乙初卒，子苏立，苏卒，无嗣，弟杼承统，杼之子庚向、壬局。而庚向入为周卿，勤于王事，仍封其子忽于沈。忽卒，子不离立，不离卒，子辛生立，辛生卒，子已济立，已济卒，子遇立，遇卒，子楫立，楫卒，子德胤立，德胤卒，子鲋立，鲋卒，子逞立，年尚幼。周敬王元年，吴伐之，奔楚，子嘉立，以不赴召陵之会，晋怒，使蔡人灭其国。自聃季至嘉，历世十八，国虽小弱，然率忠厚，鲜有兵革之警。

沈麟士所言的沈氏起源，与周天子姬姓相关，源于周代始祖后稷。两者虽然于姓氏溯源上说法不同，在"封于汝南平舆之沈亭""晋使蔡人灭其国"的叙事却趋于一致，何以如此？沈约《自序》言父遭不幸，为宋孝武帝所诛。李延寿《南史》本传言："约十三而遭家难，潜窜，会赦乃免，既而流寓孤贫。"① 在重高门的社会环境中，"孤贫"的遭际与受到的歧视，使之对居上位的渴求格外强烈。笃志好学、昼夜不释卷的沈约，年二十有撰述史书之意。二十多年后，齐武帝永明五年春，奉敕撰《宋书》，追溯沈氏来源时，比对自身曾经的不幸，难免失去"史家"写实的精神，有攀附圣贤而壮大家族声势之意。尤其先祖与东晋太傅谢安有旧，谢氏历汉代至东吴默默无闻，南迁后的谢安于东晋崛起，成为侨姓大族，而谢姓追溯先祖，言其"出自炎帝神农氏"，为伏羲、神农、黄帝的"三皇"之一。与其并列的少昊（亦作少暤）、颛顼、帝喾、尧、舜为"五帝"，故而沈氏之姓的溯源，沈约与沈麟士有了不同。

沈子国灭有沈姓，沈约与沈麟士完全趋同。沈约《宋书·自序》，自少暤金天氏有子昧、孙台骀三代相承，其后略过，直接跃到春秋时期，"沈子国，今汝南平舆沈亭是也"。沈麟士清晰地叙述周文王第十子姬聃季受封及后裔兴于平舆沈亭沈子国事，引起沈国断祀之因，祸端是同为姬姓的蔡国。按《左传·定公三年》载，蔡昭侯请晋国出兵伐楚。晋定公会同周天子使臣刘文公，公元前506年在召陵集宋公、蔡侯、卫侯、齐国重臣国夏等代表着16个诸侯国的盟会，谋伐楚国。此会因蔡侯起，因晋国宰臣荀寅向蔡侯求货不得而离散。春秋时国小势弱的沈国，位在子爵，地近"汉水诸姬，楚实灭之"的强楚，虽为姬姓，外交上却如墙头草，只能多向南风，所以遭到中原诸侯国的讨伐。《春秋经》昭公二十三年（前519年）载，秋七月，"吴败顿、胡、沈、蔡、陈、许之师于鸡父，胡子髡、沈子逞灭"②杨伯峻《春秋左传注》引杜预言："国虽存，君死曰灭。"其子沈嘉逃奔到楚国存身，13年后的召陵盟会，君父为姬姓吴国所灭，主祀的沈子嘉岂能前往？

晋国为保持霸主"德义"荣耀，使蔡国出兵，过程就如沈麟士

---

① 李延寿：《南史》卷五七《沈约传》，中华书局1975年版，玄虚1404页。

② 杨伯峻：《春秋左传注·鲁昭公四年》，中华书局1963年版，第1440页。

《沈氏述祖德碑》所说:"以不赴召陵之会,晋怒,使蔡人灭其国。自聃季至嘉,历世十八。"也如沈约《宋书·自序》所言:"沈子国,今汝南平舆沈亭是也。春秋之时,列于盟会。定公四年,诸侯会召陵伐楚,沈子不会,晋使蔡伐沈,灭之,以沈子嘉归。其后,因国为氏。"郦道元《水经·汝水注》曰:"汝水又东南,左会滠水……又东经平舆县故城南,为滠水。县,故沈国旧城也,有沈亭。"考古发掘沈子国的遗址,2006 年列为河南省省级文物保护单位。

沈国始封君为周文王幼子聃季,蔡国始封君为周文王第五子蔡叔度。蔡叔、管叔、霍叔虽为周朝"三监",却在朝歌与纣王之子武庚反叛。叛乱平定,蔡叔死于放逐。周公遂封其子仲于蔡,重建蔡国。进入春秋,蔡国受到郢都威胁,蔡侯令公孙姓率师灭沈,沈国父子两代君主,一位死于姬姓吴国之伐,一位死于姬姓蔡国之伐。沈子国亡,离散的国人不忘故国之情,眷念乡土,遂以国为姓氏。

三

以国为姓的沈氏后人,经战国、秦朝到汉代,出仕朝廷封侯者有 3 人:一是沈保封为竹邑侯,二是沈遵封为敷德侯,三是沈谦封为关内侯。对于"关内侯"爵位应封者的名字,沈约与沈麟士有着分歧。沈约认为"关内侯"应封者为沈恪之子沈谦,由尚书而为侯。沈麟士则认为沈恪生有二子,一名谏,一名谦,封关内侯的是沈谏而非沈谦。两人在其祖与孙的世家相承上,又趋于一致:沈谦有子靖,济阴太守。沈靖之子沈戎,"字威卿","因说降剧贼尹良"有大功,东汉光武帝嘉之,封为海昏县侯。沈戎坚辞不受,为避开朝廷诏命,徙居会稽乌程县之余不乡,遂世家焉。"因居吴兴,子孙蕃衍,毓秀产灵。……凡金鹅乡之沈,皆出于祖戎,德文并著,辉映后先。"[1]

经历新朝天下大乱到东汉建武年间天下安宁的沈戎,生年与享年均不可确考。谈钥《嘉泰吴兴志》载:后汉"善述侯"沈戎于永平元年葬金鹅山,童谣云:"金鹅鸣,沈氏兴,代代出公卿。"永平是

---

① 严可均:《全上古三代秦汉三国六朝文·全梁文》卷四〇《沈麟士·沈氏述祖德碑》,中华书局 1958 年版,第 2871 页。

东汉明帝的年号，永平元年为公元 58 年。沈戎卒于东汉光武帝去世的第二年，汉光武帝享年 62 岁，在位 33 年。建武中元二年（57 年）二月上旬，于洛阳病逝。转年，沈戎在吴兴郡入土。由此推知，沈戎与光武帝的君臣关系非同一般，沈戎的年龄亦与东汉光武帝相近。

其志又载：山上有沈氏祖德碑记。《德清县志》载：沈氏述祖德碑为沈麟士制立。金鹅山忽有树生龟股间，盘旋夹持，碑有所倚，岿然不动，号"庆树碑"。《沈氏述祖德碑》之文为沈麟士所作，立其碑者，则由沈麟士倡言发起，族人响应参与。主要有在朝为官的侍中沈怀文、贞公沈演之、襄公沈庆之、乐安令沈虔之、参军沈璞之、新宁男沈融之、吏部尚书沈昙庆，五兵尚书沈怀明、征西长史沈叔仁等沈氏后裔，于元嘉三年（426 年）上表，献出先祖沈戎居住的故宅为寺，名怀德寺。宋英宗治平二年（1065 年）改为皇觉寺。宋文帝遂下诏曰：

> 东汉故臣沈戎，沈国嫡系，世有善行，才智兼长，忠义自矢，遂敢身入虎穴，谕以至诚，一矢不加，逆子格面，茅社之锡，用以旌功；乃国难既夷，挂冠远遁，舍故宅为佛寺，弃封侯如脱履，进不为身，退不为名，忠上洁己，邦家之光，沈氏积善，唯戎述之。可追封为述善侯。

诏文有三层之意：一是追述东汉故臣沈戎为朝廷建树"一矢不加"的大功；二是高度嘉许沈戎"进不为身，退不为名"的高风亮节；三是刘宋王朝追封"述善侯"爵。

沈戎入仕朝廷，从九江郡的江南来到中原的帝都洛阳。按沈麟士《沈氏述祖德碑》与清代雍正朝所编《浙江通志》（陵墓三）载，初为光禄勋。东汉光禄勋之职，位在九卿，职责非常重要，掌管宫殿警卫，近身或贴身负责皇帝、后宫的安全。沈戎出仕朝廷，领略后世史家推崇为"中兴贤君"的施政。由光禄勋到扬州从事，再迁济阳太守，沈戎从朝官到州郡，稳定时局，以"说降剧贼尹良"显现出非凡的才能。"剧贼"一词，最早出现在西汉。班固《汉书·朱博传》

曰:"博治郡,常令属县各用其豪杰以为大吏,文武从宜。县有剧贼及它非常,博辄移书以责之。其尽力有效,必加厚赏;怀诈不称,诛罚辄行,以是豪强慑服。"剧贼非小偷小摸,而是扰乱地方的强悍贼寇。陈寿《三国志·魏书·刘放传》载曰:"权惧亮自疑,深自解说。"裴松之注引《孙资别传》:"是时,孙权、诸葛亮号称剧贼,无岁不有军征。"东吴国主孙权、西蜀相国武侯诸葛亮,亦有此称号。所言的"剧贼",也有抗拒当朝强大势力之意。

尹良为"剧贼",震动东汉朝野,势力不可小觑。沈戎孤身前往,成功说降。这不是简单地凭借口舌之利,就令"剧贼"幡然悔悟。沈戎敢于前往是具备"沈国嫡系,世有善行"的客观条件,更是凭借努力创造他人不可企及"才智兼长,忠义自矢"极高的社会声望,智勇双全,文武皆备。独自"入虎穴",有胆量,有侠气。面对剧贼尹良,无惧无畏,"谕以至诚","说降"尹良,"逆子格面",弭平了朝廷之乱,使立国不久的社稷避免挥刀发矢、生灵涂炭的战祸。为嘉奖沈戎夷平"国难"的大功,光武帝封其为侯爵。一个"说"字,包含着丰厚的内容,既有尚武者的英雄虎胆与为社稷立功的进取精神,又有崇文者能言善辩的远见卓识。这是沈戎奠定世家的文化走向,也是沈氏代相传、世世有公卿文化世家兴旺之起因。

第二节　沈氏两大支脉梳理及其他族人连线

沈氏家族的溯源,沈约与沈麟士虽然有着不同的载记,但在认定迁居武康的海昏侯沈戎为吴兴沈氏之祖、此后世代为官、家门兴旺却完全相同。沈戎的世系传承,有沈浒、沈景两大支脉。在沈戎与沈浒、沈景的血脉传承关系上,是父子传承,还是祖孙传承,沈约《宋书·自序》与沈麟士《沈氏述祖德碑》的载记又有分歧。

沈约《宋书·自序》认为:沈戎有沈酆、沈浒、沈景3子,沈酆之裔谱牒难觅,仅述沈浒、沈景两大支脉。沈浒之脉,后裔闻名者有沈宪、沈矫、沈警、沈林子、沈亮、沈邵、沈璞、沈约、沈趋、沈众等,有闺秀才女沈满愿。沈景之脉,后裔闻名者有沈充、沈劲、沈叔任、沈庆之、沈演之、沈文季、沈文秀、沈麟士、沈君理、沈君高等，有宫闱才女沈婺华皇后。沈麟士《沈氏述祖德碑》认为：沈戎有子沈酆、沈礼，沈礼之裔谱牒难觅，仅述沈酆有子沈浒、沈景，用"金鹅乡之沈，皆出于祖戎"来概括，主要涉及沈景后裔。

沈约与沈麟士所述的两大支脉后裔闻名者，与其在世所见基本一致。区别在于各自重点不同。沈约《宋书·自序》多述沈浒一脉功业，沈景一脉乃至吴兴其他分支，用人物传记与附记来载记。沈麟士碑文，文字简洁，以凝练之语带过。藏于上海图书馆的《沈氏家谱》《聘季公支下两浙老谱世系》与《吴兴志》《德清县志》以及清代所撰《浙江通志》《吴兴掌故》《湖州府志》《乌程县志》等，乃至当代《湖州人物志》《吴越拾萃》《沈约研究》等载述，说法亦是不同。沈约为一代学者，朝廷重臣，奉命撰史书，家中拥有京师莫比的"二万余卷"藏书，占有文献资料是丰富翔实的。唐代李延寿《南史》所述与沈约相同，故梳理吴兴世家血缘支脉以沈戎之子沈浒、沈景为主，其他支脉以人物连线为补充。彼此辉映，构成吴兴文化世家代相传承"沈氏兴、代代有公卿"的繁盛风貌。

一

沈约《宋书·自序》与沈麟士《沈氏述祖德碑》对沈氏家族溯源的不同，从其撰写之文的对比，便能有所见：

> 戎子酆，字圣通，零陵太守，致黄龙芝草之瑞。第二子浒，字仲高，安平相。少子景，河间相，演之、庆之、昙庆、怀文其后也。

这是沈约《宋书·自序》之述，强调源出海昏侯血缘两大支脉：一脉是二子沈浒后裔，一脉是少子沈景后裔。李延寿《南史·沈约传》亦持此观点，载述完全相同，只在"零陵太守"前多了个"位"字。

> 戎子酆，字圣通，零陵太守，有善政，芝草生，黄龙见。次

— 10 —

曰礼，尚书令。酆子侍御史景，字孟高，安平相。浒字仲高，帝以景端鲠清直，迁相河间王，捕诸奸佞，导王以礼，帝赐衣一袭以嘉之。

这是沈麟士《沈氏述祖德碑》之述，沈戎长子沈酆，次子沈礼。沈酆有子沈景，官侍御史。虽没有标明沈浒为谁之子，但紧承"酆子景"之下，且沈景字孟高，沈浒字仲高。古人长幼排序"伯仲叔季"，或"孟仲叔季"，唐代孔颖达为《左传》"惠公元妃孟子"[1] 疏曰："孟仲叔季，兄弟姊妹长幼之别字也，孟、伯俱长也。"[2] 沈约、李延寿认为沈浒、沈景为沈戎之子，沈麟士则认为是沈戎之孙。

沈约《自序》主要为沈浒一脉及自身撰文，沈麟士《沈氏述祖德碑》主要为沈景一脉及本人述事。一序一碑虽有相悖，却使沈戎后裔在武康两大支脉的传承得以凸显。沈约《宋书》成于齐武帝永明六年（488 年），沈麟士《沈氏述祖德碑》作于梁武帝天监元年（502 年）。各种典籍文献与沈氏谱牒相对照，梳理出两大支脉代表人物的功业与建树，以及其他支脉的杰出人物。

沈浒一脉的世系：沈浒有子鸾，沈鸾有子直，沈直有子瑜与仪，沈仪有子宪，沈宪有子矫，沈矫有子陵，沈陵有子延，沈延有子贺，沈贺有子警，沈警有穆夫、仲夫、任夫、预夫与佩夫 5 子。沈穆夫有渊子、云子、田子、林子、虔子 5 子。沈渊子有子正，沈云子有子璞，沈田子过继其弟林子次子沈亮承嗣，沈林子有子邵、璞，沈虔子有子伯玉、仲玉。沈邵有子侃，沈璞有子约。沈侃有子整，沈约有子旋、赵。沈旋有子寔、众。沈约有孙女沈满愿。

沈浒一脉，入仕殿堂有功业者：

沈 浒：字圣通。为西汉零陵太守，治郡时，出现黄龙现、芝草生的祥瑞。

① 杨伯峻：《春秋左传注·鲁定公三年》，中华书局 1963 年版，第 1532 页。

② 杨伯峻：《春秋左传注·鲁昭公四年》，中华书局 1963 年版，第 1440 页。

沈　鸾：字建光。扬州别驾从事史。

沈　直：字伯平。亦有清名，早卒。

沈　仪：字仲则。少与其兄瑜皆有仁孝之名，兄早卒。仪笃学，儒素自业。汉末天下乱，守道不移，州郡礼请，公车征辟，皆不就。

沈　宪：字元礼。官左中郎、新都都尉，爵封定阳侯，显名吴国。

沈　矫：字仲桓。历吴与西晋。以节气立名，爵封列侯，建威将军、新都太守，吴末帝时为将帅。吴平，不就郁林、长沙太守之职。

沈　陵：字景高。司马睿时为镇东将军参军，讨平吴兴徐馥之乱。

沈　延：字思长。东晋大司马桓温府的安西参军、颍川太守。

沈　贺：字子宁。东晋名将桓冲府参军，在寿阳围攻弃朝廷降北魏的袁真，病逝北地。

沈　警：字世明。笃有行业，通《左氏春秋》，仕为吴兴郡主簿，后将军谢安府参军，甚相敬重。再为前将军、青兖二州刺史王恭（镇京口）府参军。

沈穆夫：字彦和。好学，通《左氏春秋》。事奉道教，为孙恩乱会稽的振武将军。由此连累父亲与仲夫、任夫、预夫、佩夫四位胞弟遇害，唯五子奔窜获全。

沈渊子：字敬深。少有志节，随宋公刘裕为车骑中军，又为刘道规征西参军，领宁蜀太守，从征司马休之，与宋武帝之婿徐逵之同没于战事，封繁畤县五等侯。

沈云子：宋文帝元嘉年间，为晋安太守。

沈田子：字敬光。从宋公刘裕克京城，封营道县五等侯。北伐鲜卑，南破卢循。每战，攻坚报捷，赐爵都乡侯。讨刘毅，讨司马休之，北伐后秦，攻下长安，为安西中兵参军、龙骧将军、始平太守。留镇长安时，死于内讧。

沈　正：字元直。美风姿，善容止，好老庄之学。宋孝武帝时为宁朔将军，长水校尉。为宁朔将军、齐北海二郡太守。家无余财。

沈　璞：字士蔚。宋孝武帝时为员外散骑侍郎、南昌令，有能名，守正不阿。后废帝元徽年间，为宁远将军、交州刺史。

沈　邵：字道辉。美风姿，涉猎文史。袭父沈林子爵，为宋文帝信重。特诏兼侍中负玺，劝课农桑。宋文帝遣御医送药，使者相望不绝。病逝，痛悼。

沈伯玉：字德润。温恭有行业。以文义见知，文章多见世祖集。与谢超宗等校书东宫，为卫尉丞。宋孝武帝以其容状似画图仲尼像，常呼"孔丘"，母老解职。司徒袁粲、司空褚渊深相知赏，为永世令，转永兴，有能名。

沈仲玉：宋明帝时行益州刺史事。后废帝为建威将军，再为沈攸之征西谘议。

沈　侃：官至山阳王休祐骠骑中兵参军、南沛郡太守。

沈　旋：字士规。袭父沈约爵位，为司徒右长史。母忧去官，蔬食辟谷。为南康内史，给事黄门侍郎，谥恭。集注《迩言》行于世。

沈　趋：字孝鲤。位黄门郎。

沈　寔：父沈趋卒，嗣位。

沈　众：字仲师。注解梁武帝《千文诗》，文德殿承命为《竹赋》。曾聘魏，侯景之乱召部曲五千余人入援，台城陷降景。梁元帝时为司徒左长史，魏克江陵，逃归为中书令，性吝啬，谤毁朝廷。陈武帝赏赐虽厚，借休沐还乡时赐死。

沈浒一脉，在殿堂立功立言有名者：

沈林子：字敬士。13 岁遇家祸，避难京口，博览众书。18 岁驰骋疆场，封资中县五等侯，斩仇人沈预首祭父祖之墓。北伐鲜卑，再伐后秦，无坚不摧。刘裕践祚，佐命功封汉寿县伯，深相矜重。宋文帝读其集，叹曰："此人作公，应继王太保。"谥怀伯。

沈　亮：字道明。好学，善属文。初仕郡属，纠劾不法，转西曹主簿。立议救民、盗发冢罪，启陈老弱兵事、督课严促事，宋文帝称其能。置庠序，修长陂，民获利。宋文帝赐远方所贡、书 2000 卷。著各种文体之作 189 篇（首）。

沈　璞：字道真。童孺时异于众，宋文帝奇其应对，任遇深厚，夙夜匪懈，迁宣威将军。王师北伐，以"封侯之日"相激励，与辅国将军臧质随宜抗拒，北魏遁走。嘉功褒美，为淮南太守。元凶弑立，号泣动疾。琅邪人颜竣嫌旧怨，宋孝武帝面前谗说，横罹世难。所著颇丰，遇乱零失。

沈　约：字休文。历宋齐梁三朝。13 岁家难，笃志好学。刘宋末出仕，为安西外兵参军。为南齐文惠太子征虏记室，居"竟陵八友"之首，出为东阳太守，建元畅楼。齐明帝时为国子祭酒，创"永明体"。梁武帝受禅，封建昌县侯，官至侍中。与当朝有隙，惶恐生病而逝。有司谥"文"，武帝怒，曰"隐侯"。撰有史书、别集四百余卷，多佚。今仅存《宋书》，明人张溥所辑《沈隐侯集》。

沈约母：梁武帝天监元年（502 年）封为建昌国太夫人。

沈满愿：沈约孙女，魏征《隋书·经籍志》载，有别集三卷。

二

沈麟士《沈氏述祖德碑》，以十分简洁的笔触，粗线条地述出沈景一脉的血缘传承。参以各种典籍，可以梳理出其脉系立功立言的文化世家之功业。

沈景一脉的世系：沈景有子彦，沈彦有子文涞，沈文涞有子夔，沈夔有子澜，沈澜有子充，沈充有子劲，沈劲有子赤鲸与嘉。沈赤黥有膺期、叔任、说道 3 子，沈嘉有长子发与车骑将军次子。沈膺期有敞之、庆之、虔之、劲之、岳、峻 6 子，沈叔任有融之、坦之、演之 3 子，沈说道有子璞之。沈敞之有子僧照、僧荣，沈庆之有子文叔、文季，沈虔之有子麟士，沈劲之有文秀、文炳、文静 3 子，沈融之有子畅之，沈坦之有子颙、颛，沈演之有睦、勃、统 3 子，沈璞之有子宪。沈文叔有昭明、昭略、昭光 3 子，沈麟士有子彝。沈昭明有子昙亮。沈昙亮有子僧叟，沈宪有璞之。沈璞之有子宪，沈宪有孙沈浚。沈叟有子巡、迈。沈巡有君严、君理、君攸、君高、君公 5 子。沈君理有子遵俭与女婺华，因子早卒，君高之子遵礼为嗣。

沈　景：字孟高。安平相。

沈　彦：荆州刺史。

沈文涞：湘东太守。

沈　夔：海阳令。

沈　澜：沈充之父。

沈　充：字士居。好兵书，雄豪闻于乡里。为王敦参军。晋明帝将伐敦，遣沈祯谕许司空，不纳。率兵至建康，败归，误入吴儒家被杀。敦、充首传于帝都建康，悬南桁门。

沈赤黔：东晋廷尉卿。

沈　嘉：东晋吏部尚书。

沈膺期：东晋大中大夫。

沈文叔：东晋中书黄门郎，为侍中。父死，饮药自杀。

沈文季：中书郎，建安县侯，食邑千户。

沈昭明：秘书郎，因父、祖皆死，亦自缢死。

沈劭之：宋文帝时为庐陵王刘绍南中郎行参军，出讨建安、揭阳诸贼，病卒。

沈僧荣：宋孝武帝时为安成相，宋明帝时为兖州刺史。

沈　睦：官直散骑常侍。与弟勃忿阋，坐徙始兴郡，禁锢。

沈　勃：善琴能棋，轻薄逐利。官西阳王文学。宋明帝时为太子右卫率，欲北讨，还乡募，受贿，徙梁州。后废帝时结事阮佃夫等，官司徒左长史，被诛。

沈　统：官著作佐郎。

沈畅之：袭早卒父亲沈融之宁新县男爵。为海陵王刘休茂北咨议参军，帝室内乱，被杀。

沈文静：官至辅国将军，统高密、东莱等五郡军事，从海道救青州之兄文秀。至东莱之不其城，为北魏断遏，屡战辄克，宋明帝命为东青州刺史。城陷，遭杀。

沈昭略：有刚气，宋末为相国西曹掾。齐高帝时为中书郎。齐武帝时出为临海太守。华林省与沈文季同遇死。以瓯掷面破，曰："作破面鬼"。齐和帝赠太常。

沈昭光：家难至，不忍舍母独逃，见获被杀。齐和帝赠廷尉。

沈说道：巴西梓潼二郡太守。

沈璞之：北中郎行参军。

沈　宪：字彦璋。宋明帝与宪棋，称有刺史才，官至尚书左丞。

齐武帝时为南梁太守，政声大著。孔稚珪曰："沈令料事特有天才。"官广陵太守。西阳王刘子明守南兖州，频行州府事。官散骑常侍，病卒，有"当世良吏"之誉。

沈麟士：字云祯。好学家贫，织帘诵书，号"织帘先生"。宋文帝时虽应令抄撰"五经"，为学士，称疾归乡，作《玄散赋》绝世。隐居吴差山讲经，从学者数十百人。齐武帝时吏部郎沈渊、中书郎沈约表荐，明帝征著作郎，东昏侯征太子舍人，并不就。守操终老，笃学不倦，注《易经》《老子要略》等数十卷。

沈俨之：字士恭。齐明帝时征太子洗马，征中书郎。

沈昙庆：徐州刺史。

沈坦之：齐都官郎。

沈　顗（一名昂）：以家贫出仕，为始安令。

沈　颛：字处默。清静有至行，孝母，兄弟友爱。宋末为南郡国常侍。齐明帝为征太子舍人。梁武帝天监初期，扬州别驾陆任厚礼相待，卒于家。著文章数十篇。

沈僧昊：梁左民尚书。

沈　巡：梁武帝末年为东阳太守，梁元帝征为少府卿。荆州陷，萧詧署金紫光禄大夫。陈文帝诏赠侍中、领军将军，谥敬子。

沈叔迈：方正有干局，梁末为尚书金部郎。入陈，武帝至宣帝四朝，太仆、廷尉，出为镇东始兴王长史，行东扬州事，迁为通直散骑常侍，侍东宫。病卒。

沈景一脉，入仕殿堂有功业者：

沈　劲：字世坚，少有节操。哀父死于非义，志欲立勋雪耻。得平北将军王胡之赏识，参议府事。慕容恪侵逼山陵，上表效力，自募壮士，以寡制众。率 500 人守城，城陷被执，有"奇士"盛誉。晋穆帝嘉其死节不屈，赠东阳太守。

沈叔任：少有干质，为吴县、山阴令，治皆有声。朱龄石伐蜀，为司马。平蜀大功，为巴西梓潼郡太守，戍涪城。侯劢、罗奥聚万余人作乱，以兵不满五百出击获胜，因平蜀全涪之功，封宁新县男。出为益州刺史，以疾还都，病逝。

沈庆之：字弘先。仕宋武帝、少帝、文帝、孝武帝、前废帝。深得文帝信重，以破蛮大功建树朝廷。讨元凶，孝武帝封南昌县公，改封始兴郡公，70岁为开府仪同三司，持节平叛，攻城辄身先士卒。上欢宴，口授《侍宴诗》。前废帝时，遣沈攸之赍药赐死。年八十，追赠侍中，谥忠武公。宋明帝追赠司空，谥襄公。

沈怀明：宋明帝时为建威将军，东征有功，封吴兴县子，为南兖州刺史。桂阳王刘休范为逆，统水军防固石头城，为冠军将军，朱雀失守，奔走忧卒。

沈法系：字体先，随沈庆之征五水蛮，有将才。孝武帝伐逆，加宁朔将军，封平固县侯。讨萧简，以四面并攻之计获胜，官骁骑将军。

沈演之：字台真。年十一，尚书仆射刘柳曰："此童终为令器。"折节好学，读《老子》日百遍，袭父别爵吉阳县五等侯。奉宋文帝命东巡诸郡水灾，开仓赈民。转别驾从事史，深为执政的刘义康倚重。再为右卫将军，总司戎政。范晔逆谋，转吏部尚书，任寄不异。卧疾治事，暴卒。追赠金紫光禄大夫，谥贞侯。

沈文秀：字仲远。前废帝时为青州刺史，据青州所治东阳城，每战辄胜。归宋明帝，破北魏进袭，封新城县侯。被围三载，日夜战斗。城陷持节，名将慕容白曜敬其气节，锁送桑乾关押。19年后，齐武帝永明四年死于囚地。

沈文季：字仲达。历宋孝武帝、前废帝、明帝、后废帝、顺帝与齐高帝、武帝、明帝、东昏侯。封山阳县五等伯，挥刀逃出家难。宋明帝迁散骑常侍，宋顺帝都吴兴、钱塘军事，杀沈攸之弟新安太守沈登之，持节改封略阳县侯。齐高帝改封西丰县侯，齐武帝时为领军将军。有辞采，善篆弹棋。齐明帝出镇大胜。王敬则等反叛，加镇军将军。世乱托以老疾，被东昏侯所害。齐和帝赠司空，谥忠宪。

沈君理：字仲伦。美风仪，有识鉴。尚陈霸先女，封永安亭侯。文帝时官东衡州刺史，宣帝时为吏部尚书。女为太子妃，爵望蔡县侯。赠开府仪同三司，谥贞宪。

沈君高：字季高。少知名，有吏能，为廷尉卿。陈宣帝时为贞威将军、卫尉卿。持节、都督十八州诸军事、广州刺史。岭南俚獠世相攻伐，虽文吏却抚御有方。卒于官，赠散骑常侍，谥祁子。

沈婺华：陈后主皇后。端静寡欲，聪敏强记，工书翰。陈亡入长安，后主薨为哀辞，文甚酸切。隋炀帝每所巡幸，恒令从驾。炀帝被杀，自广陵过江，于毗陵天静寺为尼，法号观音，贞观初卒。

三

沈戎为祖，盛德大业，有沈浒、沈景两大支脉，也有见诸谱牒的其他支脉，沈叔仁到沈观嗣六世，沈昶到沈行简五世，沈总到沈志道四世，沈休季到沈洙三世，沈峻、沈文阿二世等。功业最著者为沈叔仁支脉，文学最显著者为沈昶支脉，经学最有名者为沈峻支脉。

沈叔仁有攸之、登之、雍之 3 子，沈攸之有元琰、懿子、文和、幼和、灵和 5 子，沈元琰有子法琛、法先，沈文和有子法征，沈幼和有子法茂，沈法琛有子钦与女妙容，沈钦有子观嗣。

沈昶有从子瑀，沈瑀有子续，沈续有子炯，沈炯有子行简。

沈寂有子宣，沈宣有怀文、怀远、怀明 3 子，沈怀文有淡、渊、冲 3 子，沈怀明有子崇傃。

沈总有子懿，沈懿有子不害，沈不害有子志道（入隋出仕）。

沈休季有子山卿，沈山卿有子洙。

沈峻有子文阿。

沈道虔有子慧锋。

沈叔仁：衡阳王义季征西长史，随其镇彭域，度征北府事。

沈攸之：字仲达。历仕宋文帝至顺帝七朝。随沈庆之征西阳蛮、广陵，屡有功。宋孝武帝配以仇池步槊，为沈庆之所抑。前废帝宠之，诛戮群公，封东兴县侯。宋明帝时克赭圻，封贞阳县公。后废帝承位，进号安西将军。宋顺帝时号东骑大将军，攻郢州兵败，逃华容界，自经。

沈登之：新安太守。

沈雍之：鄱阳太守，先攸之卒。

沈荣之：尚书库部郎，先攸之卒。

沈元琰：司徒左长史，守江陵逃出。

沈懿子：太子洗马，先攸之卒。

沈法琛：梁安前中录事参军。陈文帝时追赠为光禄大夫，加金章紫绶，封建城县侯，邑五百户。追赠其妻高氏为绥安县君。

沈　昶：宋建平王刘景素主簿，景素反坐狱，瑀诣台陈请，免罪。

沈　瑀：字伯瑜。起家州从事，以法执事，有能名。齐高帝时再为余姚令，廉洁自守。王师北伐督运漕，梁天监八年，为盗所杀。

沈　续：梁王府记室参军。

沈　炯：字礼明。少有隽才。侯景之难不屈节，为王僧辩军书，莫有逮者，梁元帝特封原乡县侯。荆州陷，为西魏所虏，礼授仪同三司。独行经汉武帝通天台，为表陈思归之意。陈武帝时为通直散骑常侍，尝称宜居王佐。以母老表请归养，陈文帝加明威将军，为之吊祭，赠侍中，谥恭子。有集20卷。

沈　总：齐尚书祠部郎。

沈　懿：梁邵陵王参军。

沈不害：字孝和。幼孤好学，14岁补国子生，转庐陵王府刑狱参军。陈文帝时为嘉德殿学士，制三朝乐歌八首、二十八曲，掌策文谥议。宣帝时为通直散骑常侍，兼尚书左丞。操笔立成制文，治"五礼仪"百卷，《文集》14卷。

沈志道：字崇基。少知名，解褐扬州主簿，安东新蔡王记室参军。后入隋。

沈　寂：晋光禄勋。沈宣：晋新安太守。

沈怀文：字思明。好玄理善文，为《楚昭王二妃诗》。宋文帝诏为尚书殿中郎，与谢庄共掌辞令。元凶弑立，违旨奔新亭。孝武帝时行府州事，有能名，宠待隆密。上宴集，令坐者咸醉。素不饮酒，谓故异己。出为广陵太守，有司所纠，赐死。

沈怀远：为始兴王刘浚府参军。前废帝官武康令，撰《南越志》《怀文文集》。

沈　冲：字景绰。涉猎文义。为抚军正佐，兼记室。及父怀文获罪被杀，柳元景为之叹息，冲兄弟以情苦知名。为永兴令，迁尚书殿中郎、领录事。宋孝武帝时为五兵尚书，世号"腰鼓兄弟"。

沈　淡：御史中丞，为司直。

沈　渊：亦官御史中丞，为司直。

沈崇傃，字思整。6 岁父卒，佣书养母。梁天监初为前军鄱阳王参军，太守柳恽辟为主簿。母卒，梁武帝旌彼门闾。为永宁令，禄不及养，哀思更堪，卒。

沈休稚：梁余杭令。

沈山卿：梁国子博士、中散大夫。

沈　洙：字弘道。治"三礼""五经"，梁武帝时为士林馆都讲。陈武帝时与沈文阿同掌仪礼。陈文帝时为光禄卿。废帝时迁戎昭将军，琅邪、彭城二郡丞。议事，朝臣敬服。陈宣帝承位，得重用。

沈　峻：字士嵩。家世农，至峻好学，师事沈麟士。自课或睡寐，辄以杖自击。博通"五经"，尤长"三礼"，为国子助教、"五经"博士，于馆讲授，听者常数百人。补西省学士，助贺琛奉敕撰成《梁官》。出为武康令，卒于官。

沈文阿：性刚强，传父业，梁时为五经博士。陈武帝时领羽林监。陈文帝时于东宫讲《孝经》《论语》。诏赠廷尉卿。撰《仪礼》《经典大义》近百卷。

沈道虔：少仁爱，好《老》《易》。孙恩乱后饥荒，县令庾肃之为立小宅，与诸孤兄子共资，困不改节。宋文帝赐钱米遣使存问，郡州府凡十二命，皆不就。累世事佛，父祖旧宅捐为寺，琴书为乐。

沈怀明：宋兖州刺史。

沈　宪：齐散骑常侍。

沈　浚：字叔源。少博学，有才干。入为尚书左丞。侯景逼京城，迁御史中丞，奉太子令往诣，无畏逆臣，正色责景，被害。

沈妙容：陈文帝皇后。陈武帝永定元年为临川王妃。陈废帝尊为皇太后。陈宣帝时为文皇后。陈亡入隋，大业初南归，卒于故土。

沈戎后裔，如高寿85 岁（《南齐书》言86 岁）经学大师沈麟士《沈氏述祖德碑》所引"金鹅鸣，沈氏兴，代代出公卿"童谣之语，从沈戎东汉初光武帝封海昏县侯（宋文帝追封善述侯）以来，东吴时有侯爵 2 人。东晋末有爵位者 3 人。南朝刘宋时达 20 位（承袭、谥封），南齐只有沈文季由宋封而改封西丰县侯（宋孝武帝封山阳县五等伯，顺帝封略阳县侯，邑千户。齐初改封，食邑 1200 户，明帝增至 1900 户）。萧梁时有爵位者 3 人，陈朝有封侯者 7 人。

沈氏最为兴盛在南朝刘宋时，得封者多，位在公爵者 5 人。虽然陈朝亦多于其他王朝，追其原因，陈朝出现两位皇后得封。以崇文著名封侯者，仅有梁朝的沈约。沈约得封，当然有"与时舒卷"[1] 劝谏梁武帝萧衍移祚之功。

第三节　吴兴沈氏文化世家风貌的生命活力

沈戎以说降"剧贼"之功封侯，后裔子孙之功更为荣耀。其封爵有至高无上的公爵，而且代有奇士良吏，莅官清约，世多显者，或曰文学，或曰儒林，或曰隐士，或曰高逸等诸多盛誉。简言之，就是中华民族"三不朽"传统文化的精华。

何谓"三不朽"？其说源远流长。渊源周文王羑里大狱演"周易"，周公姬旦制礼作乐的"周礼"。最早完整表达见于《左传》：穆叔如晋，范宣子逆之而问："古人有言曰：'死时不朽'，何谓也？"穆叔未对，宣子曰："昔匄之祖，自虞以上为陶唐氏，在商为豕韦氏，在周为唐杜氏，晋主夏盟为范氏，其是之谓乎？"穆叔曰："以豹所闻，此之谓世禄，非不朽也。鲁有先大夫臧文种，既没，其言立，其是之谓乎！豹闻之：'太上有立德，其次有立功，其次有立言。'此之谓'三不朽'，若夫保姓受氏，以守宗祊，世不绝祀，无国无之。禄之大者，不可谓不朽。""立德"是最高层次的追求目标，除"三皇五帝"与尧舜禹外，罕有人能够实现。"立功"与"立言"，是最为关键的价值实现方式。跃马横枪维护时政和睦，谓"立功"不朽；锐意典籍才华横溢而著书立说，谓"立言"不朽。

从居武康以来的吴兴文化世家沈氏，封爵或承袭乃至谥爵达 33

---

[1]　房玄龄等：《晋书》卷三三《王祥传》，中华书局 1974 年版，第 987 页。

（其中 3 人兼前后两朝所封）人。沈浒一脉，于东吴时沈宪、沈矫封为侯，开封侯功业之先。沈景一脉，于东晋时沈充"以雄豪闻于乡里"①，有别集，有《前溪曲》诗见于世，奠定家族尚武能文之风。其后，两脉相撑相映，成就尚武"立功"、崇文"立言"的不朽功业。虽遇朝廷之戮或血缘相残之事，却生生不息，驰骋疆场而无坚不摧，崇尚文义而援笔立就，别集多出，立馆授经，彰显出吴兴沈氏世家尚武崇文"不朽"功业文化风貌的生命活力。

一

从沈戎定居余不乡以来，吴兴沈氏血缘相继，嫡子承祀，以"不朽"功业为荣耀门楣的文化传统，世相传承。其后裔沈浒、沈景两大支脉，武将文臣与学者博士，声名鹊起，各以才华"立功""立言"，既凝聚着世家血统顽强的生命力，也凸显着世家文化风貌深厚蕴含的生命活力。前者的生命力显现于子子孙孙的血脉传承，后者的生命活力显现于"高山仰止，景行行止"②人才辈出的文化风貌。

沈浒一脉，封爵或承袭乃至谥爵达 10 人。沈宪为定阳侯。沈矫为列侯。沈渊子为繁畤县五等侯。沈田子为营道县五等侯，赐爵都乡侯。沈林子为资中县五等侯，汉寿县伯，谥怀伯。沈邵袭父林子汉寿县伯爵，沈侃袭父邵汉寿县伯爵，沈整袭父侃汉寿县伯爵，从沈林子至曾孙沈整，固然有三代荫封，但也有着自身的功业。沈约为建昌县侯，邑千户，谥隐侯。其子沈旋袭爵，谥恭侯。沈约母为建昌国太夫人，孙女沈满愿为南朝梁时著名闺秀才媛。其中沈林子、沈劭、沈亮、沈璞、沈约、沈旋、沈趋、沈众与沈满愿，或有别集，或有作品篇名见于世。沈麟士为儒学之师。

沈景一脉，封爵或承袭乃至谥爵达多达 15 人。沈叔任为宁新县男。沈演之谥曰贞侯。沈融之为宁新县男，其子畅之、其孙晔，三代为宁新县男爵。沈庆之为南昌县公，改始兴郡公，谥忠武公，又谥襄公，邑 3000 户。沈文叔建安县公，其子昭明（始兴郡公，改封苍梧

① 房玄龄等：《晋书》卷九八《沈充传》，中华书局 1974 年版，第 2566 页。
② 高亨：《诗经今注·小雅·车辖》，上海古籍出版社 1981 年版，第 340 页。

郡公)、其孙昙亮（明帝改封广兴郡公），三代为公爵。沈文耀为永阳县侯。沈文季孝武帝时为山阳县五等伯，宋顺帝时为略阳县侯，邑千户，齐改封西丰县侯，邑至1900户。沈文秀为新城县侯。沈怀明为吴兴县子。沈君理为永安亭侯、蔡县侯，谥贞宪。沈君高谥祁子。其脉有沈婺华皇后。其中沈充、沈庆之、沈演之、沈勃、沈宪、沈君攸、沈君理、沈婺华，或有别集，或有作品篇名见于世。

其他支派有名"尚武"立功，封爵或承爵有5人。沈攸之为平洛县五等侯，前废帝封东兴县侯，孝武帝封贞阳县公，食邑2000户。沈法琛为建城县侯，邑500户，谥恭，追赠其妻、沈妙容皇后母为高绥安县君。沈钦袭父建城县侯爵。沈炯梁元帝特封原乡县侯，邑500户，陈文帝谥恭子。沈恪为东兴侯。其脉有陈文帝的沈妙容皇后，生母因此封为县君。其中沈渊、沈冲、沈重、沈文阿、沈洙、沈炯，或有别集，或有作品、文章见于世。

沈氏立功封侯者，多聚于东晋末期与南朝刘宋主祚时。何以如此？北伐是东晋南朝以来最鲜明旗帜。西晋灭亡后，北方全部丧于匈奴、鲜卑、羯、氐、羌等异族之手，恃武称帝，先后建立主祚政权16个，史称"五胡十六国"。东晋南朝正祚建康，岂能偏安一隅？北伐是当时社会的呼声，此起彼伏，从司马睿建武元年（317年）派祖逖北伐，到陈宣帝太建三年（573年）的北伐，二百多年的时间，有庾亮与庾翼兄弟北伐、褚裒北伐、殷浩北伐、桓温三次北伐、刘裕北伐、宋文帝元嘉年间三次北伐、梁武帝天监四年冬伐魏等，除祖逖功败垂成外，只有刘裕北伐成功，至洛阳，平长安。

作为东晋末期执掌朝政的刘裕，北征至彭城，戏马台与将士庆功，群僚赋诗，越发得志，疆场武将，也欲弄墨。太傅谢安之兄谢据的曾孙谢晦，担心宋公有失礼仪，以主簿身份，劝谏代作："先荡临淄城，却清河洛尘。华阳有逸骥，桃林无伏轮。"其诗叙北伐征战"先荡""却清"的艰难历程，又表明一路报捷出征的心胸气度，越发得到倚重。宋公刘裕，文有谢晦，当然也有沈林子。论武，刘裕所属名将，公推沈田子、沈林子的沈氏兄弟。

刘裕兵锋直指后秦，后秦主姚泓窘迫，弃城出奔，仍是一死。长安既平，群臣欢宴文昌殿，刘裕举酒赐沈田子曰："咸阳之平，卿之功也。"建立北伐大功的刘裕，是有"尚武"沈氏世家出生入死的浴血奋战。刘裕北伐，黄河以南、淮水以北以及汉水上游的大片地区，皆归江左所有，是东晋南朝以来疆域最大之时。声威赫赫，以北伐之功迫晋帝禅让。晋恭帝元熙二年（420 年）六月，刘裕代晋，南郊筑坛，祭告天地，改年号永初，称宋武帝。

六朝北伐，旗帜高飘，结局如何？多以失败收场。故而后人给刘裕以极高评价，辛弃疾《永遇乐·京口北固亭怀古》词曰："斜阳草树，寻常巷陌，人道寄奴曾住。想当年，金戈铁马，气吞万里如虎。"刘裕以寒族背景、武将出身主祚，离不开文化世家的强力支撑。沈田子、沈林子五兄弟追随宋公刘裕，平孙恩、卢循之乱，败刘毅，北上讨伐，攻关摧寇，绥略有方，兵锋所向长安，收复西晋帝都洛阳。为宋文帝乃至宋孝武帝、宋明帝平乱，皆身先士卒，用沈麟士《沈氏述祖德碑》之语来论及此时的沈氏文化世家，"沈氏之兴，莫过是也"。堪称风云际会，因时而起。

李延寿《南史·沈庆之传》载：柳元景、颜师伯尝诣年逾七十的沈庆之，会其出游田园而精力不逊于少壮。柳元景等鸣笳列卒满道，沈庆之独与左右亲随几人在田往巡，见之悄然改容曰：

> 夫贫贱不可居，富贵亦难守。吾与诸公并出贫贱，因时际会，荣贵至此，唯当共思损抑之事。老子八十之年，目见成败者已多，诸公炫此车服，欲何为乎！

柳元景、颜师伯、沈庆之，皆是位列宰辅重臣。柳、颜出门，前呼后应，以见家门的地位与荣耀。多在田亩转悠的沈庆之，仅有随侍者，本传载其"悄然改容"说出的一席话，是有感于自身际遇与刘宋王朝历史而发，所谓出自"贫贱"，"因时际会，荣贵至此"。一语及的，道出沈氏家族兴起的原因。

秦汉时期，由北迁居江南的沈氏不甚通达，虽历代有官，但地位不高。沈戎定居会稽乌程县后，家族始为兴旺。家居地理位置大致相当于今天浙江德清的武康，地形复杂，是古代山越族活跃地区。孙皓宝鼎元年（266年）十月，发生吴兴之役，施但聚众作乱。事平，吴主孙皓分"吴郡阳羡、永安、余杭、临水及丹阳故障、安吉、原乡、于潜诸县……镇山越，且以藩卫明陵……为吴兴郡，治乌程"。吴兴地区在孙吴末年，属于少数民族的山越人仍很活跃。武康在汉时为乌程、余杭之境，邑境在群山间，涧水流，聚为溪。险岩深渊、关隘阻隔的地理形势，有利于豪强拥兵自立，形成区域性势力。沈氏家族居住武康，子孙繁衍，世代为官。

沈氏拥有以血缘为核心的乡兵劲卒，虽东晋以来有过沈充之败，也有过沈庆之被毒死之衰，但败衰均是暂时的。以孙恩之乱为例，沈警、沈穆夫父子6人并问罪，唯沈穆夫之子的渊子、云子、林子、田子、虔子五兄弟，因宋公刘裕援手获全。一姓"器其才智""深相矜重"；一姓"任遇既深""报国之秋"。彼此的"因时际会"，造就吴兴沈氏文化世家经学为积淀"尚武"的显赫功业。

这种"因时际会"，形象反映出"尚武"沈氏世家立功者深厚的文化底蕴。孙恩、卢循之乱，从晋安帝隆安二年（398年）起，直至义熙七年（411年），历经13年平定。东晋名将、淝水之战先锋、太傅谢安之子的望蔡公谢琰，死于平乱。少年沈庆之随乡族反击入寇武康的乱军，以勇闻名。后躬耕垄亩，年及三十，往省在赵伦之府中为征虏参军、监南阳郡的兄长沈融之，开始步入仕途，以战无不捷的平蛮与平乱之功，封为公爵。沈庆之既是家族第一位封为公爵之人，也能在帝宴时口诵《侍宴诗》，宋孝武帝甚悦，众臣并称辞意之美。《南史》本传言："手不知书，每将署事，辄恨眼不识字。"识字不多的沈庆之，能有"时皆称为神笔"的军事才略，能有出口成诗的才能，不是真的"不知书"，而是出自垄亩；虽恨"眼不识字"，却从先祖沈充"少好兵书"以来，到与同辈的沈警通《春秋左传》，再到晚辈的沈穆夫，亦好《春秋左传》。年龄相仿的沈田子、沈林子随刘裕扬威时，沈庆之方始出仕，既有家族文化的陶冶，也以寿高八十"后起"的优势，把吴兴沈氏文化世家的"尚武"功业推向高峰。

二

吴兴沈氏文化世家的"因时际会"，"时"的丰富蕴含有"尚武"

的形象建树，也有"崇文"的生动表述。晋宋以降，寒族武将刘裕登上帝位，建立起刘宋王朝，比对东晋，其"时"已经有了不是简单一家一姓表象移祚的变化，而是错综复杂的内在的潜移默化。东晋是"王与马，共天下"的门阀政治，南朝不但皇权独尊，而且多数在位者颇好文义。皇权独尊虽然比不上专制的秦皇、汉武，却也不容他人置喙。颇好文义虽无诗文大家，却也出现梁武帝父子四人皆有别集、梁元帝大兵压境仍讲经学、陈后主兵临城下仍唱"后庭花"。不是好文败亡了家国，而是执政的偏颇导致王朝的衰落与短命。

刘裕代晋，法驾入宫，登太极殿，有司议佪侍中刘睿进玺。宋武帝说："奉帝玺者，必选当有人望。"谢晦劝解道："陛下应天受命，登坛恨不得谢益寿奉玺。"宋武帝叹道："吾甚恨之，使后生不得见其风流。"谢混字益寿，有"风华江左第一"之誉，乌衣之游，诲导谢灵运、谢晦等5位侄子。"美风姿，善言笑，眉目分明，鬃发如墨。涉猎文义，博赡多通"①的谢晦，为刘裕效力。叔侄曾经侍立东晋殿堂，刘裕赞叹道："一时顿有两玉人。"谢混助刘毅，于晋安帝义熙八年（412年）为刘裕所害，去世距刘裕受禅已是8年，宋武帝遗憾"因时"不见谢混"风流"而发。其风流蕴含是丰富的，有着"崇文"胜于"尚武"之义。

宋武帝在位3年病逝，宋文帝承位，改年号为"永嘉"。永嘉时期，社会风气日渐崇尚文化学术，临川王刘义庆招集门客编撰《世说新语》，令时人耳目一新。南齐竟陵王萧子良开西邸，沈约"永明体"出，使文坛发生了变化，有了新体诗与旧体诗之说。梁太子萧统《昭明文选》的编撰，东宫吏属刘勰《文心雕龙》的问世，使得江南文风更重。好学而通晓"五经"之一《春秋左传》的沈氏家族如何？《南齐书》的记载很有趣，也能生动地说明问题，曰：

> 文季风采凌岸，善于进止。司徒褚渊当世贵望，颇以门户裁之，文季不为之屈。世祖在东宫，于玄圃宴会朝臣。文季数举酒

---

① 李延寿：《南史》卷一九《谢晦传》，中华书局1975年版，第521页。

劝渊，渊甚不平，启世祖曰："沈文季谓渊经为其郡，数加渊
酒。"文季曰："惟桑与梓，必恭敬止。岂如明府亡国失土，不
识枌榆。"遂言及虏动，渊曰："陈显达、沈文季当今将略，足
委以边事。"文季讳称将门，因是发怒，启世祖曰："褚渊自谓
是忠臣，未知身死之日，何面目见宋明帝？"世祖笑曰："沈率
醉也。"中丞刘休举其事，见原。后豫章王北宅后堂集会，文季
与渊并善瑟琶，酒阑，渊取乐器，为《明君曲》。文季便下席大
唱曰："沈文季不能作伎儿。"豫章王嶷又解之曰："此故不当损
仲容之德。"渊颜色无异，曲终而止。

世祖指齐武帝萧赜，时为东宫太子。豫章王指萧嶷，与太子俱为
高昭皇后刘智容所生，"宽仁弘雅，得大成之量"。宋顺帝时为骠骑
从事中郎，宋司徒袁粲谓人曰："后来佳器也。"事太子兄"恭悌有
礼，未尝违杵颜色"，兄弟"友爱至深"，共图国事。文季指沈文季，
为沈庆之次子。沈庆之以"尚武"名震朝野，前废帝时被毒死，下
手因反抗而"以被"蒙其头、断其性命的是从兄之子沈攸之。家难
时，诸子被收。他听了兄长沈文叔"我能死，尔能报"的劝告，驰
马杀出，得以活命。褚渊为侨姓士族代表，轻辱沈文季，一方面与北
人南迁入晋始终握有朝政的优越感有关；另一方面随时推移，更重要
的是褚渊轻视沈文季"尚武"家族的文化传统。东晋南朝的世族大
姓崇尚清谈，重文轻武，褚渊对沈文季"以门户裁之"，是因其父
"眼不识字"，其人又在沈攸之举兵抗萧道成时，"收攸之弟新安太守
沈登之，诛其宗族，以复旧怨"，以至"亲党无吹火焉"。故而以其
为"当今将略，足委边事"。言下之意，同族相残，武将蛮夫，只配
守边，登不得大雅之堂。这于社会时尚而言，是对个人的羞辱，更是
对家门的蔑视，正如谢奕称桓温为"老兵"①，谢万呼其属下为"劲

---

① 房玄龄等：《晋书》卷三三《谢奕传》，中华书局 1974 年版，第
987 页。

卒"① 一样。沈文季之所以"讳称将门",是因其家族尚武、"立功"扬名,不能与南迁侨姓或吴地四大姓传统的文化世族相比肩。

由东晋至南朝,沈氏家族累世贵显,声望权势可与江左旧姓吴郡"顾陆朱张"并举。魏晋时郡望远远低于"四姓"的吴兴武康沈氏,何以在南朝崛起并长盛不衰?这与家族文化紧密相关,与家族在发展中善于"因时际会"相一致。沈庆之从历经东晋两帝、南朝刘宋六帝八十年的人生中总结出"因时际会",认识到仅凭"尚武"不能保障家族在殿堂上立于不败之地,必须崇文。沈渊子之子沈正,"淹详有器度,美风姿,善容止,好老、庄之学"。故而官为宋文帝朝光禄大夫的演之,称之曰:"此宗中千里驹也。"②

"尚武"必须仰仗皇权的支撑,南朝的刘宋、萧齐、萧梁与陈朝,四个王朝均是短命的,尤其宋、齐两代皇族内部争夺嗣位,残杀异常惨烈,朝政纷杂,权力频转,沈庆之、沈攸之等,或在位极人臣时卷入皇权更迭丢了命,或为一家一姓移祚时送了命。这既是个人的命运悲剧,又是家族的悲剧。因为每次重臣随所倚靠的君主就死,对家族都是毁灭性的打击,给家族带来巨大的损失。功业显赫者的接连罹难,家族才识之士醒悟到惨剧之因。

"因时际会",是以战略眼光来谋求家族发展,以便"立功"不朽居高位,又能"立言"不朽全身而退。于是,沈氏人物重视文学才艺,既造就出以沈约、沈君攸、沈炯为代表的家族文学群体,培育出沈麟士、沈文阿、沈道虔为表率的经学大师,也陶冶出沈满愿、沈婺华为典范的闺秀才媛与宫闱才女,推动着家族尚武崇文,两者互补、相得益彰,正如沈麟士《沈氏述祖德碑》所言:两大支脉"德文并著,辉映先后","其他支派咸昌,名人代有,照耀史策"。武运长通,文脉不衰,吴兴沈氏世家的文化风貌充满着生命的活力。

---

① 房玄龄等:《晋书》卷三三《谢万传》,中华书局 1974 年版,第987 页。

② 沈约:《宋书》卷一〇〇《自序》,中华书局 1974 年版,第2446 页。

第二章

沈充父子构筑的家族文化内容

白刃紫金鞍，停镳过上兰。寄言狭斜子，讵知陇道难。
赤坂途三折，龙堆路九盘。冰生肌里冷，风起骨中寒。
功名志所急，日暮不遑餐。长驱入右地，轻举出楼兰。
直去已垂涕，宁可望长安。匪期定远封，无羡轻车官。
唯见恩义重，岂觉衣裳单。本持躯命答，幸遇身名完。

沈约《白马篇》

小　序

这是提倡声律审美以"长于清怨"① 风格著称的沈约所写的五言诗。以《白马篇》为诗题创作的诗人，有曹植、鲍照。曹植《白马篇》通过塑造少年游侠的英雄形象表达渴望建功立业的胸怀。鲍照《代陈思王白马篇》通过描写楚地战士抗击胡虏英勇行动写因出身寒门不能实现抱负的满腔悲愤。沈约用"白刃紫金鞍"色彩交错诗句起笔，描写"功名志所急"的狭斜子，既以"长驱"的勇猛"进右地"，也以兵贵神速的策略"入楼兰"。何以如此？尾章点出"唯见恩义重"与"幸遇身名完"的原因所在。这种能建立功业、又能保全人生的婉转抒写，是家族起伏的经历，蕴含沈氏"恩义"上诸多波折，有刘宋时父辈"淮南太守"沈璞②的"被诛"、同宗先祖沈充

---

① 钟嵘：《诗品·沈约》卷中，萧华荣译注，中州古籍出版社 1985 年版，第 133 页。

② 沈约：《宋书》卷一〇〇《自序》，中华书局 1974 年版，2443 页。

东晋初"问罪"的叹息，也有沈充之子沈劲抗击慕容恪侵逼山陵时以"以500人守城"壮烈捐躯朝廷嘉赠的感恩。

沈约《白马篇》激发于曹植诗的爱国精神与高度自信，以"白马"侠士为主旨，寄寓着对丰富沈氏世家文化演进厚重内容沈充父子的敬佩之意。沈充是家族最早留下《前溪曲》的唯一诗人，影响六朝诗风由慷慨悲凉向纵情婉媚的转变。东晋立祚之初，未见君臣"恩义重"，却与"滔天作逆"的王敦首级"悬于南桁"，给家族带来抹不去的阴影；沈劲"志欲立勋以雪先耻""躯命"地报效社稷，给家族带来攀登高门的转机。沈充父子"罪"与"功"间的撞击，构筑着沈戎以来以武见长的文武兼济的家族文化内容。

第一节 沈充背负"贼子乱国"之罪原因探析

沈充其人，沈约《宋书·自序》中没有提及。沈麟士《沈氏述祖德碑》载记，仅有9个字的支脉追述："夔子澜，澜子充，充子劲。"房玄龄《晋书·王敦传》后附《沈充传》："少好兵书，颇以雄豪闻于乡里"，为"敦党"。沈充是王敦同党，背负"贼子乱国"之罪。"为尊者、为长者讳"，这是修谱牒者相同的心态。

沈充死在"故将"吴儒之手，是朝廷三千户的赏赐。沈充之首传至帝都，与王敦首级"同日悬于南桁"。沈充之死，叛逆朝廷。自沈戎为社稷立功封侯立祀吴兴以来，后裔至沈充之前，除沈友遭人诬陷被孙权所害外，均为朝廷尽力。沈充之后，不得寿终者近二十人：沈警与五子以及沈田子，死于东晋。沈庆之、沈文叔、沈文耀、沈昭明死于刘宋王朝的前废帝，沈勃死于刘宋的后废帝，沈攸之、沈文和死于宋顺帝。沈昭略、沈昭光死于齐东昏侯。沈众死于陈武帝诏命。

沈充前去建康，曾对妻儿说："不竖貂尾，终不还也。"败逃误入旧部家，临死前对吴儒说："我沈氏尚武之风，快意恩仇，决不会坐视他人欺辱。"这两段话深刻经典，前者反映个人的志向与抱负，后者概括沈氏群体共性的"尚武"传统。沈充尚武喜文，存世作品有《前溪曲》诗与《鹅赋序》。其后，沈氏在尚武崇文"立功""立言"不朽大业上建树起赫赫之名,这渊源于沈充建构的家族文化内容。解读沈充"雄豪"性格的人生轨迹,剖析负罪之因,对探索六朝吴兴沈氏文化世家至关重要。

一

沈充(?—324年),生年不详,死于晋明帝太宁二年的王敦之乱,是沈戎后裔两大支脉的沈景一脉,沈麟士《沈氏述祖德碑》载曰:

> 沈莫盛于吴兴。始吾祖戎,建大勋,辞显秩,縣江北避地,居吴之余不乡。其卒也,于永平元年,葬乡之金鳌山,时有金鹅飞集,三鸣而去,童谣曰:"金鹅鸣,沈氏兴,代代出公卿。"遂更名其山曰金鹅。

沈麟士为经学大师,信奉"不语怪力乱神"① 的儒学为经典。载记却出现"金鹅飞集"沈戎墓葬地金鳌山带有传奇色彩之事。金鹅"三鸣而去"有典出的寓意,楚庄王以"一鸣惊人"之举,问鼎中原,成为"春秋五霸"之一。"一鸣"有此盛誉,何况是"三鸣"?"三鸣"呼应着童谣,预示"居吴"沈氏后裔兴盛的人脉与地脉。沈麟士《沈氏述祖德碑》的载录,不但有着沈氏"莫盛于吴兴"的定论,而且有着"代代出公卿"的神奇征兆。

裴松之注《吴书·吴主传》引《吴录》,述沈友事:"权大会官僚,沈友有所是非,令人扶出,谓曰:'人言卿欲反。'友知不得脱,乃曰:'主上在许,有无君之心者,可谓非反乎?'遂杀之。"又述其聪慧事:"年十一,华歆行风俗,见而异之,因呼曰:'沈郎,可登车语乎?'友逡巡却曰:'君子讲好,会宴以礼。今仁义凌迟,圣道渐坏,先生衔命,将以裨补先王之教,整齐风俗,而轻脱威仪,犹负薪救火,无乃更崇其炽乎!'歆惭曰:'自桓、灵以来,虽多英彦,未有幼童若此者。'"沈友与华歆对语,为东汉灵帝中平四年(187

---

① 杨伯峻:《论语译注·述而篇》,中华书局1963年版,第71页。

年）事。华歆、郑玄等为同窗，汉末名士。于汉灵帝时举为孝廉，任郎中。11 岁的沈友对"行风俗"的大臣、已过而立之年的华歆（157—232 年）发议论，既见少年有胆识，又见沈氏家族之人有才识。

沈友及冠后才学出众，兼好武事，注释《孙子兵法》。孙权礼聘，采纳"荆州宜并之计"，29 岁为庸臣谮言所害。从沈友遇害到沈充接受王敦之请，百余年间，世上流行"江东之豪，莫强周、沈"之语，实际上沈氏远不如周氏。周鲂东吴时官至鄱阳太守，沈友却为吴主所杀。周鲂之子周处，晋惠帝元康七年（297 年）为建威将军，以五千将士对抗氐族七万兵马，效节战死，朝廷追认平西将军，"赐钱百万，葬地一顷，京城地五十亩"①。江南土著次于"顾陆朱张"的周氏，比吴地"四姓"还荣耀，在帝都洛阳有立足之地，王仲荦《魏晋南北朝史》曰："为第又赐王家近田五顷。"西晋末期至东晋初期，以周处长子周玘为核心，"一门五侯，并居列位，吴士贵盛，莫与为此"②。同为吴兴郡的土著大姓，比周氏单凭武力称雄还要胜一筹的通经学能为文沈氏之裔的沈充，岂能落于人后？

沈氏"尚武"之风，由吴兴沈氏始祖沈戎独闯"剧贼"之穴见端倪，也由沈友受到吴主赏识得到凸显。许嵩之《建康实录》曰："友字子正。吴人也。弱冠好学，博闻明赡，善文词，多有口辩，时人以友笔妙、舌妙、刀妙，'三妙'过人。权至吴，征礼之，共论王霸大略，当世之务。友性忠謇，立朝正色，为众所毁。权亦以终不为己用，故杀之。"论王霸大略，有着沈氏先祖尚武的家族遗风。

从三国至西晋统一，在这分久必合的过程中，有"江东之豪，莫强周、沈"世人所评之语，周氏沈氏虽并列，但居后的沈氏远远逊色于周氏。此时，周氏家族有周札、周懋、周筵、周赞、周缙均封侯爵。所言的周氏"一门五侯"，皆因周札为朝廷立功而惠泽兄长周

---

① 余方德主编：《吴兴郡与吴兴大族的文化现象》，团结出版社 1993 年版，第 33 页。

② 房玄龄等：《晋书》卷五八《周玘传》，中华书局 1974 年版，第 1572 页。

靖之四子。担起真正的周、沈并称豪强的沈充，既有家族尚武之风的陶冶，也具备着"雄豪"的潜质。

二

沈氏"尚武"与家族通晓《左氏春秋》之学分不开。沈约《宋书·自序》言，东汉末沈浒一脉的沈仪，"笃学有雅才，以儒术自业"。东晋末的沈警，"敦笃有行业，学通《左氏春秋》"。其子穆夫亦通《左氏春秋》，其曾孙沈正，"好老、庄之学"。沈氏家族好经学，从汉代至南朝而得大成，既在"崇武"上有沈友注《孙子兵法》、沈充好兵书、沈林子兄弟驰骋疆场封侯的"立功"不朽，在学识上也有沈仪、沈麟士博通儒术、沈约作《宋书》"立言"不朽的家族文化积累，标志六朝吴兴沈氏由尚武为主转向崇文为主，成为与以书法名世的琅邪王氏、以山水诗闻名的东山谢氏并列的文化望族。

好兵书有韬略的沈充，以"雄豪"闻于乡里。"雄豪"之事的寻绎，散见于不同典籍，或见于《世说新语》，或见于《晋书》。刘义庆《世说新语·雅量篇》"褚公于章安令迁太尉记室参军"曰：

> 褚公于章安令迁太尉记室参军，名字已显而位微，人未多识。公东出，乘估客船，送故吏数人投钱唐（塘）亭住。尔时，吴兴沈充为县令，当送客过浙江，客出，亭吏驱公移牛屋下。潮水至，沈令起彷徨，问："牛屋下是何物？"吏云："昨有一伧父来寄亭中，有尊贵客，权移之。"令有酒色，因遥问："伧父欲食饼不？姓何等？可共语。"褚因举手答曰："河南褚季野。"远近久承公名，令于是大遽，不敢移公，便于牛屋下修刺诣公，更宰杀为馔，具于公前，鞭挞亭吏，欲以谢惭。公与之酌宴，言色无异，状如不觉。令送公至界。

褚裒（303—350年），字季野，河南阳翟（今河南禹县）人，东晋名士，出身官宦世家。这为沈充牛棚访客的前倨后恭做了铺垫，也显现出沈充为人的"雄豪"性格。

沈充牛棚具馔、酌宴谢惭褚裒之事，发生何时？据"褚公于章安令迁太尉记室参军"条所载，当在晋元帝（317—323 年）末年。房玄龄《晋书·褚裒传》曰："历任西阳王掾、吴王文学。"褚季野由章安县令升任太尉郗鉴的记室参军，郗鉴为晋元帝重臣，官至太尉，受命辅佐新君晋明帝。褚裒奉命入郗鉴太尉府任职，应该在东晋初期君位的交替之际。当大呼"北方佬"的沈充得知住牛棚者为褚季野，颇为不安，就地拜谒，表示愧意。褚季野和沈充对饮，言谈举止如常。《世说新语》记载的这段轶事，是歌颂褚裒雅量有修养。论世家地位，沈充张口"伧父"，以江南土著势力来炫耀。行为上的先倨后恭，送客人出郡过属界。客人身份非同一般，是掣肘朝廷琅邪王氏的说客。

"王与马，共天下"，东晋立祚建康，沈充感到惭愧，先祖或尚武封侯、或注《孙子兵法》而接近帝王，何以到了自己便黯然失色？与皇帝共天下的琅邪王氏，凭借王导、王敦的文武佐政，使家族成为南迁第一大姓，气势盖过吴地旧姓顾陆朱张，开创东晋以来典型的门阀政治。王敦赏识自己，任命参军，又向朝廷举荐。"江左豪右"的沈氏，借此可以扬眉吐气。况且南北对峙，正是"尚武"最佳时机。沈充与王敦走到一处，是追求"功名志所急"的必然。"八王之乱"丢失河洛大片土地，移祚江左皇权衰落。并称"江左豪右，莫强周、沈"的周氏，于西晋出现"一门五侯"的荣耀，帝室落脚到自家称豪的江左地面上，沈氏应该在东晋殿堂上有着不逊色于其他家族的功业，朝廷应该收复被异族占据的北方。

东晋建祚吴地，吴地基业开创于孙坚、孙策，奠定于孙权。遭际难测的东晋草创之际，王导居枢机之地，王敦"威风已振"，打下司马氏皇家基业，培植起王氏家族势力，王与马的结合开启东晋门阀政治格局。刘义庆《世说新语·宠礼》曰：晋元帝正会，让王丞相登御床，非主待臣之礼。王导总揽朝政，王敦总征讨，一文一武，权柄东晋内外要务，琅邪王氏再兴。王导、王敦的兄弟子侄，如王舒、王允之、王恬等，布列显要者众多，越发彰显出琅邪王氏的政治势力与家族文化的巨大影响。"昔晋初渡江，王导卜其家世。郭璞云；'淮'（案指秦淮）流竭，王氏灭。'观乎晋氏以来，诸王冠冕不替，盖亦人伦所得，岂唯世禄之所传乎！"

沈充以兵家的洞察力分析西晋失去帝都洛阳、东晋移祚建康出现新的以琅邪王氏为代表世族大姓秉权的天下形势，板荡时代显现着东晋士族大姓典型的门阀政治，沈氏建树家族功业，扬己尚武之长，在南北争战各自内部不稳的形势下抢占时机，家族方能冠冕不替。

三

为光耀家族奔波的沈充，经历西晋统一到偏安江左的东晋。立祚建康的东晋王朝，仍是司马氏一脉主祀。帝都远在中原洛阳的西晋末期，江南周氏出现"一门五侯"的荣耀，这令沈充羡慕不已。如今帝都就在吴地，同为"江左豪右，莫强周、沈"的沈氏家族，应该有所作为。他看到了"王与马，共天下"门阀政治格局的出现，侨迁大姓占据着殿堂。

晋元帝在建康招揽贤俊，辟掾属百余人，时谓"百六掾"。太兴元年（318 年）三月，"元帝正会，引王丞相登御床，王公固辞，中宗（元帝）引之弥苦。王公曰：'使太阳与万物同晖，臣下何以瞻仰？'"刘义庆《世说新语》以特有"宠礼"来载记此事。历史上周文王渭水访姜尚，是尊贤之举。东晋主弱臣强，不得已而为之。元会之事，说明王氏家族为司马睿立祚起着决定性的作用，也给王导出了一道难题。是出于真心地昭彰盖世之功业，还是流露出不信任之意？功高震主，历来是皇家大忌。司马睿称帝，政治上王导在谋划，军事上依赖王敦。

威名未著的司马睿，与王敦、王导同心，以隆中兴。随帝位的巩固与南北对峙形势的形成，司马睿笼络了江南士族大姓，对王敦、王导表面尊崇、实则冷淡起来，以"申韩之说"对抗王导制定"愦愦"为政的国策，重用家族势力不强靠"崇上之心，专行刻下之化"的刁协、"以法御下"的刘隗与戴渊等人。王导辅政，以宽和为本，说："人言我愦愦，后人当思此愦愦。"其"愦愦"为政，均衡了中原大乱、人口南迁的侨姓士族与吴姓顾、陆、朱、张、纪、沈等士族强宗的利益，避免了王朝内部的冲突。

观望中的沈充，敬服王导"愦愦"国策，佩服王敦勇武扬威。

东晋依然实行州郡制，经济、军事重心在荆扬一带，王敦都督江、扬、荆等六州诸军事，掌握长江中、上游的军队。朝廷也用了吴地旧姓，但所用皆是在西晋时曾经北上洛阳为官的，顾氏、周氏、纪氏家族居殿堂是最好的说明。家族扬名的出路在哪里？沈充期待朝廷诏命，可朝廷只记得"江左豪右，莫强周、沈"中的周氏，从吴兴郡、丹阳郡分出六县（后为七县），设置了义兴郡，有意表彰周氏家族之功。

沈充对朝廷失望之时，却得到王敦的赏识与重用，聘为幕府参军。三国纷争时诸葛亮上《出师表》，为后主推荐的参军蒋琬，后来成为蜀国与孔明齐名的贤相。文武兼擅的沈充，所要建立的功业当然能够有所超越。中原内乱，玉玺没于胡人之手。乱中华的北方胡人蔑视东晋皇帝，呼为"白板天子"。白板天子是没有权威的，朝廷缺乏威震南北的尊严，更应戮力同心。现实殿堂政事却与之相反，支持周氏灭了建武将军钱璯，在吴兴地方坐大，侥幸活下来的钱凤、钱举等人，藏身武康。沈充铸出了"沈郎五铢"钱，虽以财力的雄厚扩大着部曲武力，但得不到朝廷的重视。王敦的倚重，沈充看到了振兴家族的希望，全力报效，推荐了同郡钱凤，王敦授参军之职。沈充、钱凤熟悉山川地理，为王敦出谋划策，势力发展更快。

晋元帝以整饬吏治为名，处决了桂阳太守程甫、徐州刺史蔡豹等。程、蔡是王敦亲信，这样做的政治意图很明显，加强皇权，限制以王氏为代表的世族大姓权力。王导与王敦对此做出了不同的反应。王导遣八部从事，代表朝廷巡行诸郡，诸从事归报各言二千石官员之失，独顾和一人无言。王导问顾和："卿何所闻？"顾和回答曰："明公作辅，宁使网漏吞舟，何缘采听风闻，以察察为政.'导咨嗟称善。"① 所说"网漏吞舟"，就是"宽小过，总大纲"。在当时形势下，求得"和靖"，共同对付北方胡族。顾和官声清正，着眼大局，赞同王导的为政措施，也赞成王导不计较个人得失的态度。

---

① 房玄龄等：《晋书》卷八三《顾和传》，中华书局 1974 年版，第 2164 页。

王敦直接上疏，言辞激烈："圣恩不终，则遐迩失望；天下荒弊，人心易动。"言明在南北对峙"天下荒弊"的局面下，"圣恩"有始无终，必要时要采取果断行动。沈充与钱凤，支持王敦上疏。"恭俭之德虽充，雄武之量不足"①的晋元帝，太兴二年（319 年）派与王敦不睦、与铠曹参军钱凤有宿仇的周访为荆州刺史。王敦自领荆州，周访对王敦越加不满。祖逖打败石虎、收复谯县后，黄河以南土地皆为东晋所有。转年八月，周访病逝，王敦向朝廷举荐了沈充。王敦想不到上疏遭到了朝廷的拒绝，还遭到更多的猜忌与限制。"雄豪"的沈充更没有想到志愿落了空，湘州刺史做不成，有了结党助虐之嫌。矛盾激化，王敦、沈充走向了极端。

四

晋元帝太兴四年（321 年），朝廷以戴渊为征西将军，都督司、兖、豫、并、冀、雍六州诸军事，司州刺史，镇合肥；刘隗为镇北将军，都督青、徐、幽、平四州军事，青州刺史，镇淮阴。假节领兵，名为讨胡，对付北方异族，实备王敦。王敦上疏斥责刘隗，欲在武昌（今鄂城）起兵，以清君侧。因沈充的反对，暂时按兵不动，却拔剑击碎唾壶，发泄心头的怒火。

一波未平，一波又起，晋元帝下诏："昔汉二祖及魏武皆免良人，武帝时凉州覆败，诸为奴婢亦皆复籍，此累代成规也。其免中州良人遭难为扬州诸郡僮客者，以备征役。"以汉高祖刘邦、东汉光武帝刘秀与魏武帝曹操施政为例，调发扬州大族的僮仆编入兵籍，配给刘隗、戴渊所统的军府，使许多大族、尤其是吴地大族利益受到损害。所以，顾扬愿为沈充的司马，吴儒主动投奔沈充为将军，沈郎五铢钱为军资支用，聚集起兵马，人数多于刘隗、戴渊，气势高昂。

戴渊都督六州中的豫州，是祖逖艰难征战收复的。戴渊对收复河洛缺乏大志，处处针对王敦及其信重的沈氏、钱氏。祖逖认为这样决策不明智，进谏无效，悒愤病逝。祖逖去世，王敦决意"清君侧"，

---

① 房玄龄等：《晋书》卷六《晋元帝本纪》，中华书局 1974 年版，第158 页。

沈充也无疑议。晋元帝永昌元年（322 年）正月，王敦列出刘隗十大罪状，声言：隗首朝悬，诸军夕退。从武昌起兵，由西向东，直指建康。沈充从吴兴起兵，由东向西策应。

晋元帝加封戴渊为骠骑将军，统领军队；加封周札为右将军，与刘隗分别守卫帝都石头城和金城的两个军事要塞。令周札侄子周筵为冠军将军，率水军截击沈充。三月，王敦兵马到达建康城下，周札对王敦历数刘、刁取奴、客之罪拍手称快，开门相迎。刁协、刘隗、戴渊等，均遭惨败。刘隗逃奔到石勒处，刁协途中为人所杀。吴兴郡以震泽、苕溪为主干，水路四通八达，沈充兵马到了大江口，周札已归王敦，周筵的水军与沈充合兵，各有所得。

王敦拥兵石头城，杀了戴渊、周颛等人。司马光《资治通鉴》载："改易百官及诸军镇，转徙黜免者以百数，或朝行暮改，唯意所欲。"四月，王敦退回武昌，遥控朝政。沈充与钱凤为谋主，得王敦信用。司马睿忧愤而死，太子承位为晋明帝，改元太宁。太宁元年（323 年），征王敦入朝，加黄钺，剑履上殿，派侍中阮孚在姑孰设牛酒犒劳。称病不朝的王敦，没有把新皇帝放到眼中。

晋明帝太宁二年（324 年）春，王敦患病，钱凤劝王敦铲除周札，王敦言周氏谋反，使沈充出兵，灭了周氏，也杀了张茂。江左豪右，只有沈氏。沈充在吴兴的势力越发强大。晋明帝派侍中陈晷前往问候，借机查探饮食起居；又遣沈祯去吴兴劝阻沈充出兵，许以"司空"之位，做着讨伐王敦的准备。

五月，王敦任命温峤为丹阳尹，矫诏其子王应为武卫将军，兄王含为骠骑大将军。温峤是刘琨的左长史，刘琨是与祖逖"闻鸡起舞"并称的名将。他奉刘琨之命由北南来，晋明帝由此了解王敦动向，借口公孙乘被钱凤所杀、沈充拒绝合作，下令讨伐。并诈称王敦已死来激励士气，以五千户侯悬赏钱凤、三千户侯悬赏沈充。王敦以诛温峤等奸臣为名，使王含为元帅，命钱凤、邓岳等率五万兵马，进攻建康，又令沈充率军前来相助。

王含兵至越城，被朝廷后中军司马曹浑击败。王敦得知败报而死。沈充的兵马来到帝都，全力攻城。主帅王含优柔寡断，驻足观望。兖州刺史刘遐、临淮太守苏峻各率精兵万人，同来勤王。钱凤、沈充措手不及，溃败逃奔。

沈充欲回吴兴，得知会稽内史张茂妻陆氏替夫报仇，集结人马，堵截水、陆交通。《晋书·张茂传》曰："沈充之反也，茂与三子并遇害。"当初奉大将军王敦之命，不查张茂失职丢城之因，结怨吴地两大旧姓陆家与张家，悔之何及。

> 及败归吴兴，亡失道，误入其故将吴儒家。儒诱充内重壁中，因笑谓充曰："三千户侯也。"充曰："封侯不足贪也。尔以大义存我，我宗族必厚报汝。若必杀我，汝族灭矣。"儒遂杀之。充子劲竟灭吴氏。

房玄龄《晋书》载记沈充死前的一番话，既是请求吴儒"以大义"活命，也道出"雄豪"快意恩仇的性格，更道出沈氏家族传统。晋明帝太宁二年（324年）七月，建康乱平。沈充与王敦首级挂在城南朱雀桁上示众，"雄豪"乡里的沈充背负着"贼子乱国"之罪，其罪仅是自身"功名志所急"的症结么？

沈充有"雄豪"之誉。"雄与豪"为英雄豪杰的简称，曹操、刘备青梅煮酒论英雄。汉高祖九年（前198年），把关东地区为官与豪杰之家迁徙关中，于陵园附近置长陵县邑。惠帝建安陵，景帝建阳陵，武帝建茂陵，昭帝建平陵，后世遂有"五陵豪杰"之说。李渊隋末起兵发布《授三秦豪杰等官教》："义旗济河，关中响应，辕门辐辏，赴者如归。五陵豪杰，三辅冠盖，公卿将相之绪余，侠少良家之子弟，从吾投刺。""豪杰"者，才智出众之人。

沈充结局与"雄豪"是对立的。《晋书》以史家才识"盖棺定论"，于《王敦传》议论曰："琅邪之初镇建邺，龙德犹潜，虽当璧膺图预定于冥兆，丰功厚利未被于黎氓。王敦历官中朝，威名夙著，作牧淮海，望实逾隆，遂能托鱼水之深期，定金兰之密契，弼成王度，光佐中兴，卜世延百二之期，论都创三分之业，此功固不细也。既而负勋高而图非望，恃势逼而肆骄陵。衅隙起自刁刘，祸难成于钱沈。于晋阳之甲，缠象魏之兵。蜂目既露，豺声又发，擅窃国命，杀害忠良，遂欲篡盗乘舆，逼迁龟鼎。赖嗣君英略，晋祚灵长，诸侯释位，股肱戮力，用能运兹庙算，歼彼凶徒，克固鸿图，载清天步者矣。"所论人物是晋元帝、王敦、刁协、刘隗、钱凤、沈充与晋明帝，元帝立祚，王敦有"威名夙著"的中兴之功。司马氏卜世百年便毁"金兰密契"，刁、刘生是非坏了君臣"鱼水深期"，挑起"衅隙"，钱、沈推波助澜，东晋内乱之因，帝室有推脱不掉的责任。沈充"贼子乱国"之罪，应该进行辩证的论述。

第二节　沈劲哀痛父死非义"立功"雪耻

沈劲，字世坚，禀承家风，沈充、沈劲父子皆尚武。朝廷仅用沈充为县令，与周氏"一门五侯"相比，有着天壤之别。王敦重用沈充，为参军、宣城内史、车骑将军，助王敦从武昌进兵建康，晋元帝忧逝。沈充再奉王敦之命，率兵马万余，从吴兴进攻帝都，兵败被杀，与王敦首级同悬帝都南桁。史书中与王敦写在一传，[①] 皆为逆臣。

沈劲的品格节操，与父亲支持权臣"清君侧"截然相反。北向出兵，活跃在收复西晋帝都洛阳的疆场上。晋哀帝兴宁三年（365年），在前归降异族能有功业前程、后无朝廷援军的险境中，用生命代价报效朝廷。房玄龄《晋书》将沈劲列在《忠义传》中，不仅书其子孙代续、官刺史、圆了先祖遗憾朝廷事，而且大书特书报效社稷的壮举。痛父亲死于非义的沈劲，在河洛之地纵横驰骋，接连重创异族南下，以 500 兵力对抗前燕名将慕容恪的大举进攻，城破遇害，以报效东晋社稷的尚武精神，雪洗耻辱，高张起家族"尚武"之风。

一

沈劲生年不详，《晋书》载其事，起笔于沈劲"年三十余"的王

---

① 房玄龄等：《晋书》卷九八《沈充传》，中华书局 1974 年版，第 2566 页。

胡之举荐。王胡之（？—348年）出身琅邪王氏，是王廙的次子，王导的侄子。少有才学，书法追步王羲之，南渡后声誉卓著，与隐居东山的谢安交好，留有四言九章的《答谢安》诗，以平北将军的地位与声望，举荐沈劲。由其临行去世前的举荐，到沈劲维护旧山陵遇害，前后17年；由沈充之死到王胡之举荐沈劲，前后24年。沈劲言行可寻迹之事，史书载录是41岁。沈劲享年虽然无法确考，但沈充与东晋朝廷碰撞时，早已过了童稚之龄。父亲的"雄豪"尚武，对少年时的沈劲有着深刻影响。沈充对朝廷失望而追随王敦，两次奉王敦之命兵至建康，前次荣归，后次负罪，沈劲是耳闻目睹的。

> 沈充自吴率众万余人至，与含等合。充司马顾扬说充曰："今举大事，而天子已扼其喉，情离众沮，锋摧势挫，迟疑犹豫，必致祸败。今若决破栅塘，因湖水灌京邑，肆舟舰之势，极水军之用，此所谓不战而屈人之兵，上策也。籍初至之锐，并东南众军之力，十道俱进，众寡过倍，理必摧陷，中策也。转祸为福，因败为成，召钱凤计事，因斩之以降，下策也。"充不能用，扬逃归于吴。

这是《晋书》载记沈充第二次出兵事。有大都督之职的沈充，带着吴兴兵马前去与进攻建康的元帅王含会合，立即启程，还是拖延几日？带沈劲前行，还是留守家园？司马顾扬的极力劝阻，令其迟疑不决。

吴地大姓的顾扬，以司马之职分析王敦再次起兵之势，昔者晋元帝不谙武事；今天子已扼帝都咽喉。武昌无端生非，染病在身，情离众沮。王含朝廷弃职往奔为元帅，是为其子王应能承大位。无功无才，众人不服，必致祸败。为今之计的上、中、下策，从水路速进，决破栅塘，用湖水灌冲京邑，大水滔滔，肆舟舰之势，压倒对方，不战而屈人之兵，是上策；武昌发难，初至锐师，合并东南众军之力，十道俱进，勤王之军未到，必可摧陷，是中策；宜速不宜迟，扭转败局，议事为名，召钱凤斩之，谢罪朝廷，是下策也。这"三策"的

— 41 —

分析，合情有理，听得沈劲频频点头，认为父亲一定采取上策，如果有意外，还有退路的下策。

沈充一策也不用，原因是：上策水淹建康，进帝都难道是为了一片汪洋？中策合并众军之力，只有大将军方能调度，急切进攻间，岂能从武昌取来信印？下策骗杀钱凤，出尔反尔，何以为人？大都督之名，只有东吴周瑜当之。步周瑜之后为大都督，有"雄豪"之誉的沈充，岂可依策行事？顾扬辞职，吴儒借故走开，不为所动，这是《晋书》称沈充"大义"所在的原因。

沈充自有看法，朝廷立祚，偏安江左，多事之秋。大丈夫建功立业当在河朔，据守帝都整顿朝纲，上下一致，向北用兵。祖逖中流击水，能够收复江淮之地，举的是朝廷北伐旗帜。倘若君明臣贤，以朝廷之力对付乱中华的胡虏，必建大功。汉代乌程的沈氏，到称名武康的沈氏，尚武之风不衰，属文也不落于他族，定然可以成功。

沈祯奉晋明帝口谕，前来相劝：按兵不动，或反戈一击，有功殿堂，"许为司空"。司空之位，沈氏家族尚无一人，"一门五侯"的周氏有"三定江南"之功，也没有封以此职。司空高官，岂能轻"许"？《周礼》设司空，有"三公"之称，指的是司空、司马与司徒。"三公"位高，居位者皆为皇亲国戚或立有大功。秦始皇实行中央集权制，不设三公。西汉初承秦制，辅佐帝室治理朝政的是丞相和御史大夫。从汉武帝起，丞相、御史大夫和太尉称三公。新即位的晋明帝，欲伐王敦而"许为司空"，仅为权宜之计。沈劲明白父亲拒绝的苦心。

沈充先是拒绝司马顾扬之"三策"，接着拒绝沈祯所传晋明帝之谕。统率水陆兵马，以水师为主，两路齐发。

> 率兵临发，谓其妻子曰："男儿不竖豹尾，终不还也。"

这是《晋书》载记沈充对妻儿的叮嘱，更是沈劲崇拜父亲"功名志所急"的"雄豪"性格与精神。"豹尾"典出左思的《咏史》诗："金张藉旧业，七叶珥汉貂。冯公岂不伟，白首不见招。"其诗用现实生活自身际遇与 3 位历史人物作对比，汉代金日磾和张汤两个家族，自汉武帝时起，因金日磾和张汤有功，均有高官，到了汉平帝时，金家七代为内侍，张汤也是子孙相继为侍中、中常侍。汉貂，汉代大官的官冠插貂鼠尾为饰，侍中冠插于左，常侍冠插于右。男儿不竖豹尾，终不还也，是表明此去定要建立功业。

沈劲既为父亲"不竖豹尾终不还"的"功名"之志所骄傲，也因其激起自己的人生之志。然而，等待他的是家族的灭顶之灾。

二

沈氏家族因沈充事的牵连，遭到了怎样的灭顶之灾？沈约《宋书·自序》虽然避其讳，却在《宋书·五行志》中有所载：

> 凤等败退，沈充将其党还吴兴，官军踵之，蹈藉郡县，充父子授首，党与诛者以百数。

《晋书·五行志》中亦有相同记载，诛者以"百数"。除列出名字的沈充外，还有沈劲的兄长，同族以及异姓追随者。

> 父充，与王敦构逆，众败而逃，为部曲将吴儒所杀。劲当坐诛，乡人钱举匿之得免。其后竟杀仇人。

沈劲的父兄被诛，身为沈充之子的沈劲，论律当诛。乡人钱举藏匿，得以保全性命。面对吴儒前来清党，志欲报仇的沈劲隐忍着。所面临的首要之事，去帝都，求全尸葬父。

沈劲在帝都建康，目睹的是群情激愤地声讨王敦的场面。周光斩钱凤，吴儒斩沈充，传首京师。有司议曰："王敦滔天作逆，有无君之心，宜依崔杼、王浚故事，剖棺戮尸，以彰元恶。"崔杼是春秋齐国人，杀了齐庄公，王浚官司空、领乌丸校尉。晋怀帝永嘉五年（311 年），汉赵攻陷洛阳，王浚谋称帝，积粟百万不肯济灾民，为石勒所杀。朝廷遂下令：发瘗出尸，焚其衣冠，踶而刑之。行刑之时观者如堵，合城男女皆骂王敦祸国。

— 43 —

沈劲又目睹百姓群情激愤地前来观看示众的王敦、沈充首级。王敦、沈充首级，同日悬于南桁，观者如堵，千夫所指，骂其罪有应得。目睹上至朝廷君臣历数作逆者的滔天之罪，眼见下至平民百姓的愤怒声讨，沈劲为尸首分离的父亲悲哀。陷入"当坐诛"无法自拔苦恼中的沈劲，看到晋明帝下令讨伐王敦时的诏书。朝廷诏书，昭示王敦"诛戮忠良，旁滥无辜"与"志骋凶丑，以窥神器"两大罪状。助虐的是钱凤，是王含父子。至于沈充吴兴出师，直逼宣阳门外之罪，朝廷念曾使沈祯诏谕而没有列其名，只用"多树私党"带过。沈劲回想着"天下骇心，道路以目，神怒人怨"的场面，不禁汗颜。

首级既悬，无人收葬。夏历七月，臭气熏天。尚书令郗鉴言于帝曰："昔王莽漆头以载车，董卓燃腹以照市，王浚馘土，徐馥焚首。前朝诛杨骏等，皆先极官刑，后听私殡。然《春秋》许齐襄之葬纪侯，魏武义王修之哭袁谭。由斯言之，王诛加于上，私义行于下。臣以为可听私葬，于义为弘。"晋明帝下诏，许其家人或他人收葬。"得免"的沈劲，把父亲葬在武康县北上费村。晋明帝在位3年去世，其子司马衍即位，称晋成帝，年仅5岁。在朝政更替之际，沈劲兑现父亲之言。司马光《资治通鉴》言其"杀仇人"，《晋书·沈充传》载其"竟灭吴氏"。

报了父仇的沈劲，哀痛父亲死于非义，立志建奇勋以雪耻辱，上书郡守言意。吴兴郡自晋明帝以来，有周镇、虞潭、孔坦、陶回、陆纳为郡守，因朝廷"刑家不得仕进"法令，皆无回音。"三十而立，四十而不惑。"① 早过三十的沈劲无所立，年近四十再无功业，怎能实现志向？晋穆帝永和三年（347年），沈劲见到父亲在世时做过吴兴太守、现为丹阳尹的王胡之，直言偏安东南，非为长久之计：朝廷欲有汉武宏图、魏武挥鞭之策，君臣就要北向用兵，帝室转辕祭天，群臣建功河洛，方为当今治国理政的上策。他举古论今，谈论着东晋朝廷的北伐，由闻鸡起舞的祖逖说起，叹息王敦之乱、苏峻之乱，使祖逖功败垂成，收复的淮、泗、河南等地相继失去。

---

① 杨伯峻：《论语译注·为政篇》，中华书局1963年版，第13页。

王胡之赞同沈充的看法，叹息王氏因大将军两次犯宫阙不言兵的苦衷。沈劲认为犯宫阙与北伐为两回事，前者为私，后者为公。事发之时，王敦患病。晋明帝出兵讨伐，相国王导率族中子弟勤王，都督诸军，领扬州刺史。事平，"封为始兴郡公，食邑三千户，赐绢九千匹"①。又以自己为例，报父仇杀人，朝廷没有深究，这是相国"愦愦"为政带来"永和"稳定的时局。晋穆帝永和元年（345 年），22岁的褚太后抱子临朝，何充上表：荐太后之父褚裒入朝，总揽朝政。褚裒虽然坚辞，镇守京口，却向褚太后推荐会稽王司马昱录尚书事，又荐名士殷浩为建武将军，分了司马昱之权，增加世族间的抗衡，桓温居上游，殷浩据下游，褚裒据江北，三足鼎立，司马昱居中辅政，朝野出现前所未有的稳定局面。

中原却纷争不已，后赵石虎（羯人）占据洛阳、邺城一带，前燕慕容皝（鲜卑人）占据辽宁朝阳地区，成国李势（氐人）占巴蜀一带，前秦苻坚（氐人）占据关陇一带，还有占据陇西的前凉张骏（汉人）。长期遭受战乱之苦的百姓，翘首盼望朝廷北伐。褚裒为名士，投宿钱塘亭，演绎"牛屋贵客"典故。褚裒雅量容人的性格与沈充盛情款待的"雄豪"性格，一时传为佳话。这使沈劲对褚裒格外关注。褚裒谦让知退，比起历朝外戚揽权，声誉更高。为帝室、也为女儿与外孙，褚裒未进殿堂，却顺应时代，做着努力。

晋穆帝永和四年（348 年），后赵太子杀皇帝所宠石韬。石虎大肆捕杀，谪东宫卫士十万戍凉州，政局动荡。东晋欲乘机出兵河、洛，慎选文武兼备的将帅。褚裒因王胡之朝事坦诚直言，皆与自己看法相符，深知其才，遂大力举荐。朝廷拜王胡之为平北将军、司州刺史，将镇洛阳。王胡之上疏举荐沈劲，曰：

> 臣当籓卫山陵，式遏戎狄，虽义督群心，人思自百，然方翦荆棘，奉宣国恩，艰难急病，非才不济。吴兴男子沈劲，清操著于乡邦，贞固足以干事。且臣今西，文武义故，吴兴人最多，若

---

① 房玄龄等：《晋书》卷六《明帝本纪》，中华书局 1974 年版，第 162 页。

令劲参臣府事者，见人既悦，义附亦众。劲父充昔虽得罪先朝，然其门户累蒙旷荡，不审可得特垂沛然，许臣所上否？

与"雄豪"的沈充有着一面之缘的褚裒，惋惜其不能为朝廷所用。对有"清操"的沈充之子沈劲焉能不用？沈劲应命前往，出仕军府，为王胡之大军先锋，驰骋北伐。正当沈劲欲大展雄才之时，王胡之临行染疾，溘然去世。

沈劲没有因王胡之不在而归去，此时对东晋非常有利。晋穆帝永和六年（350年），中原大乱，后赵石氏内残，石闵诛石鉴，即位建魏称帝，改元永兴，复冉姓，势力强盛。冉闵灭掉石氏，与鲜卑慕容氏、羌人姚弋仲、石祇等大战，遣使东晋："胡逆乱中原，今已诛之，若能共讨者，可遣军来也。"① 褚裒上表北伐，都督荆司益梁宁雍六州军事、领南蛮校尉、荆州刺史的桓温，参与朝政为扬州刺史的殷浩，出于各自目的，争相上表，请求出师。

沈劲奔走在奉命为征北大将军、挥师向彭城的褚裒军营中，领略了中原的高山平原，看到了北方士民日以千计前来归附。梁州刺史司马勋兵入关中，三辅豪杰响应。代陂一战，晋将王龛被后赵都督李农打败，褚裒退回广陵，遗民二十余万人，"威势不接，莫能自拔，皆为慕容氏及苻健之众所掠，死亡咸尽"②。军旅虽有所进，因朝廷种种矛盾，褚裒惭愤忧死而北伐告终。

沈劲为朝廷立功之志更坚毅，出没豫、徐一带，袭击胡羯兵马，既显现着家族尚武之风，也彰显沈氏通晓兵法。这期间，有晋穆帝永和八年（352年），扬州刺史殷浩奉命北伐，出历城，攻许昌，困洛阳，师旅势如破竹，锋芒直指前秦。因姚襄反戈，殷浩北伐虽然失败，前将军谢尚却从胡人手中取回玉玺，洗去江左"白板天子"的耻辱。朝廷封谢尚尚书仆射，出为都督江西淮南诸军事、前将军、豫州刺史，给事中，镇历阳，加都督豫州、扬州五郡军事。

---

① 房玄龄等：《晋书》卷一〇七《冉闵传》，中华书局1974年版，第2794页。

② 房玄龄等：《晋书》卷九三《褚裒传》，中华书局1974年版，第2414页。

受到谢尚激励的沈劲，越发斗志昂扬。晋穆帝永和十年（354年）与永和十二年（356年），两次随桓温北伐。桓温第一次北伐，有熟悉军情的沈劲为前引，连破秦兵，一路告捷，攻下蓝田，进军灞上。桓温第二次北伐，正是前秦内乱时，沈劲在前，大军渡过淮水、泗水，逼近许昌后，步骑齐出，水陆共进，大败姚襄。姚襄败走平阳，被前秦灭掉。东晋收复了帝都洛阳。

昔日雄伟轩丽的帝都，被汉将刘曜一把火烧成废墟。沈劲脑海浮现出班固《两都赋》、张衡《二京赋》与左思《三都赋》所描写的东汉洛阳、曹魏洛阳，及至西晋洛阳，几代帝都，繁荣时何等巍然，如今衰败不如荒村。桓温修复诸陵，上表朝廷，请求迁都。沈劲认为迁都不是明智之举，北伐战果巩固需要时间，皇帝年幼，不能亲政，士族各镇掌兵，限制了大规模的北伐。北方异族形势难以预料，匈奴人刘渊、刘昭，羯人石勒、石虎，鲜卑人慕容皝、慕容儁，氐人苻洪、苻健，相继代起，野心勃勃地称帝，处于几面包围的洛阳，难于守住。桓温留戴施为河南太守，与冠军将军陈祐合兵，共同卫陵，沈劲居中督察，自率大军南还。

晋怀帝永嘉五年（311年）洛阳失陷，到晋穆帝永和十二年（356年）收复，没于异族四十余载。如今虽有晋师把守，但并不安宁，前燕主慕容儁称帝，不断向南扩展，洛阳时刻处于危险中。

升平中，慕容恪侵逼山陵。时冠军将军陈祐守洛阳，众不过二千，劲自表求配祐效力，因以劲补冠军长史，令自募壮士，得千余人，以助祐击贼，频以寡制众。而粮尽援绝，祐惧不能保全。会贼寇许昌，祐因以救许昌为名，兴宁三年，留劲以五百人守城，祐率众而东。会许昌已没，祐因奔崖坞。劲志欲致命，欣获死所。寻为恪所攻，城陷，被执，神气自若。恪奇而将宥之，其中军将军慕容虔曰："劲虽奇士，观其志度，终不为人用。今若赦之，必为后患。"遂遇害。恪还，从容言于慕容晞曰："前平广固，不能济辟闾，今定洛阳而杀沈劲，实有愧于四海。"朝廷闻而嘉之，赠东阳太守。

晋哀帝兴宁三年（365 年）正月，总摄朝政的慕容恪，遣司马悦希率军进抵孟津（今河南省孟州市西南）、豫州刺史孙兴进抵成皋（今河南省荥阳市汜水镇），再加上进攻许昌的慕容尘与密城的慕容忠，从北、东、东南、南四面完成对洛阳的远距离包围。二月初，与吴王慕容垂兵分两路，大举南攻。洛阳的外围，西面是与晋接壤的前秦军队，虎视眈眈。其他三面，均为前燕军队所攻占，洛阳城外无援军，内无粮草，陷于绝地。陈祐惧不能保全，以救许昌为名，率众东行。受命守城的沈劲，只有 500 人。

> 劲少有节操，哀父死于非义，志欲立勋以雪先耻。

沈劲立勋雪耻，守着山陵，声东击西，由二月守至三月，虽给慕容恪以重创，但寡不敌众，城陷被执，神气自若，大义凛然，表明誓死抵抗是为了收复大晋河山、还华夏正祚所在的仁义行动，仁者无敌，义存天理，虽败犹荣，视死如归。后世称慕容恪为"十六国十大名将"之一，以百倍于沈劲的兵力，攻打月余，才攻陷洛阳。把沈劲与段龛作比较，有"奇而将宥"的想法。晋穆帝永和十二年（356 年）正月，慕容恪攻广固。自称齐王的段龛，为前燕主慕容俊母家，因未授王爵，袭击前燕郎山，斥责慕容俊僭越。太原王慕容恪奉前燕主之命征讨。段龛不纳骁勇多智谋、抗颈强谏的弟弟段罴之言，又罪素有贤明之才、官王友（官职）而为段罴举哀的辟闾蔚，督率 3 万精兵迎战，淄水相遇，狼狈败逃，又用阖城兵力固守，畏惧出降，丢了脑袋。求贤心切的慕容恪，为辟闾蔚死去痛惜。两相比较，前平广固，不能接济文才出众的辟闾蔚生还；今定洛阳，又杀了武略超群的沈劲。天下纷攘，需要人才，前秦能招揽王猛为相，前燕却先后失去可用之人。攻城略地的慕容恪，"实有愧于四海"[1]。沈劲使对手敬服，"清操"之节由此可见。

---

① 房玄龄等：《晋书》卷一一○《慕容恪载记》，中华书局 1974 年版，第2859 页。

东晋朝廷闻听洛阳丢失，为哀帝新丧不能救援而惭愧，也为沈劲凛然正气所感动。有机会参议朝政曾官吴兴郡守的谢安，深知沈劲"自募壮士，得千余人"的不易。同时，有着内心之痛，其弟谢万北伐溃败，被桓温上表废为庶人，忧愧而死。桓温却扶摇直上，都督中外军事，假黄钺。朝廷缺少的正是沈劲这样"有节操"的名将，且是吴地南人，虽有失社稷之悲，却无丧家园之痛。谢安上疏力谏，因穆帝去世再次临朝的褚太后，倾心接纳。朝廷大张旗鼓地"嘉之"，赠东阳太守，其子沈赤黔，官为大长秋。

沈充背负"贼子乱国"之罪，后裔因是"刑家"，其子不得出仕。痛悼父亲死于非义而立志建功的沈劲，用兵五百，在孤立无援的艰险中，坚守洛阳月余，笑对被俘，以身殉国，死得其所，正如司马光所论："沈劲可谓能子矣！耻父之恶，致死以涤之，变凶逆之族为忠义之门。"① 报效社稷，战死疆场，赢得朝廷盛誉的沈劲，终雪家族之耻。

第三节　沈充父子言行凝聚的世家文化蕴含

史学传统"秉笔直录"，《晋书》记载的沈充、沈劲，父子尚武，沈充以"雄豪"之称闻于乡里，沈劲以"清操"之誉著于乡邦。父亲列入"敦党"，史臣论其负罪之源，"衅隙起自刁刘"②。沈劲哀痛父亲死于非义，从晋穆帝永和四年（348 年）由王胡之举荐应命起，至晋哀帝兴宁三年（365 年）"遇害"止，驰骋河洛疆场近二十年，"频以寡制众"，使失于胡羯之手四十余年的西晋帝都洛阳一度掌控在东晋朝廷手中，率 500 人在众寡悬殊的极端险境中，与总摄前燕朝政的名将慕容恪较量，被对方誉称为"奇士"，立勋雪耻，列于《忠义传》，名垂青史。

汉魏奇士是誉称，范晔《后汉书·许劭传》载最有名的奇士之事，"仕郡为功曹，抗忠举义，进善黜恶，正机执衡，允齐风俗。所

---

① 司马光:《资治通鉴》卷一〇一《晋纪》，中华书局 1962 年版，第 667 页。
② 房玄龄等:《晋书》卷九八《沈充传史臣论》，中华书局 1974 年版，第 2566 页。

称如龙之升，所贬如堕于渊。清论风行，所吹草偃，为众所服"。与沈劲父辈同时、同居江左有"奇士"之称的周颉，"司徒掾同郡贲嵩有清操，见颉叹曰：'汝颍固多奇士！自顷雅道凌迟，今复见周伯仁，将振起旧风，清我邦族矣。'"①乱世中善于治国用兵的杰出人才，就是奇士。沈劲集汉魏以来的"奇士"之长，融汇侨迁大姓王氏、谢氏的家族文化，在沈充"不竖豹尾终不还"的感召下，父子映照，以各自言行弘扬先祖功在朝廷的尚武之风，构筑出以武为主、以文为辅的世家文化蕴含。

沈充、沈劲父子以"雄豪""节操"称著乡邦，有尚武之风，有属文之才。魏征《隋书·经籍志》载："沈充有文集二卷。"别集原貌虽不可见，却有《鹅赋序》之文与《前溪曲》诗传世，是沈氏文化世家最早可见的文学作品。沈劲虽然没有别集甚或单篇留传，但为灭冉魏的鲜卑名将慕容恪称为"奇士"。其奇士绝非仅是夺关闯隘的猛将，也绝非是膂力过人的武将，而是有胆识、有勇谋的闪现传统文化光辉又有时代特质的文士、隐士风度。

一

沈充传世作品有 7 首《前溪曲》诗，有《鹅赋序》散文。《鹅赋序》创作早于《前溪曲》，应为意气风发的青年之作，曰：

> 先大夫俞颍川者，殊精意于养鹅，求得可鹅，类于张猛虎，亦多好者，于时有绿眼黄喙，折翼赤头，家家有焉。然经颍川之好者焦叔明，以太康中，得大苍鹅，从喙至足，四尺有九寸，体色丰丽，鸣声惊人。三年而为暴犬所害，惜（亦作"苦"）其不终，故为之赋云。

这篇"序"文见于初唐欧阳询奉高祖命所编《艺文类聚》，再见李昉等人奉宋太宗令所编《太平御览》，由清代吴兴郡学者严可均辑于《全上古三代秦汉三国六朝文·全晋文》中。百字序文所成原因：

---

① 房玄龄等：《晋书》卷六九《周颉传》，中华书局 1974 年版，第 1850 页。

先大夫俞颍川喜欢养鹅，晋武帝太康中得到"大苍鹅"，饲养观赏三年。这只非同凡品的家禽丧命"暴犬"，故作了《鹅赋》。顺其序文的思路，原赋应该对俞颍川"殊精意"选鹅、养鹅进行多方面的描写，更应该对其所得到的"大苍鹅"进行铺张渲染，使其"从喙至足"的高度、"四尺有九寸"的身长与"体色丰丽"的形象更为生动，比起"家家有焉"的可鹅具有"鸣声惊人"超凡脱俗的才艺，乃至失去心爱宠物的悲痛之情。

沈充"惜"大苍鹅"不终"而为赋，原赋虽不可得，但通过"序"已经显现出为文的才华。用可鹅的"绿眼黄喙，折翼赤头"的外貌描写与对比的艺术手法，烘托出大苍鹅的体色丰丽、嘹亮鸣声而夺魁。沈充作此赋及序文，是晋武帝太康（281—290 年）年间的晚期。其于晋明帝太宁（324 年）二年被斩首，与成序时已有三十余年。作文时应是及冠左右的年龄，既有"雄豪"尚武之气，也有"少好兵书"的文气，《鹅赋序》与《鹅赋》有着显露与张扬。

赋体兴于汉代，班固《汉书·王褒传》阐释曰："辞赋，大者与《诗》同义，小者辩丽可喜。譬如女工有绮縠，音乐有郑卫，今世俗犹皆以娱悦耳目。辞赋比之，尚有仁义风谕，鸟兽草木多闻之观，贤于倡优博弈远矣。"辞赋是经过文人加工润色"辩丽可喜"，吟诵出口时能够"娱悦耳目"的。汉武帝读司马相如《子虚赋》，有"今生不得见"之叹，再读为文学侍从写出大汉天子气势的《上林赋》，才有飘飘凌云之志。范晔《后汉书·文苑传》载，黄射大会宾客，"人有献鹦鹉者，射举卮于（祢）衡曰：'愿先生赋之，以娱嘉宾。'"祢衡遂作《鹦鹉赋》。陈寿《三国志·魏书》裴注引阴澹《魏纪》载曹植赋："从明后而嬉游兮，登层台而娱情。"汉末乃至建安，有出外游玩写赋娱情之风，一直沿袭到晋朝。

晋武帝的左贵嫔以文采见重于时，异域有所献，皆奉诏献赋。传世赋作有 7 篇，完整赋作是《离思赋》《松柏赋》，《相风赋》仅见其名，有残序的是《白鸠赋序》，《涪沤赋》《鹦鹉赋》《孔雀赋》仅有残句。《孔雀赋》曰："戴碧绿之秀毛，擢翠尾之修茎。饮芳桂之凝露，食秋菊之落英。耀丹紫之倏烁，应晨风以悲鸣。"虽然仅存六句，却描写出孔雀的形象、洁净的饮食与生活习性。孔雀为鸟类中的佼佼者，它"应晨风以悲鸣"，借其"悲鸣"来抒发个人心中的幽怨。左贵嫔的《白鸠赋》《孔雀赋》《鹦鹉赋》，是赞美自然界的三种飞禽，以灵动的飞禽来喻意。正如《白鸠赋序》曰："泰始八年，鸠巢于庙阙，而孕白鸠一只。毛色甚鲜，金行之应也。"以白鸠来写，用"毛色甚鲜"来烘托自己的品格。沈充的《鹅赋序》，应该与此同义。

为鹅挥笔作赋为序，沈充是第一人。这影响着同郡的松阳令钮滔之母孙琼，"性好养鹅"①。尤好文学，有《孙琼集》二卷。也影响着王羲之。"性爱鹅。会稽有孤居姥，养一鹅善鸣，求市未能得，遂携亲友命驾就观。姥闻羲之将至，烹以待之，羲之叹息弥日。"山阴有位道士好养鹅，养好鹅。"羲之往观焉，意甚悦，固求市之。道士云：'为写《道德经》，当举群相赠耳。'羲之欣然写毕，笼鹅而归，甚以为乐。其任率如此。"②

女性好鹅，成为才女文学家；男性好鹅，成为大书法家。喜爱养鹅，体现陶冶情操的文人雅事，从中有着不同领略与感悟。王羲之爱鹅、陶渊明爱菊、周茂叔爱莲、林和靖爱鹤，由文学创作到书法、再到后世的瓷器和绘画，既表现文人高士的风雅清逸，也显现其迥出尘俗的超然志趣，沈充《鹅赋序》开启作用之意义，不容忽视。

二

沈充除了早期的《鹤赋序》之文外，还有《前溪曲》。《前溪曲》又称《前溪歌》，共七首。影响广远的《前溪曲》内容如何？是在怎样的背景下创作的，又有怎样的积极意义？《前溪曲》曰：

其一

忧思出门倚，逢郎前溪渡。莫作流水心，引新多舍故。

其二

为家不凿井，担瓶下前溪。开穿乱漫下，但闻林鸟啼。

① 胡文楷：《历代妇女著作考·孙琼》，上海古籍出版社1985年版，第8页。
② 房玄龄等：《晋书》卷八〇《王羲之传》，中华书局1974年版，第2093页。

其三

前溪沧浪映，通波澄渌清。声弦传不绝，千载寄汝名，永与
天地并。

其四

逍遥独桑头，北望东武亭。黄瓜被山侧，春风感郎情。

其五

逍遥独桑头，东北无广亲。黄瓜是小草，春风何足叹，忆汝
涕交零。

其六

黄葛结蒙蔓，生在洛溪边。花流逐水去，何当顺流还，还也
复不鲜。

其七

黄葛生烂漫，谁能断葛根。宁断娇儿乳，不断郎殷勤。

前溪所在处，胡仔《苕溪渔隐丛话》曰："于竞《大唐伎》，德
清县南前溪村，南朝习乐之处也。今尚有数百家习音乐，江南声伎多
自此出，所谓舞出前溪者也。"宋人乐史《太平寰宇记》又曰："前
溪者，古永安县（今德清县武康镇）前之溪也。晋沈充家于此。"前
溪，在德清县武康镇。永安县亦称武康县，汉献帝兴平元年（194
年）设立，因永安山得名。吴大帝孙权黄武元年（222 年），封名将
朱然（182—249 年）为永安侯。晋武帝灭吴的太康二年（281 年）
改名，以武康山命之，意在帝业安康永固。按《前溪曲》描写的生
态环境与情思绵绵的意境，应为吴兴郡永安县的武康镇。

属"吴声歌"的《前溪曲》，源于"南音"影响。"禹行功，见
涂山之女。禹之未遇而巡省南土。涂山之女，乃令其妾候禹于涂山之
阳。女乃作歌。歌曰：'候人兮猗！'实始作为南音。"[1] 涂山氏之歌
虽然只有四个字，蕴含的内容与显现的艺术形式却是丰富的。内容上

---

① 吕不韦：《吕氏春秋》卷六《音初》，上海古籍出版社 2002 年版，第
337 页。

表达居家妻子对外出治水丈夫的真挚感情与殷切希望，这是中国最早的文学作品。艺术形式上是最早的四言诗，"兮"字的地方色彩使情感表达悠长。"禹妻涂山，土功是急。惟启之生，过门不入。女娇达义，勋庸是执。成长圣嗣，无禄以袭。"赞扬名女娇的涂山氏对爱情的坚贞执着，曹植是著名的五言诗人，却用四言诗的形式，意象深邃，"是我国最早的一首民歌，最早的一首爱情诗"①。

沈约《宋书·乐志》载："禹省南土，涂山之女令其妾候禹于涂山（今绍兴西北）之阳，女乃作哥（歌）。"其书开了司马迁《史记》没有为传主后裔同作传的先例，更开了为作者家族作谱牒的先例，《宋书·自序》追述家族以武为主之功，所述及的文事，对祖父辈较详："简泰廉靖，不交接世务，义让之美，著于闺门，虽在戎旅，语不及军事。所著诗、赋、赞、三言、箴、祭文、乐府、表、笺、书记、白事、启事、论、老子一百二十一首。"② 沈林子活动于南朝宋武帝与宋文帝时期，沈充所作的《前溪曲》，则早其百余年。

沈约《乐志》从音乐的角度突出嗟叹与抒情，强调沈氏家族学识才艺的渊博与厚重。据其所载，东吴有"宗庙登哥（歌）""《神弦曲》"与"付乐官善歌者习歌"，既有庙堂雅乐，也有乐官采集的民歌。"吴哥杂曲，并出江东，晋宋以来，稍有增广。"江南流行吴声歌，能够见到的作品就是沈充创作的《前溪曲》。始于大禹治水出现的南音，经过漫长演变为吴声歌。吴声歌典型体现的《前溪曲》，内容是使大胆直白的情歌变得委婉含蓄，缠绵深长，更有韵味。

《前溪曲》的第一首，五言四句，表达"忧思"之情。何来忧思？前溪口送别郎君，呼应诗歌标题，交代出"忧思"的原因。见前溪"流水"而出现"莫作流水心"的担忧。这担忧不是空穴来风，而是有着前车之鉴，小诗最后一句"引新多舍故"是有典出的。汉乐府民歌《上山采蘼芜》诗，叙述前夫和弃妇的对话，弃妇"长跪"相问，前夫实言相告，从中出现了"新人"与"故人"。"引新舍

---

① 尹剑翔：《稗官女史·先秦卷》，重庆大学出版社 2010 年版，第 45 页。
② 沈约：《宋书》卷一〇〇《自序》，中华书局 1974 年版，第 2448 页。

故"的婚姻悲剧，怎能不让"逢郎前溪渡"的妻子"忧思"呢？

《前溪曲》的第二首，五言四句，抒写孤寂之情。着眼于"前溪"，由日常生活引起，饮水、用水，生活须臾不可缺少。家中无井，到前溪担水。取水"开穿乱漫下"所荡起的层层水波涟漪，就是自己"忧思"纷乱的心绪。以往有"郎"的声声召唤，如今"但闻林鸟啼"。林鸟的自然之景，衬托着相思之情。

《前溪曲》的第三首，五言五句，抒发"与天地并"的深情。仍着眼于"前溪"，描写其"澄渌清"的水质，这澄清通波的前溪通到"沧浪映"，妙用《沧浪之水歌》之意，歌曰："沧浪之水清兮，可以濯我缨。沧浪之水浊兮，可以濯我足。"用渔父所唱表明心志，喻意归隐，方能"传不绝"，"永与天地并"。之所以归隐是功名，更是天地相合之爱。"大哉乾元，万物资始，乃统天。"儒学经典《周易》，用生动的客观物象阐述阴阳、乾坤为核心的两性关系。男为阳为天，女为阴为地。天地并存，正如汉乐府《上邪》诗所吟唱的"天地合，乃敢与君绝"，抒写矢志不渝的爱情。

《前溪曲》的第四首，五言四句，抒写刻骨铭心之爱。有水必有山，山水相依，有前溪就有与之相依的独桑山，由家门一览无余的前溪平川，到登上至险处的独桑山，凭高远望。郎由前溪渡口乘船而去，身影为东武亭挡住，依稀所见是独桑山侧生长的黄瓜。春风带来植物之果黄瓜，那是与郎相爱的见证，怎能不深感妾意郎情的真爱！

《前溪曲》的第五首，五言五句，抒写相思之苦，仍在独桑山远望，"忧思"的不仅仅是"引新多舍故"，而且是郎所去的"东北无广亲"，牵挂无至亲照料是否一切安好？"小草"长成了可摘"黄瓜"的大秧苗，离别后境遇如何？因为"忆汝"的牵挂担忧，"涕交零"的泪水，表达出相思不可休止的痛苦。

《前溪曲》的第六首，五言五句，抒写矢志不渝的爱情。由生活中"黄瓜"蔬菜想到水边蔓草"黄葛"，采葛织布。典出于《吴越春秋》："越王自吴还国，劳身苦心，悬胆于户，出入尝之。知吴王好服之被体，使国中男女入山采葛，作黄纱之布以献之。"黄葛抽条开花，"花流逐水去"，由溪水至洛水，再当"顺流还"时，此花到彼花，艳丽娇嫩，"也复不鲜"。虽然光阴流逝，有"逐水"与"顺流"的各种变化，但爱情如一。

《前溪曲》的第七首，五言四句，抒写对郎的爱情誓言。黄葛烂漫，生生不息，"谁能断葛根"的反问，表明至情真爱就如葛根一样，虽然"逢郎前溪渡"以及"忆汝涕交零"，但"永与天地并"的爱情天长地久，并用"宁断娇儿乳，不断郎殷勤"来强调。

沈充的《前溪曲》是可以分开独立成篇的一首首写意达情的情诗，也是一组层层递进的从不同角度抒写由分别而带来的相思之苦与对爱情忠贞不二的誓言。《前溪曲》的其一、其二、其四、其七为五言四句，体制小巧，清新自然。其三、其五、其六三首，稍有变化，为五言五句，使抒写的爱情就如前溪水，缠绵柔婉，有一唱三叹之感。比之曹丕的《燕歌行》诗，不但在"男子作闺音"的传统上推波助澜，更有别开生面的内容创新与艺术创新。

男性作闺音由魏文帝曹丕首创，《燕歌行》诗叙写思妇在深秋长夜对淹留异地丈夫的相思："秋风萧瑟天气凉，草木摇落露为霜。群燕辞归鹄南翔，念君客游多思肠。慊慊思归恋故乡，君为淹留寄他方。贱妾茕茕守空房，忧来思君不敢忘，不觉泪下沾衣裳。援琴鸣弦发清商，短歌微吟不能长。明月皎皎照我床，星汉西流夜未央。牵牛织女遥相望，尔独何辜限河梁。"以"悲秋"起笔，以思妇视角描写相思之苦，情思委婉。清人沈德潜论曰："子恒诗有文士气，一变乃父悲壮之习矣。要其便娟婉约，能移人情。"① 创作上开"男子作闺音"的传统，借"秋风萧瑟"与"鹄南翔"的秋景抒情。

沈充用江南吴地特有前溪、独桑山、黄葛与林鸟啼的山环水绕之景，以女子口气寓情于景。真情倾吐，一如流水，或五言四句，或五言五句，体制小巧，纯真动听。置身山清水秀、鸟语花香的自然美景中，相恋相思的美好爱情油然而生。韵味无限又便于口耳相传的《前溪曲》，既深深地影响着六朝的江南民歌，也影响着文人五言绝句的创作。在此之前，没有如此体制小巧的文人诗作，也没有文人吟

---

① 沈德潜：《古诗源》，中华书局 2006 年版，第 96 页。

唱的爱情取材。此后，艺术形式上五言绝句、七言绝句与吟诵爱情的小诗，多有佳篇名作。到了唐代武则天时，《前溪》是"今其辞存者"的六十三曲之一。唐代崔颢《王家少妇》诗曰："十五嫁王昌，盈盈入画堂。自矜年最少，复倚婿为郎。舞爱前溪绿，歌怜子夜长。闲来斗百草，度日不成妆。"《前溪曲》既为诗篇，又为歌舞词，艺术形式更为巧妙，爱情主题更为世人传诵。

沈充先结识王敦，受到信任出仕；后有晋明帝口谕，许为司空。因有"丈夫共事，终始当同"之言，遂拒绝，发兵去帝都时谓其妻子曰："男儿不竖豹尾，终不还也。"沈充作《前溪曲》，由家中歌妓演唱，临别之际，借角色转换来表达深深的情意。这分别、离别、告别的爱情、亲情与乡情场面，有着令天地动容而使人无法忘怀的魅力。沈充《前溪曲》的第六首曰："黄葛结蒙蔓，生在洛溪边。"终其一生，没有渡过黄河，感受不到生命力极强的黄葛，生长于江南的前溪，在往昔帝都洛阳的洛水"生烂漫"。

沈劲受《前溪曲》陶冶成长，哀悼父亲死于非义，志欲立勋以雪先耻，以"三十余"之年应命出仕，在河洛大地驰骋，与胡羯"频以寡制众"艰难征伐的空间，观察江南前溪到北方洛水自然生长的黄葛，感悟到他人根本不能思考到的深层"相思相恋相爱"的无限喻意，遂有"花流逐水去，何当顺流还，还也复不鲜"的真切体味。《前溪曲》第七首所吟诵的"黄葛生烂漫，谁能断葛根"的真实描写，更有"宁断娇儿乳，不断郎殷勤"的真情慨叹。

沈充创作的《前溪曲》，经过在中原血火拼杀沈劲的加工润色，不仅使其自然景物的描写更为具体形象，而且通过借景抒情的艺术表现手法，使其所表达的感情更加鲜活灵动。诗歌是人类最初的文学样式，也是最受世人喜爱的文学作品，凝聚着沈充、沈劲父子心血与鲜血的《前溪曲》，既对六朝以来的诗歌创作产生深远影响，也开了沈氏以武为主、以文为辅的世家文化之先。

第三章

晋宋际会沈氏崛起高张文化世家之风

沐芳祷灵岳，稽首恭上玄。帝昔祈万寿，臣今请亿年。

丹方缄洞府，河清时一传。锦书飞云字，玉简黄金编。

沈约《华山馆为国家营功德诗》

小 序

华山之名最早出现在《山海经》中："西山经华山之首，曰钱来之山。"班固《白虎通义》释曰："西方为华山，少阴用事，万物生华，故曰华山。"华山泰山并举，称西岳东岳。华山六朝时落入异族，正祚所在东晋南朝皆以收复"河洛"为己任。"功德"出自《礼记》："有功德于民者，加地进律。"臣之功德由皇帝成就，皇帝功德由忠臣拱卫，彼此倚重，各得益彰。沈约的这首诗，起笔君臣虔诚向"灵岳"泰山祈祷，意在君臣功德大业。"河清"，有北向中原的深刻内容。沈劲以节操固守曾一度收复的洛阳。谢安淝水之战打败前秦，显现出立祚江南朝廷的志向。刘宋北伐至长安，三秦父老无不喜泣，沈警、沈林子、沈田子于晋宋际会之际，皆为"河清"大业立下不朽"功德"。其诗借高歌朝廷修建"华山馆"的功德，吟诵沈氏世家再度崛起高张的尚武崇文之风。

第一节　沈警名士风度对世家文化的影响

沈警，字世明，生年不可考，死于晋安帝隆安三年（399 年）十二月。与沈警同死的还有穆夫、仲夫、任夫、预夫与佩夫 5 子。李延寿《南史》载，遭遇家祸，其孙沈林子"年十三"。以此推算，沈警卒时约为 60 岁左右。生平快意事，以精通《左氏春秋》的学识、东南豪士的盛誉与家财累千金，先为东晋谢安（320—385 年）府中参军，彼此"甚相敬重"，各有"素业"雅趣；后为东晋大臣、孝武皇后法慧之兄王恭（？—398 年）参军。

沈警出仕谢安军府，与谢安、谢玄叔侄相倚重，以通晓《左氏春秋》的卓识出谋划策，使东晋组织起朝廷能够倚重的北府兵。同时，在谢安有意无意间"出则游弋山水，入则言咏属文"①的喜佛善玄学的启迪下，好道教，于谢安功成时借病辞归，无仕进意。出为豪士，张扬着尚武之风；归为隐士，显现着适性崇文之意，以名士风度对沈氏世家活跃晋宋之际有着积极影响。

—

沈警为沈戎后裔两大支脉的沈浒一脉。沈约《宋书·自序》，以 158 个字言东吴立祚建邺以来的脉系，曰：

> 子曼字元禅，左中郎、新都都尉、定阳侯，才志显于吴朝。子矫字仲桓，以节气立名，仕为立武校尉、偏将军。孙皓时，有将帅之称。吴平，为郁林、长沙二郡太守，不就。太康末卒。子陵字景高，晋元帝之为镇东将军，命参军事。子延字思长，颍川太守，始居县东乡之博陆里余乌村。延子贺字子宁，桓冲南中郎参军。子警，字世明，惇笃有行业，学通《左氏春秋》。家世富殖，财产累千金，仕郡主簿，后将军谢安命为参军，甚相敬重。

梳理脉系为沈曼、沈矫、沈陵、沈延、沈贺与沈警。孙吴时沈曼与沈矫两代人出仕。东晋以来沈陵、沈延、沈贺、沈警四代人出仕。

李延寿的《南史·沈约传》，用 152 个字追溯沈警家世，基本与

---

① 房玄龄等：《晋书》卷七九《谢安传》，中华书局 1974 年版，第 2072 页。

沈约相一致，只是少"仕郡主簿"的记载，又以三百余字载录沈警与谢安的对话以及沈警的结局，人物之事更为详尽，行状清晰完整。沈警与谢安相识，应是其为吴兴郡守时。沈警后来为谢安府中参军，"甚相敬重"，由此铺垫，也由此推知沈警的享年。谢安在晋哀帝兴宁元年（363 年）出仕吴兴郡守，沈警死于 399 年，前后相距 36 年。沈警与谢安相识，已过及冠，正为风华正茂的血气方刚之年。

谢安出仕，有不得已的苦衷。谢万北伐兵溃、失去家族门户豫州，负有"安石不肯出，天下苍生何"盛名的谢安，年四十余，东山再起。"盖六朝都建业，吴兴为便郡，其所授者，非名贤即贵戚者也。"① 与谢安为至交的书圣王羲之，是从吴兴郡任上走入朝廷的。谢安要巩固父兄辈打下"新出门户"的社会地位，就必须治理好吴兴郡。吴兴郡地理特点水网密布。宝鼎元年（266 年）吴末帝孙皓诏设置吴兴郡，除政治上为"镇山越"使"吴国兴盛之义"外，更主要是依据东西苕溪水"悉注乌程"的地域特点与水流特征的。东晋帝都建康与吴兴郡有水路、陆路相通，为朝廷近畿的"股肱之郡"。

吴兴郡地沃民丰，一岁称稔，穰被京城；时或水淹，数郡为灾。地势低洼，易发水灾。东吴筑青塘、皋塘、孙塘等水利工程，疏浚围护。东晋也下了功夫，晋成帝咸和年间开漕渎官渎，运送兵粮。晋穆帝永和初年，殷康开荻塘，筑堤岸。永和四年（348 年），王羲之出任吴兴郡，遇水患，采取措施修堤筑坝而受到百姓拥戴。事后，与僚属登临欧余山（又名欧亭山）远眺，东南沃野平畴千里，北面震泽（太湖）碧波万顷，西面郡治建筑鳞次栉比，遂在山巅修建乌亭，以志其游。永和七年（351 年），迁任会稽内史，百姓改称为升山，纪念造福一方的郡守。

新郡守不在府内理政事，扛着鱼竿登升山。姜太公直钩垂钓在渭水边，山上能钓鱼？亘古未见的怪事，吸引着一群群的好事人。"取我衣冠而著之，取我田畴而伍之，孰杀子产，吾其从之。我有子弟，子产诲之。我有田畴，子产殖之。子闻而死，谁其嗣之？"谢安有

---

① 董惠民：《浙北历史与文化》，三秦出版社 2011 年版，第 27 页。

"洛下咏"的美称，弱冠入王导府，官佐著作郎，谍报奏疏援笔便成，引起异议，遂以痼疾辞归，多次拒绝朝廷征召，隐居东山二十余年，兰亭曲水流觞，名声极盛。吟诗是谁所作？为何在此吟诵？提出的问题蕴藏玄机，吴兴郡人好吟诵，吟诵沈充《前溪曲》，表达相思之情。对郡守之问，却陷入了沉默。

沈警排众独出，侃侃而言：两首诗出自《左氏春秋》，郑国子产为政作丘赋，国人不理解，前后赋了两首诗。前首诗是"从政一年"出现的，从政受到种种阻力，甚至有人要诛杀。后首诗是从政三年出现的，政绩赢得百姓信任，担心贤相累病。谋杀到担忧，郑国百姓的歌谣，两种截然的心理，说明国相子产从政是成功的。

沈警的阐释，可见学通了《左氏春秋》。并指出郡守言行的目的：不在垂钓，在于运用世人好奇心理，突出治郡的为政措施。未雨绸缪，学春秋贤相子产，为民分忧治水，又担忧人力财力。这引起谢安的极度重视，也有了江左豪右沈氏支持。吴兴城西开西官塘，灌溉良田，方便了交通，百姓称为"谢公塘"。

在谢安的治理下，吴兴郡出现了经济发展、喜吟诗书的兴旺景象。公务闲暇，谢安谢玄叔侄与沈警，沿苕溪水路入西塘，游太湖，临船垂钓，弃舟上升山，乌亭中研读《左氏春秋》，就南北对峙形势，围绕弱强胜败，各有看法。谢安叔侄以晋成帝咸康五年（339年）与晋康帝建元元年（343年）庾氏兄弟北伐、晋穆帝永和五年（349年）褚裒北伐、晋穆帝永和八年（352年）殷浩北伐等，强调"弱胜强"是历史的巧合。沈警以正在河洛之地与胡羯周旋的沈劲为例，"自募壮士，得千余人，以助祐击贼，频以寡制众"[1]。所言既为事实，也在为沈氏世家"尚武"争得门楣之荣。这充实着谢安"莅政和靖"的内容，为后来的淝水之战做了铺垫，沈警也赢得了侨姓大族的敬重。

晋哀帝兴宁三年（365年）二月，郡守谢安叔侄忙于上巳节事。晋穆帝永和九年（353年）在会稽，与王右军"曲水流觞"，辑成

---

① 房玄龄等：《晋书》卷八九《沈劲传》，中华书局1974年版，第20317页。

"兰亭集"，成为帝都佳话。出仕吴兴郡，上巳节苕溪边启动修官塘工程，有了治郡繁荣景色。今年的上巳节怎样举行更有意义？谢安认为：应该通过吴兴郡，让江左政通人和，就可以北上。因为尚武的沈劲依靠不足千人的兵力，与前燕、前秦勇敢作战。以朝廷实力去对决，中原收复有望。借上巳节的热闹，让臣民明白这个理。

沈警却于此时送来凶信：沈劲以500人守洛阳山陵，对抗前燕执政慕容恪百倍于己的大军，虽重创前燕军，终因寡不敌众，城陷被执，"不屈节见杀"①。谢安为沈劲壮烈行动与精神所感动，向朝廷上疏，极言嘉奖像沈劲这样"有节操"的名将。拜沈警为郡府主簿，上巳节为沈劲举行衣冠丧礼。朝廷嘉奖沈劲为"冠军将军、东阳太守"的诏命，由躬亲吊哀的郡守展读。东晋初沈充起兵，短时间内两次募得乡勇各万余人；沈劲奔波河洛近二十年，均有自募的千余人，沈氏世家在郡府与乡党间有着深厚的根基。

前来者无不激起荣辱之情，以朝廷失去洛阳、异族入主中原为耻，以沈劲活着藩卫山陵、死亦遏阻戎狄为荣。后来谢氏的淝水之战，刘裕代表朝廷的北伐，刘宋朝廷的征战，"吴兴人最多"，立功也最显著，如沈田子、沈林子、沈演之等，有此时被禊大礼的引导。曾因沈充"贼子乱国"负罪的沈氏，变"凶逆之族"②为尚武崇文的"忠义之门"。

受谢安上巳节被禊大礼而改变家门地位的沈氏，无不感谢郡守的礼遇大恩。沈警真诚地献出依山傍水好地千亩，请郡守迁葬埋于建康乱石岗的亲人之墓。陈寿《三国志·吴书·诸葛恪传》曰："建业南有长陵，名曰石子岗，葬者依焉。"这种葬者相依的葬区，是乱葬之区，不是理想的风水之地。谢安感谢沈警之情，说明葬地之因：伯父谢鲲卒于豫章太守任上，假葬建康县，距东晋立祚仅是六年，是怀有收复失地之志。祖逖北伐，势力延及河南开封附近。王敦之事的朝廷内争，北伐半途而废。尽管后来的北伐均告失败，但收复北方之举大

---

① 沈约：《宋书》卷六三《沈演之传》，中华书局1974年版，第1684页。

② 司马光：《资治通鉴》卷一〇一《晋纪》，中华书局1962年版，第681页。

得人心。落叶归根，归葬祖茔，才是墓主的最后安息之地。从兄谢尚有大功于朝廷，在江左不是没有宝地，所以"假葬"先人，只是临时葬地。

沈警从中感受到了东山谢氏人物的胸怀，体味到了"名士"的人生境界。"效命国家，但凭驱遣。"共同的心声，加深了双方间的真正理解与无私支持。解除了"刑家"之法的禁令，沈警为郡主簿。主簿是汉代设置的文官，典领文书，办理事务，掌管着郡府事务。马端临《文献通考》阐释曰："盖古者官府皆有主簿一官，上自三公及御史府，下至九寺五监以至郡县皆有之。"魏晋以来，统兵开府的大臣，如持节的将军、刺史、郡守等，皆有主簿之职。

沈警入仕为郡守主簿，是谢安居郡莅政的得力助手，与谢安谢玄叔侄声气相通，肝胆相照。沈氏与谢氏，土著大姓与侨迁大姓的家族文化，相互渗透。

二

晋废帝海西公太和二年（367 年），治郡有政绩的谢安，征召入朝，临别前言于沈警：君家代传《左氏春秋》，家世为将，既通武略，又有文韬。如此之才，不可埋没于郡县，当用于殿堂。

沈警郑重表示：愿从谢安。谢安以社稷为宗旨，忧虑天下，必有主掌中枢之机。对垒中原，是朝堂正祚所向。沈氏乡党多有出征，散落中原者大有人在。河洛之事，必定加意关注，及时相告。

珍重道别，各司其职。沈警惇笃有行业，除了行使郡府主簿职守外，因地制宜，既经营着山林蚕桑之业，也利用水网密布的优势，发展着渔业。他以自己的声望交通关市，买卖公平，家世越发富殖。

谢安在朝堂，由侍中迁为吏部尚书、中护军。韬晦自处的策略，隐忍不发的态度，面对咄咄逼人的桓温，以退求进、入议中枢，且有沈警的书信通报，掌握着中原形势，胸有成竹地应对：先是以"拖"的方式延缓桓温强权欲移祚之举，后上表请"崇德太后临朝摄政"。①

---

① 房玄龄等:《晋书》卷九《晋孝武帝本纪》，中华书局 1974 年版，第225 页。

褚太后为褚季野之女，历经康帝、穆帝、哀帝、废帝、简文帝五朝，见识果断，进吏部仆射谢安录尚书事，王彪之为尚书令。立 10 岁的司马昌明为嗣君，称晋孝武帝，改元宁康，弟司马道子为琅邪王。这位琅邪王成年后政治昏聩，激起桓玄之变，埋下东晋主祀他移之祸。

晋孝武帝宁康元年（373 年）二月，谢安为尚书仆射、后将军。按朝廷法度，可开军府，派谢玄请来沈警，"命为参军，甚相敬重"。敬重不是权位的高压，而是内心才智、学识的惺惺相惜。七月，桓温病逝。桓冲表奏朝廷，举哀发葬，依桓温之言立 5 岁的桓玄为嗣，袭封南郡公。桓玄在年过三十后，进京称帝。这给沈警倡言、谢玄组建的北府兵将领刘裕讨伐叛逆提供了时机，也使其孙沈田子与沈林子从刘裕征战，立下赫赫功勋，使沈氏于晋宋际会再度崛起。这是研究六朝吴兴沈氏世家文化的后话，也是沈警无法预料的。

辅政的谢安，"镇以和靖，御以长算。德政既行，文武用命，不存小察，弘以大纲，威怀外著"①。晋孝武帝太元元年（376 年），皇帝亲政，以中将军桓冲为车骑将军。桓冲钦服谢安才能时望，将扬州刺史职让出，族人苦谏。桓冲认为：大司马都督中外军事，兼徐、兖二州刺史，谋略远胜我等，尚被其谈笑所折服。废立朝廷，僭越违礼，罪不可恕。谢安明大义，过往不究。我为桓氏修补遗阙，方不灭先祖忠贞之节。

这令参军沈警敬服，也令沈警看到谢安施政的不足，与前秦相比较，朝廷无可倚重的兵力。前秦在王猛的治理下，前秦天王苻坚叩关夺隘，既得晋地梁、益二州，也灭了前凉。沈警分析前秦形势，参议军事，指出谢安执政最大的弱点是没有可靠军事力量的支持。为此，必须由谢玄出面组建北府兵，把北府兵权掌握在谢氏手中。

为使谢安领悟所言的长远安排，沈警以《左氏春秋》襄公三年"祁奚荐贤"的"内举不避亲，外举不避仇"为例。谢安以执政者的远见，透视到此举的关键。沈警由郡府主簿到后将军府参军，从吴兴郡到帝都建康，为朝廷政事参议忙碌，也为乌衣巷家事悉心出力。谢

---

① 房玄龄等：《晋书》卷七九《谢安传》，中华书局 1974 年版，第 2075 页。

安职位不断升迁，沈警"参军"作用益发重要。谢玄不负所望，出镇广陵，募骁勇之士，用刘牢之为前锋。北府兵将是长期生活在江淮间的北人，眷念家园，斗志旺盛。有了北府兵，谢安在建康执政有了凭借，在江淮地区有了抵御苻坚南下的军事实力。

孝武帝太元八年（383年）八月，苻坚调集八十三万大军，号称百万，从长安出发，前后千里，旌旗相望；东西万里，水陆并进。"谁谓石坚尔打破"，沈警适时以童谣参议军事，谢安诏命谢石为征讨都督，率谢玄、谢琰、桓伊等，以八万兵马奔赴战场。十月，双方决战，东晋赢得淝水大捷。淝水之战，谢安坐镇都城决策，参军沈警不离左右。谢石亲临指挥，谢玄、谢琰驰骋疆场，谢氏兄弟子侄竭尽全力，不惜性命，大败苻坚，使江南免于左衽之祸，谢安封庐陵郡公、谢石封南康郡公、谢玄封康乐公、谢琰封望蔡公，"一门四公"，谢氏成为江左最高门第，家族声望达到了辉煌的顶峰。

> 谢病归。安固留不止，乃谓曰："沈参军，卿有独善之志，不亦高乎。"警曰："使君以道御物，前所以怀德而至，既无用佐时，故遂饮啄之愿尔。"还家积载，以素业自娱。前将军王恭镇京口，与警有旧好，复引为参军。手书殷勤，苦相招致，不得已而应之。寻复谢去。

李延寿《南史》载录沈警"谢病归"事，没有言明原因与时间。"风声鹤唳"，"八公山上，草木皆兵"，淝水之战演绎出以少胜多的战例，与"尚武"沈氏一脉相承，沈警为何要以"病"为借口"归"？《南史》载录王恭镇京口，"复引为参军"。谢安为后将军时引沈警为参军，君川大捷、淝水大捷，沈警参军之功不可没，故而王恭"手书殷勤，苦相招致"。王恭出为前将军、青兖二州刺史，是在太元十五年（390年）的二月。淝水之战过去七年，谢安病逝五年。沈警"谢病归"的时间，是在谢太傅辞世前。

淝水之战到谢太傅辞世（385年）的两年间，东南豪士的沈警由谢安府中参军为"素业自娱"的名士。其间发生何事？影响沈警人生的转变。"于时西逾剑岫而跨灵山，北振长河而临清洛；荆吴战旅，啸吒成云；名贤间出，旧德斯在：谢安可以镇雅俗，彪之足以正纪纲，桓冲之夙夜王家，谢玄之善断军事。于时上天乃眷，强氏自泯。五尺童子，振袂临江，思所以挂旆天山，封泥函谷，而条纲弗垂，威恩罕树，道子荒乎朝政，国宝汇以小人，拜授之荣，初非天旨，鬻刑之货，自走权门，毒赋年滋，愁民岁广。"《晋书·晋孝武帝纪》史臣之论，道出原委。谢安、王彪之、桓冲、谢玄四大贤臣，创造出北向的优势，司马道子、王国宝等小人勾结，不但朝野不睦，而且矛盾指向殿堂的贤相良将。

为避免内讧，时年65岁的谢安出镇广陵，"造泛海之装，欲须经略粗定，自江道还东"。谢安固留不止，对沈警是何等敬重？留不住沈警，以"卿有独善之志，不亦高乎"来赞叹，其实也是内心真实情感的反映。谢安四十余岁"东山再起"，东山之志始终不渝。东山之志有经略殿堂之意，也有归隐"游弋山水，言咏属文"之意。谢安谈玄好佛，为家门声誉"东山再起"。沈警好道教，亦为家门遭"刑家"之锢出仕。虽世家文化背景、官职上下有别，但才学性情趋同，性相近而"甚相敬重"。

家乡前溪的潺潺流水与狂风暴雨的境况，识得"逆流而上"与"急流勇退"的水性。当年谢安青春正盛，辞去王导府，痼疾为借口。如今自己为参军，学通《左氏春秋》的才略已经展现出来，朝野称颂东山谢氏，亦知吴兴沈氏。王敦清君侧，沈充坚定跟随，行逆之罪并不全在先祖，何况当下的帝室不能与立祚之初的元帝、明帝相比。

坚定归去的沈警，对答谢安"独善之志"。"使君以道御物，前所以怀德而至，既无用佐时，故遂饮啄之愿尔。"四句话丰富着沈氏家族文化，"怀德"同心为社稷。"无用佐时"，有识时务之意。立足吴兴的先祖，封侯迁居，独善就是最明智的选择。沈警之举，对后裔孙沈林子、沈亮、沈炯有着深远影响。谢安、沈警心意相通，谢安主动出镇扬州，做着北伐准备，待收复河洛，便归隐东山、乐在"素业"的山水间。"独善"之志，加深了沈谢间的文化融通，故而到了唐代，有皎然（谢灵运七世孙）创作的《述祖德赠湖上诸沈》，称道

"昔时轩盖金陵下，何处不传沈与谢"的佳句。

谢安惋惜沈警归去，谈论传统文化"独善"与"兼治"，说到沈氏家族的两种对立人格，大才可用沈叔任，加官建威将军；喜读经书的沈道虔，郡府征召皆不就任；沈预却上书自荐。"《诗》曰：'高山仰止，景行行止。'太史公亦曰：'桃李不言，下自成蹊。'"沈警用儒家经典"君子"修养的士者品行与史家"秉笔实录"的文化传统精神，指出沈预"素无士行"，不在荐举之列。沈警晚年之死，原于"无士行"沈预的多事生非。

沈警还家，积载数岁，时间并不长，除迫于王恭"苦相招致"为参军、寻复谢职外，"素业自娱"，是由后裔孙沈约作《自序》道出。"素业为退"是谢安开创的谢氏家族文化传统，由裔孙谢瞻口中说出。与谢安"甚相敬重"的沈警，随着前秦苻坚的败亡，声名鹊起，沈氏世家"尚武"传统于风云激荡的晋宋际会中，为世人昭然。

第二节　沈田子从刘裕出征"立功"光宗耀祖

沈田子（383—418 年），字敬光，沈警之孙。沈警有穆夫、仲夫、任夫、预夫与佩夫五子。字彦和的沈穆夫，亦有渊子、云子、田子、林子与虔子五子。沈田子之事，主要见于沈约《宋书·自序》载记与李延寿《南史·沈约传》的附传，因使同宗沈敬仁杀了安西司马、名将王镇恶，长史王修遂杀了沈田子。此事发生在晋安帝义熙十四年（418 年），沈田子死时 36 岁。

沈田子随刘裕出征，以所向摧陷的累累战功，官至振武将军、扶风太守，爵封营道县五等侯、都乡侯。义熙十三年，随宋公刘裕收复洛阳的沈田子，挺进潼关，在蓝田大破姚泓。古都长安再次属于东晋辖域。后秦灭亡，沈田子功不可没。刘裕在后秦帝都长安，"收其彝器、浑仪、土圭之属，献于京师，其余珍宝珠玉，以班赐将帅。执送姚泓，斩于建康市。谒汉高帝陵，大会文武于未央殿"[①]。西汉帝王

---

① 沈约：《宋书》卷二《宋武帝本纪中》，中华书局 1974 年版，第 42 页。

陵墓在长安有 11 座，奉东晋帝命证讨的刘裕，只谒汉高祖长陵，用意十分明显。此距刘裕称帝仅是两年，既可见东晋、刘宋之际移祚风云的变幻激烈，也见吴兴沈氏世家的沈田子以"尚武"之功崛起而光宗耀祖。

一

沈氏以"尚武"显名于晋宋之际，开授官封爵的是沈穆夫五子，最杰出的是沈田子与沈林子。两兄弟叙事在《宋书·自序》占有很大篇幅，《自序》是家传，二人功业显著，对家族发展有着特殊作用，为何不列传而独载其名？清代赵翼阐释说："'《宋书》《南史》俱无沈田子、沈林子传'条称：'宋武开国，武将功臣以檀道济、檀祗、王镇恶、朱龄石、朱超石、沈田子、沈林子为最。"七人比较，沈氏兄弟年资最浅。"沈约撰《宋书》所以不列传者，以此二人功绩详载于《自序》，以显现出其家世勋伐，故功臣传缺之。"①

就沈林子、沈田子兄弟来说，祖父沈警为谢安参军，还家后"素业自娱"。父亲沈穆夫为孙恩重用，使沈氏遭到灭顶之灾。

> 警累世事道，亦敬事子恭。子恭死，门徒孙泰、泰弟子恩传其业，警复事之。隆安三年，恩于会稽作乱，自称征东将军，三吴皆响应。穆夫时在会稽，恩以为前部参军、振武将军、余姚令。其年十二月二十八日，恩为刘牢之所破，辅国将军高素于山阴回踵埭执穆夫及伪吴郡太守陆瑰之、吴兴太守丘尪，并见害，函首送京邑，事见《隆安故事》。

孙恩世奉五斗米道，其叔孙泰师事钱塘杜子恭。东土豪士除沈警事奉外，会稽大姓孔氏、周氏等无不信奉。淝水大战先锋、爵封康乐公的谢玄，把唯一孙子谢灵运送到钱塘道馆寄养。"黄门郎孔道、鄱阳太守桓放之、骠骑咨议周勰等皆敬事之，会稽世子元显亦数诣泰，

---

① 赵翼：《二十二史札记》卷九，"宋书、南史俱无沈田子、沈林子传"条，中华书局 1984 年版，第 44 页。

求其秘术。泰见天下兵起，以为晋祚将终，乃扇动百姓，私集徒众，三吴士庶多从之。于是朝士皆惧泰为乱，以其与元显交厚，咸莫敢言。会稽内史谢輶发其谋，道子诛之。"[1] 王恭起兵反司马道子及佞臣王国宝，用沈穆夫为主簿。孝武帝死，承位的晋安帝是"白痴"，政局不稳，孙泰蠢蠢欲动。会稽内史谢輶密告会稽王。司马道子立即诛杀了孙泰及其6子。孙恩逃入海岛，聚合人众。

晋安帝隆安三年（399年）十一月，司马元显纵暴会稽郡，百姓不安。孙恩乘机攻入上虞，奔袭会稽郡，重用了沈穆夫。沈穆夫因所事青兖二州刺史、戍京口的王恭遭司马道子之妒，激起事变，王恭打出讨谯王司马尚之之旗，发兵建康。沈穆夫劝谏不成，与桓玄有隙，没有相随前往。桓玄有意延缓行军速度，坐视观望，致使王恭兵败被斩首，自己从中得到好处，加官为江州刺史。

王恭与沈警为友，沈穆夫为其主簿，加之司马元显纵暴"三吴"之地，家业殷富，受到冲击，遂为孙恩前部参军、振武将军、余姚令。"少好学，亦通《左氏春秋》"的沈穆夫，参议军事。孙恩攻下会稽，杀死会稽内史王凝之与二子。"王氏世事五斗米道，凝之弥笃。孙恩之攻会稽，僚佐请为之备，凝之不从。方入靖室请祷，出语诸将佐曰：吾已请大道，许鬼兵相助，贼自破矣。既不设备，遂为孙恩所害。"[2]

会稽郡治陷落孙恩之手，会稽、吴郡、吴兴、义兴、临海、永嘉、东阳、新安八郡，俱听号令。孙恩人众增至数十万，声势日益浩大。吴兴太守谢邈、永嘉太守司马逸、嘉兴公顾胤、南康公谢明慧、黄门郎谢冲、中书郎孔道等，相继被杀。朝廷震惧，内外戒严，遣卫将军、徐州刺史谢琰，加督吴兴、义兴二郡军事，与辅国将军刘牢之并进，率军前往平乱。谢琰长驱直进，夺回义兴城，迎太守魏隐还郡。移兵吴兴郡，大破孙恩部众。刘牢之麾军到来，两路齐进，所向

---

① 房玄龄等：《晋书》卷一〇〇《孙恩传》，中华书局1974年版，第2631页。

② 房玄龄等：《晋书》卷九八《王凝之妻谢氏》，中华书局1974年版，第2516页。

皆克。谢琰留屯乌程，遣司马高素助刘牢之。刘牢之引寒族出身而作战有勇有谋的刘裕为参军，大举进兵，孙恩败退。

> 遂驱男女二十余万口东走，多弃宝物、子女于道，官军竞取之，恩由是得脱，复逃入海岛。高素破恩党于山阴，斩恩所署吴郡太守陆瑰、吴兴太守丘尪、余姚令吴兴沈穆夫。

司马光《资治通鉴·晋纪》载，沈穆夫死于高素之手，且与孙恩所命的两郡太守同时斩首。沈穆夫"党于孙恩"，"函首送京邑"，既是验明身份，也是表功示众。值得深思的是：孙恩信奉道教，相信五斗米道的望族大姓琅邪王氏竟被信奉五斗道的孙恩所害。"累世事道"的沈警，曾为吴兴郡主簿，曾为谢安府参军，成就谢氏君川大捷、淝水之功，与太傅谢安"甚相敬重"。谢安之子谢琰虽为征讨都督，按人之常情、朝廷刑法，岂能下手？沈警何时被杀？其四子又是怎样获罪？沈约《宋书·自序》曰：

> 先是，宗人沈预素无士行，为警所疾，至是警闻穆夫预乱，逃藏将免矣，预以告官，警及穆夫、弟仲夫、任夫、预夫、佩夫并遇害；唯穆夫子渊子、云子、田子、林子、虔子获全。

沈警闻"穆夫预乱"，对内乱是深恶痛绝的。他跟随谢安从政，深知"和靖"的重要，无法制止乱事，"逃藏"是唯一的选择，但最终死于宗人沈预"告官"。沈警之死，却使沈田子五兄弟获全。沈田子五兄弟的侥幸得活，是刘裕网开一面。东晋末期，朝政昏乱，要有所作为，能征惯战的将才必不可少。谢琰征讨从海上复来的孙恩，殒命会稽，北府兵权尽入寒族出身的刘牢之、刘毅、刘裕等将领手中。刘裕要继谢氏掌握北府兵，沈氏兄弟大可为用，沈氏命运由此发生重大转机。

为报刘裕援手之恩，沈渊子最先随刘裕奉命征讨孙恩。见到长兄立功，沈田子去营地投军，虽未及冠，却不惧刀锋，冲杀在前。以讨伐孙恩祸乱郡县中逐渐握有实力的刘裕，欣赏沈田子的少年勇武，使其伴随左右，增长军事才干，显现出读通《左氏春秋》"尚武"世家之风，也为其提供立功征战的各种机遇。

二

沈田子初现疆场所向摧陷的家族"尚武"之风，是晋安帝元兴三年（404 年），从刘裕举兵讨伐桓玄。"从高祖克京城，进平京邑，参镇军军事，封营道县五等侯。"高祖指的是刘裕，刘裕克建康，打败自称"楚帝"的桓玄。桓玄为桓温之子，起于孝武帝时，官义兴太守，曾往谒司马道子。司马道子云："桓温来欲作贼，如何？"桓玄尴尬之极，怏怏不得志，登高望震泽湖（太湖），唏嘘叹息："父做九州伯，儿做五湖长，岂不可耻！"不堪忍受司马道子戏辱的桓玄，上书辞官，回到集聚家族之力的荆州，等待复仇时机。

晋安帝元兴元年（402 年），司马道子使其子司马元显为征讨大都督，往讨桓玄。桓玄挥师东下，直至姑孰。刘牢之想利用桓玄除去司马元显父子，再伺时机除掉桓玄，名为朝廷前驱不尽力。下邳太守刘裕奉调从军，为刘牢之参谋，谏其出击桓玄，不肯采纳。刘牢之派儿子刘敬宣潜诣，桓玄佯为优侍，授咨议参军，稳住刘牢之，乘势进逼建康，废帝自立，国号楚。刘裕遂起兵，广发檄文，集众发难。沈田子奋勇当先，所向披靡。刘裕兵进建康，桓玄挟安帝奔江陵。刘裕与刘毅等迎安帝还都。沈田子因功官参镇军事，封营道县五等侯。

晋安帝义熙五年（409 年），鲜卑人建都广固的前燕国慕容超，乘东晋有孙恩、卢循之乱，劫掠淮北。"公抗表北伐。"[①] 率偏师为前锋的沈田子，于临朐（今山东临朐）40 里外巨蔑水与公孙五楼所率的南燕军相遇，结阵力战，公孙五楼退走。援后的刘裕攻下广固，终灭南燕。与此同时，孙恩败死，其妹夫卢循收拾残部，攻取江州各郡，威胁帝都。沈田子随刘裕凯旋，驻守建康。卢循急忙退军，刘裕加沈田子为振武将军，与建威将军孙季高，沿海路袭击卢循赖以起家的广州。卢循还广州，围攻孙季高。沈田子虑及孙季高孤军势弱，态

---

① 沈约：《宋书》卷二《宋武帝本纪上》，中华书局 1974 年版，第 15 页。

度坚决地对刘藩说：

> 广州城虽险固，本是贼之巢穴。今循还围之，或有内变。且
> 季高众力寡弱，不能持久。若使贼还据此，凶势复振。下官与季
> 高同履艰难，泛沧海，于万死之中，克平广州，岂可坐视危逼，
> 不相拯救。

沈约《宋书·自序》载录沈田子所向无所畏惧与对战事的分析，显现"尚武"家风。背水结阵，身先士卒，一战破围，推锋追讨，大破卢循。兵荒之后，盗贼竞出，攻没城池，杀害长吏。沈田子坐镇州府，随宜讨伐，旬日平殄。刺史褚裕之奉命，接替所治。还帝都的沈田子，为太尉府参军、淮陵内史，赐爵都乡侯。

从晋安帝义熙五年起，至义熙十四年（418 年）被杀，沈田子戎马倥偬，征战不止。随同太尉刘裕讨伐都督荆宁秦雍四州军事的荆州刺史刘毅，再讨伐荆州刺史司马休之与助其气焰的雍州刺史鲁宗之。司马休之、鲁宗之溃败，投奔后秦，后秦遂进扰东晋边境。大都督刘裕举兵北伐，沈田子所向摧陷，兵到咸阳，立功显赫。进军武关，兵锋直指关中。后秦各郡守弃城出走，沈田子进屯青泥。后秦主姚泓率军前来助战，欲先行消灭沈田子，再全力与刘裕决战。

本为疑兵，所领兵力不足千人，沈田子以《左氏春秋》泓水之战为借鉴，乘其立足未稳出击。"众寡相倾，势不两立。若使贼围既固，人情丧沮，事便去矣。及其未整，薄之必克，所谓先人有夺人之志也。"① 独率所领人马，虽为数重合围，却击鼓而进，以"封侯之业，其在此乎"激励江东勇士，弃粮毁舍，前后奋击，后秦溃败。弃乘舆服御逃至长安的姚泓，城陷出降，后秦灭亡。

> 长安既平，武帝燕于文昌殿，举酒赐田子曰："咸阳之平，

---

① 房玄龄等：《晋书》卷五七《沈约传附沈田子传》，中华书局 1975 年版，第 1407 页。

卿之功也，即以咸阳相赏。"即授咸阳、始平二郡太守。

这里的武帝指刘裕，时为太尉，大宴出征将帅于文昌殿，举酒赐田子，当着文武群臣之面，高声赞誉，把大军出师灭后秦的首功，归于沈田子奋寡对众，上表①朝廷，曰：

> 参征虏军事、振武将军、扶风太守沈田子，率领劲锐，背城电激，身先士卒，勇冠戎陈，奋寡对众，所向必摧，自辰及未，斩馘千数。泓丧旗弃众，奔还霸西，咸阳空尽，义徒四合，清荡余烬，势在跂踵。

表中所言的"奋寡对众，所向必摧"之语，既显现出当年沈劲守洛阳抗击前燕"不屈节"的"尚武"家风，也突出了沈田子能征惯战、谙熟父祖学通《左氏春秋》精髓活用的才识。

义熙十三年（417年）十二月，刘裕班师，留12岁的次子刘义真为安西将军，镇守长安，命王脩、王镇恶、沈田子、傅弘之等留戍协助。王脩为长史、王镇恶为安西司马、沈田子与傅弘之为中兵参军。后来发生沈田子杀王镇恶、王修杀沈田子相残事，追溯原委，是太尉刘裕所使。史家之笔，也有为帝者讳之时。

刘裕征讨后秦势头正盛时，总摄内外的左仆射刘穆之病逝，自讨孙恩建功以来，每次出征，均有刘穆之居内主持。有刘穆之坐镇建康，刘裕无后顾之忧。刘裕灭了后秦，打算以关中作基地，继续北伐。但刘穆之去世，帝都无倚仗，帝室司马氏家族、根深蒂固的诸多世族大姓，均对出身寒族的刘裕构成威胁。故而刘裕不顾劝阻，执意回去。夏国赫连勃勃君臣窥透其意图，庆贺说："关中形胜之地，而以弱才小儿守之，非经远之规也。狼狈而还者，欲速成篡事耳，无暇有意于中原。"②

---

① 沈约：《宋书》卷一〇〇《自序》，中华书局1974年版，第2449页。
② 房玄龄等：《晋书》卷一三〇《赫连勃勃载记》，中华书局1974年版，第3204页。

大军既还，留戍长安的诸将中飞短流长，传说王镇恶欲尽杀诸南人，据关中反叛。在谣言四起时，夏国出兵攻袭东晋军队所占之地。沈田子与傅弘之密议，矫高祖令诛之。宗人沈敬仁骁勇有力，奉沈田子之命，借王镇恶前来议事之机，于座上举刀杀人，出现了中兵参事联手杀司马、长史杀中军参事、刘义真又杀长史的惨事。

大军将还前，沈田子及傅弘之等，认为王镇恶家在关中，不可全信。王镇恶之祖王猛是前秦名相，辅佐前秦天王苻坚。其孙子为东晋朝廷效力，立下奇功，岂能不令人猜忌？刘裕曰："彼若欲为不善，正足自灭耳。勿复多言。"沈田子杀了王镇恶，岂与当政者无关？沈田子以功应封，因此事而止。受相国、封宋公、备九锡的刘裕，上表天子，"以沈田子卒发狂易，不深罪也"。沈约《宋书·自序》所载之语，值得研究者的深思与探索。

沈田子之死，死于执政者的政治权谋。沈田子从刘裕出征，屡建"奇功"，虽然光宗耀祖，显现沈氏世家所向摧陷的"尚武"之风，也显现沈氏世家文化把家族前景与权位、帝室捆在了一起。

第三节　沈林子"文武兼济"振兴世家门楣

沈穆夫的渊子、云子、田子、林子、虔子的五子中，最出色的是排行居三与居四的两个儿子，"田子、林子知名"①。沈田子虽然出仕东晋，以起步前锋的官职，在朝廷的南战北伐中所向摧陷，建有闻名朝野大功，振兴了世家门楣，却隶于大将军、太尉、宋公刘裕。同样"知名"的沈氏兄弟，沈田子以勇猛见长，沈林子不但作战勇猛，而且识书通古，多谋略，有文采，文武兼备。"虽在戎旅，语不及军事。所著诗、赋、赞、三言、箴、祭文、乐府、表、笺、书记、白事、启事、论、老子一百二十一首。"这是沈约《宋书·自序》载记沈林子于戎马倥偬间留下的各种文体之作。沈充有集，开了吴兴沈氏文化世家有创作的叙事。除东晋时的沈充外，沈林子是吴兴沈氏文化

① 李延寿：《南史》卷五七《沈林子传》，中华书局 1975 年版，第 1410 页。

世家于南朝刘宋时最早有诸多样式之作的作者，不但彰显着沈氏文化世家"尚武"之风，而且把沈充以来"崇文"传统张扬得更为鲜活。

沈林子经历了东晋司马氏帝位禅让于刘宋，以佐命之功出仕殿堂。宋武帝曰："吾不可顿无二人，林子行则晦不宜出。"视沈林子与谢晦为左膀右臂。宋武帝永初三年（422年），沈林子先宋武帝病逝。宋武帝病中呼问沈林子，谢晦皆以疾病还家回答。宋武帝直到去世，竟不知沈林子已不在人世，可见倚重依赖的程度，也见沈林子振兴门楣超凡的武略文采。

—

沈林子，字敬士，生年不详。沈约《宋书》与李延寿《南史》，载其于宋武帝"永初三年"辞世。永初是宋武帝刘裕于晋恭帝元熙二年（420年）禅位时所改年号，在位3年。《南史》虽然没有言明沈林子享年，却记载沈林子"年十三，遇家祸"事，记载沈林子从刘裕于晋安帝元兴三年（404年）伐桓玄克京城、又从刘裕于晋安帝义熙元年（405年）进帝都而还县邑，与其兄沈田子杀了"素无士行"的沈预，"时年十八"。

沈约《宋书·自序》载录，《南史》未载录沈林子再次出仕与享年。为刘裕扬州刺史府从事，"时年二十一"。"四年正月，征公入辅，授侍中、车骑将军、开府仪同三司、扬州刺史、录尚书。"[1]晋安帝义熙四年（408年），刘裕诛杀桓玄同党东阳太守殷仲文后，进位扬州刺史。至沈林子永初三年去世，言其"时年四十六"。

由此，沈林子享年有疑惑：一，从晋安帝义熙四年（408年）到宋武帝永初三年（422年）是15年，去世"时年"不是"四十六"，而是"三十六"。二，从晋安帝义熙元年（405年）报父、祖与四位叔叔之仇"时年十八"，到去世时是18年，沈林子享年仍是36岁。三，沈林子"遇家祸"，年十三，从家祸发生晋安帝隆安三年（399年）到宋武帝永初三年（422年），是23年，沈林子的享年依然为36岁。

---

① 沈约：《宋书》卷一《宋武帝本纪上》，中华书局1974年版，第15页。

沈约《宋书·自序》沈林子"永初三年，薨，时年四十六"载录，生年在晋孝武帝太元元年（376 年）。载沈渊子卒于讨荆州刺史司马休之江陵大战的晋安帝义熙十二年（416 年），时年 35 岁，生年应在晋孝武帝太元四年（379 年）。正因疑惑，李延寿《南史》以不载享年笔法，提供探索的空间。有些学者的研究，恰恰忽略了把《南史·沈约传》与《宋书·自序》的家传作对比，进行相关梳理，仅就《宋书·自序》言其"时年四十六"来展开，使所论出现了漏洞。

沈约家传关于祖父享年载录，虽是裔孙，有误。沈林子于宋武帝"永初三年"病逝，享年 36 岁（386—422 年）。沈穆夫的五子中，童稚时有着叙事，唯有沈林子。在"少有大度"上，载录了三件事：

> 少有大度，年数岁，随王父在京口。王恭见而奇之，曰："此儿王子师之流也。"与众人共见遗宝，咸争趋之，林子直去不顾。年十三，遇家祸，时虽逃窜，而哀号昼夜不绝声。王母谓之曰："汝当忍死强视，何为空自殄绝。"林子曰："家门酷横，无复假日之心，直以至仇未复，故且苟存尔。"

一是前将军王恭的评价，兄弟同游父亲仕宦之地，时有高名并执掌方镇大权太原王氏的王恭，见到沈穆夫的五个儿子，独对沈林子大加赞赏，品评风度不凡，将来必为帝室王子之师。王恭对年不满十岁沈林子的品评，从后来功业来论，如是。沈林子曾是宜都王刘义隆之师，也是比其年长二十余岁的刘裕（363—422 年）由将军到立国刘宋王朝的一代帝王之师。

二是行路见到地上遗落的宝物，"咸争趋之"，对比之下，沈林子"直去不顾"。这种不贪图意外财物、不怀侥幸心理获富的行为，显现出与众不同的品格。有这样的品格，方能成就不一样的功业。

三是骤遭惨祸的母子对话，表明藏匿逃奔，不是苟且怕死，而是要报仇。尤其葬事与获全性命，更见其"少有大度"的才识与坚韧品格。祖父沈警、父亲沈穆夫与四位叔父，皆死于孙恩之乱。"一门既陷妖党，兄弟并应从诛，逃伏草泽，常虑及祸，而沈预家甚富强，志相陷灭。林子与诸兄昼藏夜出，即货所居宅，营墓葬父祖诸叔，凡六丧，俭而有礼。时生业已尽，老弱甚多，东土饥荒，易子而食，外迫国纲，内畏强雠，沉伏山草，无所投厝。"① 逃窜中的沈林子，协同兄弟卖居宅，既以隆重的"凡六丧，俭而有礼"墓葬了父祖诸叔，也避开了"富强"仇人的监视，显现出何等的才智？

死者入土为安，可暴露出活者的踪迹，风声更紧，局势更乱。曾被谢琰平乱打败逃归海岛的孙恩，于晋安帝隆安四年（400 年）四月寇浃口（今浙江甬江口处），入余姚，破上虞，攻上党。谢琰战死，儿子谢肇、谢峻俱被害。谢琰经历淝水之战，以前锋战功封为望蔡公，又是谢太傅嫡子。孙恩更为嚣张。谢琰殒命，北府兵由刘牢之掌握。刘牢之率刘裕、高素等诸将往讨，诸将放纵部下，虏暴纵横。孙恩每见局势不利，扔下所掠财物子女，每每走脱。唯有刘裕军纪严明，无所侵犯。三吴地区内战不停，饥荒无食。沈林子兄弟外迫朝廷，内畏强仇，无处投奔。

> 林子乃自归曰："妖贼扰乱，仆一门悉被驱逼，父祖诸叔，同罹祸难，犹复偷生天壤者，正以仇雠未复，亲老漂寄尔。今日见将军伐恶旌善，是有道之师，谨率老弱，归罪请命。"因流涕哽咽，三军为之感动。高祖甚奇之，谓曰："君既是国家罪人，强雠又在乡里，唯当见随还京，可得无恙。"乃载以别船，遂尽室移京口，高祖分宅给焉。博览众书，留心文义。

13 岁的沈林子于绝境中，为沈氏闯出一条求生之路。径直去见朝廷主将，一番"伐恶旌善"的陈词，感动了三军，更感动了刘裕。已过而立之年的刘裕，经历晋末政治较量的争斗与疆场的搏斗，有着识人的眼光与度量，从沈林子行事中看到了沈氏兄弟的骨气与才气，

① 沈约:《宋书》卷一〇〇《自序》，中华书局 1974 年版，第 2452 页。

冒风险伸出援救之手，做了妥善了安置。

沈林子从艰难困苦中解脱出来，博览众书，留心文义，虽然没有走出刘裕把沈氏"移京口""分宅给"的狭窄范围，却对时局有着清醒的认识。当借孙恩势大为借口的桓玄进逼建康、派人拉拢晋军前锋刘牢之，沈林子说：天下唯一个反字，最悖人情事理，刘牢之前反王恭，近反司马元显，今又欲反桓玄，一人三反，如何自立？谢太傅在世，常疑刘牢之不可独任，其器量只可在谢太傅督导下建立大功，一旦独任，便会无所适从。刘牢之必败，不是败于军事，而是政治。刘裕深信其言，召集北府旧部，转回京口。

晋安帝元兴三年（404年），桓玄废帝自立。刘裕在京口广发檄文征讨，用孟昶为长史，刘穆之为军吏，沈田子为前锋。时年18岁的沈林子，戎装出行。兄弟并肩，率军径进，攻进建康。桓玄挟着晋安帝，奔还江陵。刘裕都督扬、徐、兖、豫、青、冀、幽、并八州，使刘毅为青州刺史，何无忌为琅邪内史，孟昶为丹阳尹。军国政务，委任刘穆之，乱中有绪，朝野翕然。

沈林子从刘裕克京城有功，辞不受赏，还乡复仇，"斩预首，男女无长幼悉屠之，以预首祭父、祖墓"。仇已报，恨已消，可亲情未了，死者再多也唤不起泉下人。冤冤相报，尚武的吴兴沈氏文化世家，何以"雄豪闻于乡里"？[1] 何以"清操著于乡邦"，又何以"贞固足以干事"？[2] 沈林子因家门茶蓼，无复仕心。朝廷体恤其情，在本郡为官。沈林子谢绝，人在墓地。冠军将军刘毅派人，以"时事多变，狡兔三窟"的说辞相请。沈林子以守丧尽孝，加以拒绝，刘裕闻听，感到不安。渊子、云子、田子皆在自己幕府，南北对峙，乱世多事，"狡兔三窟"是有道理的。扬州刺史刘裕因往昔的救命之恩，弥年敦逼，又有沈田子的劝说。沈林子过了三年守孝期，固辞不得，领建熙令，封资中县五等侯，奉命就职，开始了"尚武"与"文义"的超越家族前辈的光彩人生。

---

① 房玄龄等：《晋书》卷九八《沈充传》，中华书局1974年版，第2566页。

② 房玄龄等：《晋书》卷八九《沈劲传》，中华书局1974年版，第2317页。

二

沈林子墓地三年的苦读，对世事的思索转为理性，倘若世道劝善惩恶，哪里会出现"家门荼蓼"的惨祸？要让家族兴旺，必须有明君贤臣契合的世道。刘裕能对时乱孤儿寡母的沈氏有援手之恩，就能对天下苍生有宽厚之心，跟随刘裕，就能建功立业。

沈林子在不断的征战讨伐中，以率军勇往直前表现出"尚武"精神；也在时局的分析中，以直言劝谏的料事之明体现出文韬武略的将才。晋安帝义熙五年（409年），沈林子随刘裕北伐南燕，行参镇军军事。南燕主慕容氏于青州称帝，劫掠淮北，执阳平太守刘千载、济南太守赵元，凭大岘险隘，铁骑相阻，欲拖垮晋军。异族边患，想到先祖沈劲就是战死在北方的河洛之地，越发激励起沈林子的斗志。

前燕遣虎班突骑万余，驰军偷袭。沈林子与宗人沈叔长，分别率领精勇奋击，皆大破之。晋军一鼓作气，夺下临朐。南燕主慕容超逃回都城广固，凭围高三丈、外有三重深堑的长围据守内城，并派内城设计者、尚书慕容纲向称帝长安的后秦姚兴称藩求救。同时，桓玄曾任命为永嘉太守的卢循，以广州为立足地，乘东晋北进之虚，扬言攻向帝都建康。潜遣乡人为信使，前来结纳沈林子与沈叔长。沈林子佯答，送走信使，密白刘裕："灭前燕刻不容缓，切不可打草惊蛇。"左右观望的沈叔长，私下鼓动沈林子。沈林子用做人要光明正大回答，话说多就用沉默表示。刘裕因战事正在关键，隐忍下来。

前燕大将垣遵、慕容超之弟慕容苗，率部归降接济其粮草的东晋军。沈林子与泰山太守申宜联手，抓住从长安潜还的慕容纲，一举攻破内城，占据广固。刘裕诛杀怀有异心的沈叔长，对沈林子曰："昔魏武在官渡，汝、兖之士，多怀贰心，唯李通独断大义，古今一也。"刘裕以曹操官渡之战时众人多叛而决不动摇的李通来表彰沈林子，表明对沈林子的高度信任。沈林子从中听出对自己的信赖之义，更听出以曹操为治世榜样的雄心，忠心不二地追随刘裕。

刘裕灭了前燕，欲清荡河洛时，朝廷诏命班师。卢循杀了镇南将军何无忌，荆州刺史刘道规进驻江陵，帝都恐慌，富贵之家皆议外徙。唯有沈林子请命归乡，欲移家京邑，刘裕怪而问之，答曰："耿纯尽室从戎，李典举宗居魏。林子虽才非古人，实受恩深重。"沈林子以举家守城的行动，以示对刘裕坚守建康、志在必胜的支持。对答之言的引经据典，以成就东汉光武帝大业"尽室从戎"的耿纯、以军中有"长者"之誉成就曹操称雄大业"举宗居魏"的李典为榜样，既表明自己的忠贞之心，也显现出博览群书、通晓大义的才学。

沈林子防守石头城，屡战摧寇。卢循每战无功，扬言要让主力绕路白石，进攻建康，刘裕亲率主力防守，留沈林子与徐赤特守查浦垒。沈林子预料卢循有诈，劝太尉用心提防。刘裕认为有秦淮河之阻与石头城的坚固，再有善战的沈林子，足够防御。徐赤特见卢循军来攻，不听沈林子的劝谏，擅自改变防守之令，鼓噪而出，大败弃军。沈林子收聚散兵，随即进战，大摧破之。

以功为参中军军事的沈林子，刘裕每征讨，辄摧锋居前，又于营中召来，至于宵夕，有亲信守护之责，也有听取方略之意。晋安帝义熙十二年（416 年），刘裕领平北将军，沈林子加建武将军，统军为前锋，从汴入河，孤军深入。尹昭据蒲坂，又有姚绍举关右之众，设重兵围困沈林子、檀道济与王镇恶等。檀道济欲渡河避其锋，弃辎重还师。沈林子坚决反对，分析形势说：

> 相公勤王，志清六合，许、洛已平，关右将定，事之济否，所系前锋。今舍已捷之形，弃垂成之业，大军尚远，贼众方盛，虽欲求还，岂可复得？沈林子受命前驱，誓在尽命，今日之事，自为将军办之。二三君子，或同业艰难，或荷恩罔极，以此退挠，亦何以见相公旗鼓耶！

沈林子透彻点明"求还"的危险，"受命前驱"，如同项羽救赵塞井焚舍一样，示无全志，率麾下数百人直冲西北角。姚绍没有防备，军阵骚乱。沈林子乘乱奋勇迫进，姚绍大溃，悉获其器械资实。

诸将破秦，报捷皆多首级。沈林子相反，每以实闻。刘裕不理解冲锋在前的沈林子，何以战绩不如诸将？沈林子曰："王者之师，仁义无敌，岂可增张虚获？国渊以事实见赏，魏尚以盈级受罚。此亦前事之师表，后乘之良辙也。"刘裕深表赞同，叹息道："如此乱世，前景如何，所望于卿。"征战是争取人心，得人心者得天下，岂可滥杀？刘裕从沈林子的话语中看到出兵北伐的目标，因为东晋以来的北伐，真正成功的只有自己，故而对沈林子寄予厚望。沈林子自秦岭奔驰，援助屯军蓝田的沈田子，兄弟声气相通，所向无不摧破，承姚绍之位的姚泓，虽自率大军围攻，却一触即溃。沈林子以武力相攻，以仁义招揽，声名远闻，三辅震动，关中豪右，望风请附。

刘裕北伐，沈林子相助，克许昌，陷洛阳，灭后秦，黄河以南、淮水以北以及汉水上游的大片地区归江左。宋公树立了声威，相国权柄殿堂朝政。义熙十四年十二月，"帝崩于东堂"，白痴皇帝司马德宗死了，因谶云："昌明之后有二帝。"司马德文立，史称恭帝，晋恭帝进封刘裕为宋王。晋恭帝元熙二年（420年）六月，宋王刘裕代晋，称号宋武帝，以佐命功封沈林子为汉寿县伯。

沈林子清公勤俭，宋武帝赏赐厚重，皆散于亲故，家无余财。遭母忧，还乡安葬，乘舆躬幸，信使相望。葬毕，诏起为辅国将军。固辞不许，赐墨诏，朔望不复还朝。时领军将军谢晦当国政，每疾归宁，辄由沈林子代摄。

家族遭受覆灭之祸，沈林子兄弟投归刘裕，成为刘宋王朝的佐命功臣，为沈氏家族崛起创造了条件。沈林子之子皆得重任，仕于刘宋朝廷，长子沈邵袭爵，入拜流涕，宋文帝亦悲不自胜，拜为强弩将军，掌握朝廷实力。少子沈璞出任南平王左常侍，宋文帝亲自召见，曰："吾昔以弱年出蕃，卿家以亲要见辅，今日之授，意在不薄。王家之事，一以相委，勿以国官乖清途为罔罔也。"官至宣威将军、盱眙太守，于元嘉二十七年（450年）的宋文帝北伐中，立有殊勋。沈邵、沈璞兄弟乃至承嗣沈田子之后的沈亮，兄弟继沈林子、沈田子兄弟之后，成为宋武帝之子宋文帝所倚重的心腹与亲信大臣。

沈林子于东晋、刘宋风云际会之时，为移祚的宋武帝刘裕前驱，尽其才智，死而后已。沈林子病逝，朝廷赐东园秘器，朝服一具，衣一袭，钱二十万，布二百匹，并赠征虏将军。谢安于孝武帝太元十年（385 年）去世，"赐东园秘器、朝服一具、衣一袭、钱百万、布千匹、蜡五百斤，赠太傅，谥曰文靖"①。那是淝水战后两年东晋强盛时，这强盛局面是谢太傅赢得的。沈林子丧礼是百废待兴、又逢国丧的刘宋王朝给予的，从中可以了解东晋之衰与刘宋之兴的原因所在，也可以了解认识沈林子对刘宋王朝立国所起的重要作用。

元嘉二十五年（448 年），宋文帝过沈林子墓地，有感晋恭帝元熙二年（420 年），宋王刘裕平定关中回建康，使排行居三、年十余岁的自己为西中郎将，都督荆益宁雍梁秦六州及豫州的河南、广平与扬州的义顾、松滋四郡军事，大局皆由"王子之师"的沈林子支撑，方有稳定局面与承位的机遇，沈林子功高不可没，持礼祭奠，谥"怀伯"，永远追思不能忘怀的君臣大义。沈林子把自己的命运与刘宋王朝联结在一起，成为刘宋王朝的开国功臣，使沈氏于晋宋际会崛起，自身为宋武帝深相倚重，宋文帝"怀伯"追念，儿子沈邵、沈亮与沈璞出仕宋王朝，位尊权重，也使沈氏世家卷进王朝帝室权力之争的漩涡中。

第四节　沈叔任父子高张文化世家之风

沈田子、林子追随刘裕从征北伐，立下殊勋。沈林子又为开国功臣，辅佐过宜都王刘义隆。沈叔任、沈演之父子有所不同，父为刘裕奔走，子为宋文帝效力。不论兄弟还是父子，均为刘宋王朝初期的名臣。沈田子、沈叔任同死于晋安帝义熙十四年（418 年），没有看到刘裕立祚威势。沈田子时年 36 岁，沈叔任时年 50 岁。这两对人物虽是"金鹅乡之沈，皆出于祖戎，德文并著，辉映后先"②的海昏侯沈戎之裔，却传承着不同支脉，前者为沈浒之裔，

---

① 房玄龄等：《晋书》卷七九《谢安传》，中华书局 1974 年版，第 2076 页。

② 严可均：《全上古三代秦汉三国六朝文·全梁文》卷四〇《沈麟士·沈氏述祖德碑》，中华书局 1974 年版，2871 页。

后者为沈景之裔。

沈叔任为刘裕参军,以平蜀全涪之功封宁新县男。其子沈演之,以自己的才识见称于代掌朝政的刘义康,再见称于宋文帝刘义隆。同时,是沈氏世家最早接触佛学的传播者。沈叔任、沈演之父子追随刘裕父子,极尽才智,发挥勇武,总司戎政,为沈氏文化世家的兄弟子侄仕进创造了条件,所高张的"尚武"之风,使沈氏世家自觉或不自觉地把门楣荣耀与王朝帝室权力纠结在一起。

一

沈叔任(369—418年),"少有干质"。这是沈约《宋书·自序》中对其的评价,也是李延寿《南史》的充分肯定。"干质"是干练的资质。沈氏是吴兴郡大姓,占有地势之利,家风"尚武",入仕为官,既贵且富。出身这样家世背景的沈叔任,凭借个人"干质"来显现才识与胆略,从家乡盛产竹子入手,进行副业加工,沈家"五铢钱"流通无阻,使"雄豪"的沈氏财富更雄厚。

沈叔任的"干质",得到吴兴太守王献之的赏识,举荐入仕。初为扬州主簿,再为刘裕太尉府中参军。府中已有沈田子、沈林子兄弟相继为参军,遂令其出为吴县、山阴令。居岁分节候,向万民征收赋税之职的沈叔任,把琅邪王氏大小书圣为政之风与东山谢氏太傅施政之举用到自己的官属中,执法严正,从政求简,又因地相宜,劝农耕织,既保障了朝廷兵役徭役与赋税的征收,也使地方出现了宁静,从帝都所在的吴郡吴县到会稽郡的山阴,"治皆有声"。①

晋安帝义熙九年(413年),主掌中枢的刘裕派建威将军朱龄石为统帅,以遇事果断而得人心的沈叔为建威府司马,率领宁朔将军臧熹、河间太守蒯恩、下邳太守刘锺、龙骧将军朱林等共计两万人,前去攻打蜀国(今四川,都城在今四川成都)。蜀王谯纵曾在前一年,乘东晋殿堂刘裕与刘毅两大重臣就扬州刺史空缺派谁前去承职出现权力之争时,由西南东出,侵吞县邑。

豫州刺史刘毅,"自谓京口,广陵,功业足以相抗,虽权事推

---

① 李延寿:《南史》卷五七《沈叔任》,中华书局 1975 年版,第 1684 页。

公，而心不服也。毅既有雄才大志，厚自矜许，朝士素望者多归之"①。晋安帝义熙八年（412年），刘毅任荆州刺史，使兖州刺史的从弟刘藩任副职。刘裕假作同意，趁刘毅西行而刘藩卸任入都时，突然发令，抓捕谢混，以党刘毅诛。又以讨首逆之名，亲伐江陵，刘毅败死。蜀王乘此东进，扩大地盘。

伐蜀势在必行，刘裕为谋求元帅人选犹豫不决。三国以来，蜀地为刘备立祚之处，西晋"八王之乱"出现了李雄的"大成"国，接着出现了谯纵自立为成都王的蜀国。曾经向沈林子、沈田子递送沈预行踪的沈叔任，佩服勇武的年轻人，认为朱龄石最合适，愿为司马。刘裕认同沈叔任所言的出征不莽撞、已过而立之年斗志最旺盛的两条理由，选定朱龄石为伐蜀统帅。很多朝臣都不理解，纷纷上言：自古以来西出定蜀国者，皆为重臣名将，朱龄石嫩了点。

刘裕不受舆论左右，以朱龄石为主帅，沈叔任为司马。冠军将军、襄城太守刘敬宣，曾在义熙四年（408年）奉刘裕之命，率军征讨西蜀，入三峡，兵分两路，一路温祚率领，自外水进军；一路自己亲率主力，经风水由垫江（今重庆市垫江县）进攻成都。势如破竹的刘敬宣，在距离成都五百里的黄虎（今四川绵阳东南）险要处，为谯纵的辅国将军、梁州刺史谯道福督率大军所阻。对峙交战，相持了六十多天，无法攻破险隘，粮草将尽，又染时疫，不但无功而返，还遭到了追击。东晋兵进蜀国，以失败告终。

在沈叔任的谋划下，确定了进攻的路线。前次伐蜀，取道内水（四川江州有左右两水口，左边蜀水，称外水；右边涪水，称内水），没有成功。谯纵定会认为晋军轻车熟路，仍从内水进攻，必用重兵把守涪城（今四川绵阳东）。将计就计，布置疑兵，内水佯攻，主力从外水寻进，直取成都，出奇制胜。

晋军张旗扬旆，从江陵集结出发，溯江而上，到达白帝城，兵分三路，一路主帅统领主力，从外水攻取成都；一路臧熹、朱林从中水

---

① 房玄龄等：《晋书》卷八五《刘毅传》，中华书局1974年版，第2205页。

攻取广汉，一路沈叔任带领少数人马，乘坐遍插旌旗的大船向内水开拔，造成佯攻黄虎声势。谯纵打败过淝水之战名将刘牢之之子刘敬宣，自认为兵力强盛，又认定从内水进攻。接战后大败，蜀军瓦解，朱龄石一鼓作气，攻向成都。中水进攻臧熹、朱林，占了广汉。谯纵欲从内水抽调人马，为沈叔任缠住，放弃成都出逃，乱中被斩，蜀地平定。朱龄石伐蜀有功，进号辅国将军，爵封丰城县侯。① "平蜀之功，亚于元帅，以功封宁新县男。" 平蜀之功仅亚于元帅的沈叔任，官为西夷校尉、巴西梓潼郡太守，率近五百人戍守涪城。大军东返，侯产德不甘心失去的权势，聚万余人作乱，攻城益急。戍守涪城的沈叔任，如 "尚武" 的先祖沈劲一样，身先士卒，同生共死。众莫不为用，主动出击，首恶绝不姑息，安抚协从者，逆乱遂平。

刘裕征讨宗室司马休之，朱龄石遣沈叔任率军前去。刘裕领镇西将军，命沈叔任为司马，再为扬州别驾从事史，出为建威将军、益州刺史，染疾还都。晋安帝义熙十四年（418 年），卒于帝都，时年50 岁。

二

沈演之（397—449 年），字台真，沈叔任次子，长兄融之早卒，袭父别爵吉阳县五等侯。沈演之虽 "家世为将"，② 却折节好学，日读五千字的《老子》达百遍，用自己通史崇文明义理 "有能名" 的功绩，补写父亲未能目睹刘裕立祚为宋帝的遗憾。父辈为建宋以 "尚武" 精神马上驰骋，沈演之以习武崇文的治世政绩佐助宋文帝繁盛新兴王朝，留下吴兴沈氏文化世家最早的为政之文。沈氏父子为刘宋帝室两代尽力，皆以 "知天命" 之年病逝。

　　年十一，尚书仆射刘柳见而知之，曰："此童终为令器。"

王恭见 "年数岁" 的沈林子，有 "此儿王子师之流也" 的品评。

---

① 沈约：《宋书》卷四八《朱龄石传》，中华书局1974 年版，第 1421 页。

② 沈约：《宋书》卷六三《沈演之传》，中华书局1974 年版，第 1685 页。

刘柳见11岁的沈演之而品评，用“令器”之词。在沈演之以前，史书载记得“令器”品评的仅有张紘、庾嶷两位。张紘出身吴地四姓，聪明睿智，为孙策制定割据江东的战略之计，陈寿《三国志·吴书·张紘传》曰：“文理意正，为世令器。”曹魏时期的庾嶷，“当世令器，君兄弟复俊茂。”① 史家所载颍川庾氏，庾峻为侍中，庾纯为河南尹，庾遁为太中大夫，庾嶷为太仆，庾敳为豫州牧长史，庾亮、庾冰等，在东晋时主掌中枢，中原盛门，渡江南迁，风采依然。

沈演之有“令器”，刘柳的品评是以世族大姓为依据。吴兴沈氏世家的文化浸润，从东晋的沈充、沈劲到晋宋交替之际的沈叔任，再到刘宋王朝的沈演之。由地方入仕，郡命主簿，州辟从事史，嘉兴令，有能名。入为司徒祭酒，出为钱塘令，有政绩。丁母忧，起为武康令，固辞不免，到县百日，称疾去官。三年服阕，为司徒左西掾，州治中从事史。

宋文帝元嘉十二年（435年），丹阳、吴兴、义兴等诸郡大水，民人饥馑，米价陡然涨到三百。朝廷以沈演之及尚书祠部郎江邃巡行拯恤，许以“便宜从事”。开仓廪，赈饥民，有生子者，赐米一斗，百姓蒙赖。辗转地方的沈演之，又为朝廷荐举人才，将巡行中的发现上书宋文帝，留下《巡行上表言刘真道等政绩》之文，曰：

> 宰邑敷政，必以简惠成能，莅职阐治，务以利民着绩。故王奂见纪于前，叔卿流称于后。窃见钱塘令刘真道、余杭令刘道锡，皆奉公恤民，恪勤匪懈，百姓称咏，讼诉希简。又翦荡凶非，屡能擒获。灾水之初，余杭高堤崩溃，洪流迅激，势不可量，道锡躬先吏民，亲执板筑，塘既还立，县邑获全，经历诸县，访核名实，并为二邦之首最，治民之良宰。

巡行的沈演之，于元嘉十三年上表言事。宋文帝嘉之，赐谷千

① 房玄龄等：《晋书》卷五〇《庾峻传》，中华书局1974年版，第1391页。

斛。沈演之由治中从事史至领本郡中正，州郡到朝廷，朝廷到地方，了解民情政事，深为彭城王、执政的司徒刘义康礼遇。

宋文帝元嘉（424—453 年）中期多病，政事委托彭城王。元嘉十六年（439 年），宋文帝曾病得奄奄一息，孔胤秀等欲效法东晋康帝朝兄终弟及旧例，拥立刘义康为帝。身体康复的宋文帝得知后，对刘义康有了猜忌。刘裕称帝，第四子刘义康封彭城王，由外任入帝都掌政，因宋文帝身体原因，刘义康总揽朝政，长史、领军将军刘湛、刘斌等结党，欲废贤臣尚书仆射殷景仁。沈演之雅仗正义，遭刘义康当面斥责。沈演之尽心于殿堂政事。宋文帝嘉之，命为尚书吏部郎。

沈演之虽曾为刘义康掾属，也见亲重，却以社稷为重，支持殷景仁，为宋文帝倚重。按刘宋王朝之制，七品以下的官，刘义康为其授职。彭城王欲以亲信刘斌"为丹阳尹"，宋文帝断然拒绝。时隔不久，会稽太守羊玄保求还，刘义康欲以刘斌代之，宋文帝仓猝间未有合适人选，沈演之及时道：吏部已经安排了王鸿。刘义康与宋文帝争夺人事权，抢夺重要关隘，处处落在下风，虽然有帝尊的一面，也有沈演之成为宋文帝倚赖之臣的出力。

宋文帝元嘉十七年（440 年）五月，刘义康亲党、领军将军刘湛丁母忧解职。十月，宋文帝采取行动。此时的殷景仁亦居家养病，"卧疾五年，虽不见上，而密表去来，日中以十数，朝廷大小密以闻焉，影迹周密，莫有窥其际者"[①]。殷景仁为中书令护军、尚书仆射，元嘉十二年（435 年）居家养病，却不曾解除军职，始终与领军将军刘湛分控禁军。宋文帝深夜急诏，先发制人，杀了刘湛等，贬刘义康为江州刺史。乱平后，沈演之迁右卫将军，负责宫禁。殷景仁卒，后军将军范晔迁为左卫将军，与沈演之共掌禁旅，同参机密。

宋文帝元嘉二十年（443 年），迁侍中。侍中是南朝参与决策的文官，左右卫将军是朝廷宿卫军的统帅，非亲者不能承担。沈演之受亲重的程度，由此可见。立为林邑王的欧阳迈，屡次侵犯交州，宋文帝忿其侵暴，欲发兵讨伐，朝臣反对，唯有侍中沈演之与广州刺史陆

---

① 沈约：《宋书》卷六三《殷景仁传》，中华书局 1974 年版，第 1680 页。

徽赞成。一番谋划，使龙骧将军、交州刺史檀和之率兵征伐。檀和之使萧景宪为前锋，宗悫为副。二月，大军驻戍朱梧，遣府户曹参军日南太守姜仲基、前部贼曹参军蟜弘民随传檄诏旨，宣扬恩旨。欧阳迈执捕仲基等 28 人，遣一人复命。

檀和之不惧林邑王的嚣张气焰，挥军猛进，斩范扶龙，大获全胜，获金银之物不可胜计。乘胜追讨，即克林邑。及平，赐群臣黄金、铜器等。沈演之虽未出征，所得偏多。宋文帝对众臣称誉沈演之："庙堂之谋，卿参其力，平此远夷，未足多建茅土。廓清京都，鸣鸾东岱，不忧河山不开也。"突出沈演之决策殿堂政务的才识，有着开河山的深切寄托，下诏曰：

> 总司戎政，翼赞东朝，惟允之举，匪贤莫授。侍中领右卫将军演之，清业贞审，器思沈济。右卫将军晔，才应通敏，理怀清要。并美彰出内，诚亮在公，能克懋厥猷，树绩所莅。

元嘉二十二年（445 年），范晔怀逆谋，与孔熙先密议策划，聚会东阁，欲谋迎贬至江州刺史的刘义康为帝。沈演之查知，言于宋文帝。事发伏诛，内政稳定，沈演之迁领国子祭酒，领太子右卫率。虽未为宰相，任寄不异。再次在戡平乱事中立功的沈演之，更见亲重，绸缪帷幄，遂参机务。

沈演之"清业贞审""才应通敏"的才识，还显现在对佛学的理解与支持。释道悦《续名僧传》载曰："宋释法瑶姓杨氏，河东人。元嘉中过江，遇沈台真君武康小山寺，年垂悬车，饭所饮茶。永明中，敕吴兴礼致上京，年七十九。"沈约《晋书·王僧达传》亦载曰："吴郭西台寺多富沙门，僧达求须不称意，乃遣主簿顾旷率门义劫寺内沙门竺法瑶，得数百万。"载记中饭所饮茶（茶的古字）的法瑶，年过古稀。法瑶生卒年不可确考，栖身吴兴郡武康县的小山寺修行，潜心佛学，诵讲《涅槃经》。"释法瑶"或"竺法瑶"，同为一人。佛教源于印度，释或竺，皆是佛姓，佛教徒。"释法瑶"，就是"竺法瑶"，由帝都到武康小山寺讲经修行，是沈演之的邀请。

小山寺建于西晋太康三年（282年），沈演之邀请法瑶来讲经，是在朝为重臣时。宋文帝元嘉年号共30年，所言中当在11—20（433—443年）间。沈演之遇"年垂悬车"的法瑶，悬车之龄，年七十岁。班固《白虎通·致仕》曰："臣七十悬车致仕者，臣以执事趋走为职，七十阳道极，耳目不聪明，跛踦之属，是以退去避贤者，所以长廉耻也。悬车，示不用也。"沈演之遇70岁的法瑶，或因"素有心气"的疾病，或因宋文帝身体一直不佳，法瑶"饮茶"（六朝时称茶，唐代陆羽《茶经》问世，称茶）向佛悟性修身，是长寿之人。沈演之是沈氏最早接触、支持佛学者，丰富了沈氏世家文化。

沈演之疾病历年，宋文帝信任有加，卧疾治事。元嘉二十六年（449年）车驾拜帝陵，因疾留守。宋文帝还宫召见，赐坐勉励。拜辞而出，至尚书省暴卒，年53岁。宋文帝十分痛惜，追赠金紫光禄大夫，谥贞侯。沈演之能获得"宰相便坐"的优崇地位，既反映了刘宋皇权制度上的一大变化，出身将门者登堂入室。也标志着吴兴沈氏文化世家在南朝刘宋殿堂政治步入勃兴，勃兴背后也有抹不去的各种负面阴影。

第四章

功业显赫者接连罹难催发世家文化思考

> 微生遇多幸，得逢时运昌。
> 朽老筋力尽，徒步还南冈。
> 辞荣此圣世，何愧张子房。

沈庆之《侍宴诗》

小 序

这是沈庆之（386—465 年）即席口述的一首诗。李延寿《南史》本传载："孝武尝欢饮，普令群臣赋诗。庆之粗有口辩，手不知书。上逼令作诗。庆之曰：'臣请口授师伯。'上令颜师伯执笔。庆之口授云云。上甚悦，众坐并称其辞意之美。"创作时间不可确考，诗中把自己比作字子房的张良。张良以出色的智谋佐助刘邦在楚汉相争中夺得天下，有"谋圣"之称，爵封留侯。沈庆之自比"留侯张良"，是把宋孝武帝誉为开创一代帝业者。宋孝武帝在位 11 年，为政初期图治，中期兴盛，晚期昏聩。诗中"何愧张子房"，创作是在兴盛期，君臣同乐，欢宴赋诗。

沈庆之的《侍宴诗》，距沈充创作《前溪曲》已是一百五十余年。《前溪曲》抒写爱情，柔婉清丽，显现与"雄豪"尚武不同的文学风格，构筑出以尚武为主文为辅的沈氏家风。自沈充至沈庆之，有武有文，武有建功东晋的沈劲、驰骋疆场封侯的沈渊子、都乡侯沈田子、辅国将军汉寿县伯沈林子、吉阳县五等侯沈叔任、右卫将军贞侯沈演之等。文有沈邵的《赠王孚孝廉板教》，卒于宋文帝元嘉二十六年（449年）。卒于同年的沈演之有《巡行上表言刘真道等政绩》《以一大钱当两议》之文。卒于宋文帝元嘉二十七年（450年）的沈亮，有《陈府事启》《救荒议》等5篇文章。吴兴沈氏文化世家是以尚武闻名，通《左氏春秋》见长。所言为文，只不过是相关政事的教、启、课、议、签等。

沈庆之的《侍宴诗》是沈氏文化世家在南朝创作的第一首诗，承继着沈充《前溪曲》五言四句短小凝练、便于传诵的形式，反其男子作闺音"情诗"传统，取材现实政治生活，既有歌颂之意，又在不经意中表达出自己的志向。沈庆之留下了《侍宴诗》，却于古稀之年被毒死。殿堂陷入内讧，主祚者刘宋变为萧齐、萧梁，及至陈朝，沈璞被杀，沈勃遭诛，沈怀文被赐死，沈众亦死。深得前废帝宠信而毒死族叔沈庆之的沈攸之，也未能幸免，牵连子孙多人没了命。接连遭受重创，功业显赫者的不断罹难，催发沈氏世家的文化思考。

第一节　沈庆之死于同宗之手催发的文化思考

沈庆之（386—465年），字弘先，驱驰戎旅，八十岁的人生，经历了两朝八帝，东晋的安帝司马德宗、恭帝司马德文，南朝刘宋王朝的宋武帝刘裕、少帝刘义符、宋文帝刘义隆、弑父皇的刘劭、孝武帝刘骏与前废帝刘子业。在两姓王朝移祚中，于前默默无闻，于后声名鹊起。由军功而为佐命重臣的沈庆之，却在人生最风光、功业最显赫时，不得善终，被同宗沈攸之毒死。其死引发的世家文化思考，与沈林子、沈演之等对照，更说明仅有打杀的勇武是不够的。

一

就东晋王朝而言，沈庆之大器晚成。孙恩之乱时，遣兵马践寇武康。沈庆之年未及冠，随乡族出击，不顾生死，以勇相闻。乱后荒扰，乡邑流散，躬耕垄亩，勤苦自立。年已三十，未有立身之业。

往襄阳省兄，伦之见而赏之。伦之子伯符时为竟陵太守，伦之命伯符版为宁远中兵参军。竟陵蛮屡为寇，庆之为设规略，每击破之，伯符由此致将帅之称。伯符去郡，又别讨西陵蛮，不与庆之相随，无功而反。

沈约《宋书》本传言其因心中挂念在襄阳为征虏参军的兄长沈融之，往省时得到大破后秦姚泓而为佐命功臣、镇守襄阳赵伦之的赏识。

由赵伦之推荐，沈庆之自襄阳入朝，走上仕途。赵伦之的姐姐赵安宗为刘裕生母，刘裕封禅登坛为宋武帝，尊生于贫贱的母亲为孝穆皇后。宋武帝永初二年（421 年），使领队防东掖门，出入禁省，得到帝室的信任。

宋文帝承位，沈庆之领淮陵太守、再为正员将军，卫护公宫。势倾朝野的领军将军刘湛，欲引为心腹谋废立。宋文帝元嘉中期，身体多恙，彭城王刘义康代掌朝政。曾为彭城王长史的刘湛，妄想独当时务，拉拢朝臣，沈庆之为社稷安宁，严词拒绝。元嘉十七年（440 年），宋文帝收捕刘湛，当晚开门相召。沈庆之戎服齐备，闻命而入。得到嘉许，出帝都，遣收刘湛同党。因功迁为所宠潘淑妃之子刘浚、12 岁始兴王的后军行参军、员外散骑侍郎。

从开国皇帝宋武帝时入仕，得到居位 30 年、在位时间最长的宋文帝信重，沈庆之与帝室关系密切。帝室的风吹草动，皆牵连其仕途荣辱。最荣耀的是佐助刘骏登上帝位。元嘉三十年（453 年）正月，太子刘劭勾结其弟始兴王刘濬作乱，杀了宋文帝，登基即位，亲笔给奉帝命离开东宫、官为太子步兵校尉的沈庆之写信，令其除掉总统众军讨伐江蛮的南兖州刺史、武陵王刘骏。沈庆之却作出意外之举，持信闯进刘骏府，建议发布"弑君"檄文，鼎力支持讨伐乱臣贼子。檄文传到州郡，得到积极响应。沈庆之大军东进，冠军将军柳元景兵到新亭相迎，大败"二凶"①。江夏王刘义恭前来，奉表上尊号。刘

① 沈约：《宋书》卷九九《二凶传》，中华书局 1974 年版，第 2423 页。

骏承位，改新亭为中兴亭，沈庆之为镇军将军、南兖州刺史。以新君主曾经所历的官职来封赏，显现出对"尚武"沉稳、谋略出众沈庆之的倚重与信任，下诏①曰：

> 朕以不天，有生罔二，泣血千里，志复深逆，鞠旅伐罪，义气云踊，群帅伏节，指难如归。故曾未积旬，宗社载穆，遂以眇身，猥纂大统。永念茂庸，思崇徽锡。新除使持节、散骑常侍、都督南兖、豫、徐、兖四州诸军事、镇军将军、南兖州刺史沈庆之，新除散骑常侍、领军将军柳元景，新除散骑常侍、右卫将军宗悫，督兖州诸军事、辅国将军、兖州刺史徐遗宝，宁朔将军、始兴太守沈法系，骠骑谘议参军顾彬之，或尽诚谋初，宣综戎略；或受命元帅，一战宁乱；或禀奇军统，协规效捷，偏师奉律，势振东南。皆忠国忘身，义高前烈，功载民听，诚简朕心。定赏策勋，兹焉攸在，宜列土开邑，永蕃皇家。庆之可封南昌县公，元景曲江县公，并食邑三千户。悫洮阳县侯，食邑二千户。遗宝益阳县侯，食邑一千五百户。法系平固县侯，彬之阳新县侯，并食邑千户。

这篇载于沈约《宋书》本传的皇帝诏书，列其为平乱功臣之首，封南昌县公。沈庆之为公爵，是吴兴沈氏文化世家第一位封公爵者。孝建元年（454年）春正月，宋孝武帝车驾亲祠南郊，大赦天下，发施政之诏，以"首食尚农，经邦本务，贡士察行，宁朝当道"的"纠核勤惰，严施赏罚"②为主旨。年轻气盛的宋孝武帝有这样的治国方略，又有沈庆之老成沉稳的重臣辅佐，虽有"二凶"之乱，但宋文帝永嘉中兴局面得以维护。

致力图治，政局兴盛，君臣聚会欢饮赋诗。刘宋虽为寒族武将立祚，却受东晋以来世族大姓"讲洛阳话、善书法、能谈论、通音乐、

---

① 沈约：《宋书》卷七七《沈庆之传》，中华书局1974年版，第2001页。
② 沈约：《宋书》卷六《孝武帝本纪》，中华书局1974年版，第110页。

赋诗作文"① 社会风气的影响，有重文的因素。宋武帝誉称"此吾家丰城也"的侄子刘义庆（403—444 年），是帝室中才华出众之人。"性简素，寡嗜欲"② 的临川王刘义庆，爱好文学，广招四方文学之士，在元嘉中期著出《世说新语》。在少帝被杀的惶恐中，承位的宋文帝，局势稳定后诛灭"犯上"顾命大臣谢晦，下旨会稽郡。"自以名辈，才能应参时政，初被召，便以此自许"③ 的山水诗创始者谢灵运，出任秘书监，以文义见接，日夕引见，赏遇甚厚。

　　承继祖业的宋孝武帝，在王朝之业有了根基的中期，也在显现风雅，宴饮中"普令群臣赋诗"。沈庆之识字不多，却"粗有口辩"，在君主"逼令作诗"、群臣环视恭听的欢宴中，请颜师伯执笔书写，"口授"诗脱口而出。谦称"微生"开篇，不在年轻君主面前托大，也无凌驾群臣之意，博得君臣的好感。紧接着突出自己有眼下的地位，是因人生"多幸"，际遇"逢时运昌"。正因荣耀来自君王的恩赐，虽然年过古稀，"朽老筋力尽"，但尚有"徒步还南冈"的旺盛精力。辞别"此圣世"而"荣"归，回顾以往，堪比张良。宋孝武帝"甚悦"，众臣皆称其诗"辞意之美"。

二

　　得意于刘宋王朝的沈庆之，所在见推，驱驰戎旅，以"尚武"家风扬名。"尚武"的最大军功，是征讨荆、雍蛮族。从宋文帝元嘉十九年至二十九年，十余年的时间，长期统领对西部诸蛮的战争。元嘉十九年（442 年）、二十二年（445 年）、二十六年（449 年），沈庆之三次在长江中游大规模地伐蛮，皆取得空前大捷，不仅提升了沈氏家族的名声，而且增强了沈庆之个人的实力，名将柳元景、宗悫、顾彬等，陆续隶其属下，随同讨伐。

　　元嘉十九年，征西司马朱修之讨蛮失利，按律下狱。沈庆之为建

① 王永平、孙艳庆：《刘宋皇族为何乱伦嗜杀》，《扬州大学学报》2008 年第 1 期。

② 房玄龄等：《晋书》卷五一《刘义庆传》，中华书局 1974 年版，第 1476 页。

③ 沈约：《宋书》卷六七《谢灵运传》，中华书局 1974 年版，第 1772 页。

威将军，率众进讨，大破缘沔诸蛮，擒生口七千人。进征湖阳，又获万余口。迁宋文帝第六子广陵王刘诞北中郎中兵参军，领南东平太守，又为抚军中兵参军。蛮寇大甚，遣沈庆之掩讨，大破之，降者二万口。至镇，又令沈庆之进讨。王玄谟领荆州，王方回领台军，三军并会，平定诸山，获七万余口。郧山蛮最强盛，沈庆之率军前往，遂告平定，擒三万余口。凯旋京师，加建威将军、南济阴太守。

元嘉二十二年，雍州蛮又为寇，沈庆之至襄阳，率后军中兵参军柳元景、随郡太守宗悫、振威将军刘颙、左军中兵参军萧景嗣等诸位武将，讨伐沔北诸蛮。军分八道，齐头俱进。自己一军当先，夺取五渠。诸蛮据山为阻，多备矢石。沈庆之在茹丘山下聚会诸军，授以"营于山上，出其不意击之，可战而获胜"之计，诸军斩山开道，冲其腹心，先据险要，诸蛮震扰，奔溃归降。

> 庆之患头风，好著狐皮帽，群蛮恶之，号曰"苍头公"。每见庆之军，辄畏惧曰："苍头公已复来矣！"庆之引军自茹丘山出检城，大破诸山，斩首三千级，虏生蛮二万八千余口，降蛮二万五千口，牛马七百余头，米粟九万余斛。随王诞筑纳降、受俘二城于白楚。

特别是元嘉二十九年（452 年），西阳五水蛮叛乱，沈庆之都督诸将，节度豫、荆、雍三州所遣伐蛮之军。在讨伐诸蛮的过程中，克服蛮地山高谷深险阻重重的困难，组织十余次大规模的军事行动，俘获蛮人二十万人。"庆之前后所获蛮，并移京邑，以为营户。"[1] 壮大了刘宋王朝的国家实力，客观上推进了南朝的民族融合。纵观东晋南朝对蛮族的战争，沈庆之伐蛮历时最长、规模最大、影响深远。刘宋中期以后，荆雍地区的蛮人逐渐与汉族相融合，经济、文化的开发水平不断提高，成为在南朝历史发展中占有重要地位的区域。

对内伐诸蛮，对外全力北伐，一个"伐"字，动用的是武力，

---

[1] 沈约：《宋书》卷七七《沈庆之传》，中华书局 1974 年版，第 1998 页。

显现着沈庆之的军事才略，显现着沈氏家族的"尚武"之风。宋文帝元嘉二十七年（450年），经过武帝、文帝两代三十多年的苦心经营，南部中国的社会较为安定，经济得到发展，出现史称"元嘉之治"。宋文帝欲恢复中原，命大将王玄谟等大举北伐。鲜卑人所建的北魏统一了北部中国，正处于强盛时期，北伐的时机尚未成熟。大军未动，军用不足，向民间借债。沈庆之屡次进谏，执着规劝。

> 丹阳尹徐湛之、吏部尚书江湛并在坐，上使湛之等难庆之。庆之曰："治国譬如治家，耕当问奴，织当访婢。陛下今欲伐国，而与白面书生辈谋之，事何由济！"

沈庆之恰当、生动的比喻，没有打动好大喜功的宋文帝，大笑后兵分两路，东西并举，全面北进。萧斌的东路军进入北魏境内，魏太武帝拓跋焘率军亲来，宋兵被打得大败奔逃。北魏挥师南下，饮马长江，强敌当前，宋文帝只得下令班师。是时群蛮有乱，宋文帝遣沈庆之督诸将进讨，节制江、豫、荆、雍诸军。

宋孝武帝建祚，沈庆之有拥立之功，忠心耿耿，参与平鲁爽之乱。孝武帝大明三年（459年），竟陵王刘诞等人叛乱。

> 复以庆之为使持节、都督南兖、徐、兖三州诸军事、车骑大将军、开府仪同三司、南兖州刺史，率众讨之。诞遣客沈道愍赍书说庆之，饷以玉环刀，庆之遣道愍反，数以罪恶。庆之至城下，诞登楼谓之曰："沈君白首之年，何为来？"庆之曰："朝廷以君狂愚，不足劳少壮，故使仆来耳！"

时年已是七十多岁的沈庆之，亲冒矢石，不惧生死，指挥攻城，平定竟陵王之乱。又不顾年岁之高，再平定西阳五水蛮之乱。宋孝武帝任其为领军将军，加散骑常侍，使持节，又进号镇北大将军，进督青、冀、幽三州，与柳元景俱开府仪同三司，封始兴郡公，欲进位司空。沈庆之固让，朝会时，位次司空。孝武帝死，命沈庆之与柳元景并受顾命，遗诏若有大军征讨，悉使委庆之。

沈庆之有军功，兄弟子侄多人皆"有将用"，著名者有沈劭之、沈僧荣、沈法系、沈文秀等，群从姻戚，在列位者数十人。

> 居清明门外，有宅四所，室宇甚丽。又有园舍在娄湖，庆之一夜携子孙徙居之，以宅还官。悉移亲戚中表于娄湖，列门同闸焉。广开田园之业，每指地示人曰："钱尽在此中。"身享大国，家素富厚，产业累万金，奴僮千计。再献钱千万，谷万斛。……妓妾数十人，并美容工艺。庆之优游无事，尽意欢愉，非朝贺不出门。每从游聿及校猎，据鞍陵厉，不异少壮。

沈庆之晚年生活怡然，李延寿《南史》传论曰："沈庆之以武毅之姿，属殷忧之日，驱驰戎旅，所在见推。其戡难定功，盖亦宋之方、召。及勤王之业克举，台鼎之位已隆，年致悬车，宦成名立，……诸子才气，并有高风，将门有将，斯言得矣。"沈庆之继沈林子、沈田子之后，在刘宋中期将其家族发展推到一个新高峰。

继位的前废帝刘子业凶暴淫虐，外诛朝臣，内淫姑姊，弄得人人自危。柳元景欲废之，另立宋武帝刘裕第五子、江夏王刘义恭为帝，久而未决，去同沈庆之商量。沈庆之上书，柳元景被戮，六个弟弟、八个儿子及诸侄数十人，同时罹难。江夏王刘义恭也被砍断手足，折磨惨死。刘子业对沈庆之大加青睐，同车载出，封其十几岁幼子为侯爵。刘子业居帝位，凶悖日甚。极言谏净无效，沈庆之闭门坐养，"抱忠以没"，不行废立大事。其侄青州刺史沈文秀临去属地，也前来相劝：

> 主上狂暴如此，土崩将至，而一门受其宠任，万物皆谓与之同心。且此人性情无常，猜忌特甚，将来之祸，事又难测。今因此众力，图之易如反掌，千载一时，万不可失。

沈文秀言辄流涕，苦劝沈庆之兴兵，言沈氏家族从地方到帝都，集聚众力，图之易如反掌。可见沈氏家族武力之盛，进取欲望之强烈。果断刚毅的沈庆之虽惶恐度日，仍是不从。废帝诛杀大臣何迈，关闭清溪诸桥，断绝沈庆之前往相劝。沈庆之曾做了一个梦，有人给了两匹绢，醒后，预示自己免不了一死，两匹绢是八十尺，"足度"是尺寸有余，绢尺寸之数与年岁巧合。

> 帝乃遣庆之从子攸之赍药赐庆之死。

年已过八十的沈庆之，不仅从游校猎、据鞍陵厉的无异少壮，而且欢愉在家，轻易不见外客，洁身自好。柳元景遭杀的当年，前废帝遣从子沈攸之赍毒药"恩命"赐死。论其死，死于帝之命，帝室却赏赐甚厚，追赠侍中，给鸾辂辒辌车，前后羽葆、鼓吹，谥忠武公。又追赠侍中、司空，谥襄公。其死又是直接死于同宗之手，"不肯饮药，攸之以被掩杀之"。沈约《宋书》载同宗下手之狠"被掩杀"的场面，说明此事催发后裔写家传的文化思考，血脉同支，同心携手，才能保障沈氏兴、代代出公卿。

第二节　沈攸之兵败自经之死催发的文化思考

从沈林子、沈田子五兄弟起，吴兴沈氏与南朝刘宋皇权纠结在一起，既奠定家门"尚武"荣耀的基础，也卷入帝室更替权力之争的漩涡中。刘裕于永初元年（420年）立祚，顺帝刘准升明三年（479年）禅位萧道成，60年权力过渡，有少帝刘义符（刘裕长子）、文帝刘义隆（刘裕第三子）、弑父短命的太子刘劭（刘义隆长子）、孝武帝刘骏（刘义隆第三子）、前废帝刘子业（刘骏长子）、明帝刘彧（刘义隆第十一子）、后废帝刘昱（刘彧长子）。四世九位皇帝中，除武帝、顺帝外，帝室充满着血腥杀戮，"尚武"闻名对刘宋王朝有佐命之功的吴兴沈氏牵连于内。"年八十"[1] 的沈庆之经四世六帝，文帝朝、孝武帝朝因平蛮功高盖世，被前废帝"恩赐"毒死。沈攸之

---

① 沈约：《宋书》卷七七《沈庆之传》，中华书局1974年版，第2004页。

经历三世五帝，前废帝时露出"尚武"头角，明帝时"善战"奉命平定"四方反叛"，铁马金戈，占据高位，却以衅乱逃奔，走投无路时自杀，首级为"封人所斩送"。[①] 荣耀刘宋王朝前期的沈庆之与位重刘宋王朝后期的沈攸之，皆以"尚武"立功而折戟，给文化世家的沈氏敲起警钟，引发更为深层的思考。

一

沈攸之（？—479 年），字仲达。说起血缘支脉，是刘宋王朝大司空沈庆之从父兄子。父亲沈叔仁为衡阳王刘义季征西长史，随其镇守彭城。有父辈仕途得意的荫护，沈攸之度过了充满憧憬快乐的童年，也与刘宋帝室有了最初的接触。衡阳王刘义季（415—447 年）是宋武帝（363—422 年）幼子，"幼而夷简，无鄙近之累。太祖为荆州，高祖使随往江陵，由是特为太祖所爱"[②]。刘裕年轻贫贱，盛年立功娶妻，44 岁有长子刘义符，对男丁溺爱异常，对聪明好学的幼子更加喜爱，伴随身边。亲身感受开国皇帝襟怀与远见的刘义季，由晋恭帝所封王到三兄刘义隆称帝，元嘉元年（424 年）封衡阳王，食邑五千户。元嘉十六年代临川王刘义庆都督荆、湘等八州诸军事、安西将军、荆州刺史，给鼓吹一部。元嘉二十年加散骑常侍，进号征西大将军，领南蛮校尉。

刘义季为宋文帝所信用，镇守要塞，"尚武"文化世家出身的沈叔仁，由王府长史到领队，再到都督诸州军事府中主事，也是一路平顺。然而，父亲早逝，衡阳王因四兄彭城王刘义康被废禁后，惧祸嗜酒为长夜之饮，略少醒日。元嘉二十四年（447 年），薨于彭城，时年 33 岁。沈攸之失去佑护，陷入沈约《宋书》本传所言"少孤贫"的窘境。

孤贫到了何种地步？宋文帝元嘉二十七年（450 年），索虏南寇，发吴郡、会稽郡与吴兴郡"三吴"民丁，沈攸之亦被征发。北魏太武帝拓跋焘亲自率兵，侵扰淮北诸镇，大肆劫掠，宋文帝决意北伐，

---

① 沈约：《宋书》卷七四《沈攸之传》，中华书局 1974 年版，第 1940 页。

② 沈约：《宋书》卷六一《衡阳王刘义季传》，中华书局 1974 年版，第 1653 页。

遂有大规模的发"民丁"之举。被征发在内的沈攸之，年纪应在 15 岁左右。过小，不会征发；过长，早进幕府。沈攸之以征夫的身份去谒见领军将军刘遵考，求补白丁队主。白丁，指没有功名或知识贫乏之人。刘禹锡《陋室铭》曰："谈笑有鸿儒，往来无白丁"最为世人闻知。"胡松领马军突其后，白丁无器杖，皆惊散。"[1] 出于李延寿《南史》载录的白丁，是临时征集的壮丁，作为后备补充。沈攸之敢于见主将，显示出胆气与志向。沈林子 13 岁遇家祸，18 岁从刘裕克京城，因功拜将封侯。沈攸之对其敬佩，也以其为楷模。

刘遵考为宋武帝刘裕从弟，宋文帝刘义隆的叔父，见沈攸之其貌不扬，个子矮小，哪里比得上"时年十八，身长七尺五寸"的沈林子，直言"相貌丑陋，不能当队长"而拒绝。沈攸之叹道："战国的孟尝君身高不过六尺，却为齐国宰相。如今选队长，上疆场从征运粮，还挑长相？"后来，沈攸之因平定刘子勋之功封贞阳县公，刘遵考为殿堂光禄大夫，沈攸之有意挑起话题，在宋明帝面前发问："貌丑之人，如今怎样？"宋明帝不知原委，出声询问。当得知真相后，大笑不已，对沈攸之越发重用。

不为领军将军刘遵考所用的沈攸之，随族叔沈庆之征讨。宋文帝元嘉二十九年征西阳蛮，始补队主，步入刘宋王朝。

> 新亭之战，身被重创，事宁，为太尉行参军，封平洛县五等侯。随府转大司马行参军。又随庆之征广陵，屡有功，被箭破骨。世祖以其善战，配以仇池步槊。事平，当加厚赏，为庆之所抑，迁太子旅贲中郎，攸之甚恨之。

同为"尚武"沈氏家族名将，孝武帝以善战，配以仇池步槊。仇池国是六朝氏人杨氏建立，在仇池山立国得名。刘裕北伐，仇池降附，收复了梁州。孙恩、卢循之乱，祸连 11 年，名将朱龄石所领将

---

① 李延寿：《南史》卷四五《王敬则传》，中华书局 1975 年版，第 1127 页。

士，多由归降胡人组建，善步槊，所向无不报捷。孝武帝以此装配沈攸之，有倚重之用。主帅沈庆之"所抑"，终不得意。到了前废帝时发生沈攸之下狠手毒死沈庆之事，事出有因，积怨太深。

沈攸之起于前废帝景和元年的沈庆之之死，官为孝武帝次子、豫章王刘子尚车骑中兵参军、直阁，与宗越、谭金等为前废帝所宠，大力诛戮朝臣诸公，连沈庆之满门之人、除了挥刀逃走的沈文季，多为其所诛，封东兴县侯，食邑五百户，寻迁右军将军，增邑百户。终于从殿堂难以露面中杀出，官东海太守，封侯位显。

前废帝反复无常，昏愦残暴，在后堂被杀。刘彧（439—472 年）为司徒，在建安王刘休仁拥戴下即位，称宋明帝。宗越、谭金等谋反，沈攸之复召入直阁。会四方叛乱，江州刺史晋安王刘子勋反，镇军长史邓琬谋主，雍州刺史袁顗帅众赴之。郢州刺史安陆王刘子绥、会稽太守浔阳王刘子房、临海王刘子顼并举兵。泰始二年（466 年）春正月，刘子勋（456—466 年）在浔阳即位。刘子勋是孝武帝第三子，年 10 岁。同月，"徐州刺史薛安都举兵反"。"徐州刺史申令孙、司州刺史庞孟虬、豫州刺史殷琰、青州刺史沈文秀、冀州刺史崔道固、湘州行事何慧文、广州刺史袁昙远、益州刺史萧惠开、梁州刺史柳元怙并同逆"[①]。

刘彧与刘休仁为宋文帝之子，刘子勋、子房、子顼为孝武帝之子。帝室叔侄间展开皇权之争。年长刘子勋 18 岁的宋明帝，使刘休仁都督南讨。反叛者已次近道，来到帝都的沈攸之，窥探出门道。附逆，事成不能为佐命之臣，况且孺子不能决断，遂跟定了宋明帝，为宁朔将军，据守虎槛。前锋有五军在虎槛，又有军队继至，各立姓号，一片混乱。认为这样是"取败之道"的沈攸之，不但越众而出，而且主动承担责任，内抚将士，外谐群帅，诸将倚赖。

刘子勋前锋钟冲之、薛常宝等逼近帝都，屯据赭圻。殷孝祖率军攻伐，中流矢身亡其军主范潜率 500 人投贼，人情震骇。刘休仁屯兵虎槛，总统众军，闻听殷孝祖死，遣宁朔将军江方兴、龙骧将军刘灵

---

① 李延寿：《南史》卷三《明帝本纪》，中华书局 1975 年版，第 78 页。

遗前行，两将虽然各率三千人赴赭圻，但行动迟疑。

> 四方并反，国家所保，无复百里之地。唯殷孝祖为朝廷所委赖，锋镝裁交，舆尸而反，文武丧气，朝野危心。事之济否？唯在明旦一战，战若不捷，则大事去矣。诘朝之事，诸人咸谓吾应统之，自卜懦薄，干略不及卿，今辄相推为统。但当相与戮力尔。

沈攸之对所倚赖诸将分析军情，认为殷孝祖既死，对方有骄兵之心，若不进攻取胜，难以平定，强调军政不一，必然导致兵败。同时，表明自己志向。异日，拼杀在前，在赭圻城外大破叛逆，乘胜猛追至姥山，分遣水军，再传捷报，攻下胡、白二城。

从中可以看到，沈攸之既通兵法战策，又尚武擅战，进号辅国将军，代督前锋诸军事。薛常宝在赭圻，粮草将尽，屯浓湖的主帅刘胡用袋盛米，捆于船腹，伪装覆船，顺风流下，以饷赭圻。沈攸之疑其有异，遣人取船，暗中详查，大得囊米。沈攸之的侄子沈怀宝，为刘子勋的将帅，遣杨公赞赍密书招诱沈攸之。沈攸之斩了杨公赞，把密书呈给宋明帝。攻下赭圻，宋明帝使其持节，督雍、梁、秦郢四州军事，为冠军将军、领宁蛮校尉、雍州刺史。

败退的雍州刺史袁顗，复率大众来入鹊尾，军主张兴世据钱溪。沈攸之率诸将攻浓湖，袁顗为迷惑对方，遣人大造声势。诸将闻听"钱溪已平"的传言，并惧。沈攸之细加斟酌后，认定有诈，勒马军前，号令悉力进攻，多所斩获。赭圻、浓湖相继平定。所弃资财，珍货殷积，诸军以强弱为多少，各竞收敛，唯沈攸之约勒所部，秋毫无犯。进平浔阳，迁中领军，封贞阳县公，食邑二千户。这是沈氏第二个封为公爵之人，与第一个封公爵的沈庆之相比，食邑少了一千户。

叛逆者皆诛杀，四方平定。北魏发大军向刘宋淮北之地进攻，沈攸之奉命前往，因米船在吕梁，虽遣军主王穆之去搬运，却被北魏打个措手不及。时值寒雪，缺衣少食，难以抗拒，留长水校尉王玄载守下邳，南还淮阴，被免官，以公爵领职。复求进讨，明帝不听，入朝面陈，又不许，自率人运米下邳，凿四周深堑，暗中做着准备。

泰始三年秋（467 年），宋明帝令进围彭城。沈攸之以清泗水源渐至枯竭，粮运不继，以为非宜。诏督责，奉旨进军。明帝反悔，追军令返。沈攸之还至下邳，陈显达于睢口为北魏所破，龙骧将军姜产之、司徒参军高遵世战死。北魏追击甚急，双方屡战，沈攸之被槊创，引军入陈显达营。当初，吴兴的丘幼弼、丘隆先、沈诞、沈荣守与吴郡的陆道量，以文记之才跟随。沈攸之再败，丘幼弼等皆陷没。至此，刘宋王朝淮河以北、黄河以南的五州之地没于北魏。

明帝泰始四年（468 年），沈攸之为吴兴太守，辞不拜，领太子中庶子。五年，出为持节、郢州刺史。为政刻暴，或鞭士大夫，佐属有忤意辄面加詈辱，将吏一人亡叛，同籍符伍充代者十余人。又晓达吏事，自强不息，士民畏惮，人莫敢欺。闻有虎，自围捕，往无不得。若逼暮不获，连夜围守，须晓自出。赋敛严苦，征发无度，缮治船舸，营造器甲。自至夏口，便有异图。明帝泰始六年（470 年），进监豫州之西阳、司州之义阳二郡军事，进号镇军将军。

二

沈攸之于宋明帝一朝位尊权重，封公爵，守重镇。明帝去世，沈攸之与蔡兴宗虽在外藩，同豫顾命，进号安西将军。巴西李承明乘帝位移交时，反叛朝廷，蜀地骚乱。沈攸之权行荆州事，率军既至，李承明闻声匿迹，境内告平。

沈攸之都督荆、湘、雍、益、梁、宁、南北秦八州诸军事、荆州刺史。居荆州要地，营造舟甲，日夜戒备，实力日强。明帝在位 7 年，太子刘昱（463—477 年）承位，年号元徽。新君虽年幼，却残忍嗜杀，又喜怒无常。有尚书令王粲、护军将军褚渊居朝辅政，内畏太后，外惮大臣，不敢放纵。13 岁加冠礼亲政，无所顾忌，无所遵奉。沈攸之与当朝执政沟通，忧虑重重。

宋文帝第十八子、江州刺史桂阳王刘休范，使道士陈公昭作天公书一函，题云"沈丞相"，送给沈攸之。沈攸之不开书，推为公事书文，送至朝廷。后废帝元徽二年（474 年），刘休范举兵袭京邑，沈攸之遣军主孙同、沈怀奥兴军前去，受郢州刺史晋熙王刘燮节度为朝廷出力。始过夏口，乱平。坐收渔利的沈攸之，号征西大将军、开府仪同三司。

沈攸之自擅阃外，朝廷疑惮，累欲征入，虑不受命。群公称皇太后令，遣中使抚问："久劳于外，宜还京辇，然任寄之重，换代殊为未易，还止之宜，一以相委。"用话相激，以观其意。

> 荷国重恩，名器至此，自惟凡陋，本无廊庙之姿。至如成防一蕃，扑讨蛮、蜒，可强充斯任。虽自上如此，岂敢厝心去留，归还之事，伏听朝旨。

沈攸之对答之言，意在声明：自己"荷国重恩"，成防是"扑讨"作乱的蛮族。激起事变，是朝廷内臣的不法行为。

台直阁臣高道庆家在江陵，牒其亲戚十余人，求官为州从事西曹。沈攸之虽给了情面，却因才能低下，仅用 3 人。高道庆大怒，帝都有"沈攸之聚众缮甲，奸逆不久爆发"的谣言，又密遣刺客，赍废帝手诏，以金饼赐沈攸之州府佐吏，了解行踪。刺客前来，却丢了自己的命。

废帝被杀，宋顺帝即位，沈攸之为东骑大将军、开府仪同三司，加班剑 20 人。遣沈攸之长子、司徒左长史沈元琰，赍废帝剟削之具到荆州相示。沈攸之对殿堂齐公萧道成专权不满，心腹相议，各有不同，事而不果。顺帝昇明元年（477 年）十一月，"荆州刺史沈攸之举兵，不从执政"①。沈攸之素蓄士马，资用丰积，有战士十万，铁马二千。遣使邀请雍州刺史张敬儿、梁州刺史范伯年、司州刺史姚道和、湘州行事庾佩玉、巴陵内史王文和等。张敬儿、王文和斩使驰表帝都，范伯年、姚道和、庾佩玉心怀两端。

十二月，沈攸之遣其辅国将军、中兵参军、督前锋军事孙同，率宁朔将军中兵参军武宝、龙骧将军骑兵参军朱君拔等攘兵东进。遣辅国将军中兵参军王灵秀、辅国将军中兵参军丁珍东，率宁朔将军中兵

---

① 李延寿：《南史》卷三《宋顺帝本纪》，中华书局 1975 年版，第 91 页。

参军王珍之、宁朔将军外兵参军杨景穆等，相继为后援。自率辅国将军兼司马武茂宗、辅国将军中兵参军沈韶、宁朔将军中兵参军皇甫贤、宁朔将军中兵参军胡钦之等接应。

齐王萧道成辅政，遣众军西去，声讨沈攸之"逆贼"无视社稷、不恭不虔、侮蔑朝廷、持疑两端、保护叛亡、无君凌上、违情背理的"九条"大逆之罪。这是出自萧道成之手的檄文，理解上应该有争权之嫌。沈攸之尽锐攻郢州，为自己辩白，载于《宋书》本传之言曰：

> 下官位重分陕，富兼金穴，子弟胜衣，爵命已及，亲党辨葆，抽序便加，耳倦弦歌，口厌粱肉，布衣若此，复欲何求？岂不知俯眉苟安，保养余齿，何为不计百口，甘冒危难。诚感历朝之遇，欲报之于皇家尔。昧理之徒，谓下官怀无厌之愿，既贯诚于白日，不复明心于殿下。若使天必丧道，忠节不立，政复阖门碎灭，百死无恨。但高祖王业艰难，太祖勤劳日昃，卜世不尽七百之期，宗社已成他人之有。家国之事，未审于圣心何如？

沈攸之遣中兵参军公孙方平率兵向武昌，建宁太守张谟率兵攻打，公孙方平败走。沈攸之攻郢城，日久不决，众心离沮。顺帝昇明二年（478年）正月十九日夜，天将破晓，沈攸之率大众过江，诸军走散。还向江陵的沈攸之，闻城已为雍州刺史张敬儿所据，无所归向，与第三子沈文和奔至华容界，败死。

沈攸之是"自经"而死，还是为他人斩首？说法有异。《宋书》本传言"为封人所斩送"外，《建康实录·宋下·顺帝》《资治通鉴·晋纪》《南史·宋本纪下》《南史·张敬儿传》《南齐书·沈文季传》《南齐书·高帝纪上》《南齐书·五行志一》《魏书·岛夷萧道成传》等文献，有不同载录。《张敬儿传》言："攸之于汤渚村自经死，居民送首荆州。"《高帝纪上》载："众溃，自经死，传首京邑。"《岛夷萧道成传》录曰："攸之至夏口，败走，与第三子中书郎太和（文和）单骑南奔华容县，俱自经死。"以沈氏文化世家"尚武"之传统与"节操"之品格，"自经"死是可信的。

昇明二年，还向江陵，未至，城已为雍州刺史张敬儿所据，无所归，乃与第三子中书侍郎文和至华容之赏头林，投州吏家。此吏尝为攸之所鞭，待攸之甚厚，不以往罚为怨，杀豚荐食。既而村人欲取之，攸之于栎林与文和俱自经死，村人斩首送之都。或割其腹，心有五窍。征西主簿苟昭先以家财葬攸之。

李延寿《南史·沈攸之传》载录败走至死的过程，有厚待者与用家财殓葬者，不经意间显现沈攸之处理政务赏罚分明的才能。

元徽中，童谣曰："襄阳白铜蹄，郎杀荆州儿。"后沈攸之反，雍州刺史张敬儿袭江陵，杀沈攸之子元琰等。

这是《南齐书·五行志一》所载，吴兴沈氏有"代代出公卿"的童谣，亦有公卿死于童谣。沈攸之贫贱时，与吴郡孙超之、全景文共乘小船，欲出京都，三人共上引埭，相面者有"君三人者，皆当至方伯"之言，沈攸之发出"岂有三人俱有此相"的疑问。相者解释说："骨法如此，若有不验，便是相书误耳。"沈攸之的外貌"形陋不堪"①。其后沈攸之为郢、荆二州刺史，孙超之为广州刺史，全景文为豫州刺史，也是为立功人物显赫家族的造势。

沈攸之继沈庆之后而死，沈庆之是死于同宗晚辈沈攸之之手，沈攸之是死于异姓权臣之手，立功显赫的沈氏人物相继死于非命，催发大姓世家"封侯之业，其在此乎"与"因时际会"的文化思考。后废帝元徽五年（477 年）七月，萧道成杀废帝立顺帝。沈攸之不甘附和，袁粲、刘秉等在朝大臣与其联络，欲改变时局，萧道成倾下游之力，与沈攸之对抗。李延寿《南史·沈攸之传》载："有素书十数行，常韬在两裆角，云是宋明帝与己约誓。又皇太后使至，赐攸之烛十挺，割之得太后手令，曰：'国家之事，一以委公。'明日，遂举

① 李延寿：《南史》卷三七《沈攸之传》，中华书局 1975 年版，第 965 页。

兵。"沈攸之于举数万兵马抗争萧道成，萧道成以齐代宋，沈攸之虽以失败告终，但就其地位与影响来说，成为干预当朝政治人物，把沈氏尚武风气推向极致。

第三节　沈文季华林省之死催发的文化思考

吴兴沈氏文化世家功至殿堂佐命，"尚武"荣耀莫过于南朝刘宋王朝。从武帝刘裕到明帝刘彧乃至王敬则以兵陈于顺帝朝堂，"逃于佛盖下，太后惧，自帅阉竖索，扶幸板舆"①。"愿后身世世勿复生帝王家"，② 不足 13 岁哭出东掖门的宋顺帝刘准之语，揭示出乱世政治的本质。或驰骋疆场北伐，或奉命戡乱平叛，爵封公侯者，自沈林子至沈演之、沈庆之，再至沈攸之，沈氏家族的名将重臣在刘宋王朝上，连绵叠至，功业赫赫。

刘宋帝室皇权乱世政治紧紧缠绕着沈氏家族，公侯门闾荣耀下有政治雾霾与心理阴影。雾霾阴影莫过于沈庆之被"赉药"毒死，一生比刘宋王朝四世六帝计 60 年还要多出十余年，恰与顺帝年岁相近。宋顺帝的绝望之语，最早出自宋孝武帝第八子新安王刘子鸾（456—465 年）之口，5 岁封王，8 岁为司徒，加中书令。前废帝刘子业即位，赐死，死前曰："愿身不复生王家。"③ 虽为弱者哀号，却道出权势下人性的丧失。在权力与利益面前，任何言语都是无力的。

沈文季能从父死的围捕中保全性命，却死于东昏侯萧宝卷的华林省。以"尚武"挥刀的沈文季，又以"风采秾岸，善于进止""善琵琶"得到齐武帝信任，声名显赫于齐永明年间，何以有"朝野冤之"不能善终的人生结局？其死催发的文化思考：鲜明地体现出受到王朝权力移祚更替而接连受到重创沈氏文化世家家风由剑锋向笔锋倾斜。

---

① 李延寿：《南史》卷三《宋顺帝本纪》，中华书局 1975 年版，第 92 页。

② 司马光：《资治通鉴》卷一二五《宋纪》，中华书局 1962 年版，第838 页。

③ 沈约：《宋书》卷八〇《孝武十四王传》，中华书局 1974 年版，第2057 页。

一

沈文季，字仲达。张西廷《湖州人物志》"沈文季条"考证，生于南朝宋文帝刘义隆元嘉十九年（442 年），卒于南齐东昏侯永元元年（499 年），享年 58 岁。上有长兄沈文叔，下有弱弟沈文耀。父亲沈庆之知名，是宋文帝诛杀领军将军刘湛时，此事发生于元嘉十七年，两年后，沈文季出生，沈庆之 56 岁。沈庆之被毒杀时年过八十，沈文季时年 23 岁。

已过天命之年生次子，对功业如日中天的沈庆之来说是大器晚成，正在为史称"永嘉之治"的宋文帝"平蛮"的南征北战。文献记载虽未提及如何诲导子侄儿孙，但后裔成才已见家风。孝建二年（455 年），杀了弑父"二凶"坐稳至尊之位的孝武帝，把沈庆之由初封南昌县公改封始兴郡公，赐鼓吹一部，开府仪同三司，起用其子，以"宽雅正直"为世人见知的沈文季，入朝为官。

> 孝建二年，起家主簿，征秘书郎。以庆之勋重，大明五年，封文季为山阳县五等伯。转太子舍人，新安王北中郎主簿，西阳王抚军功曹，江夏王太尉东曹掾，迁中书郎。

13 岁步入仕途，与三十未知名的沈庆之相比，早 17 年参与时政。殿堂之上，少年沈文季与"苍头公"沈庆之同朝称臣，是孝武帝主祚时的政治风景。大明四年（460 年），西阳五水蛮复为寇，侵城掠民，郡县骚乱。75 岁的沈庆之奉孝武帝诏命，前往征讨。每有攻城之战，沈庆之辄身先士卒。孝武帝特别告诫随行的沈文季："卿父统任，当令处分有方。切不可蒙楯城下，身受矢石。倘有伤挫，朝廷为损。父子上阵，务要护佑主帅。"

沈庆之为宋文帝以来几朝名将、老将，平蛮北伐，既稳定刘宋王朝江南区域的稳定，也使历经宋、齐、梁、陈四姓的南朝刘宋疆域最大，"天下七分，宋占其四"。"尚武"家族的沈庆之，功不可没。年近及冠的沈文季，与当年随宋武帝刘裕出征"绥略有方""战必有捷"沈林子年岁相仿。负有双重职责的沈文季，每遇阻挡，皆以家传《左氏春秋》为借鉴，说古论今。有意历练下一代，平西阳五水蛮经年的攻战中，沈庆之让有大将之用的从弟沈法系与儿子沈文季、侄子沈文秀等，直面战阵。大小交战十多次，获生口数万人，凯旋班师。大明五年（461 年），沈文季封为山阳县五等伯。

有伯爵之位，年已及冠的沈文季，到了婚娶之龄。文献典籍载记吴兴文化世家沈氏家族名人，从东汉初始迁武康的始祖沈戎，直到刘宋王朝末期的沈庆之，从未提及其配偶。沈文季的婚姻在《南齐书》的本传上，有着书写：

> 文季饮酒至五斗，妻王氏，王锡女，饮酒亦至三斗。文季与对饮竟日，而视事不废。

这里有两点值得注意：第一，沈文季娶的是琅邪王氏家族之女，夫妻举案齐眉，"对饮竟日"，关系平等和谐。第二，沈文季与王夫人不仅善饮酒，而且极有酒量，丈夫饮五斗，妻子饮三斗，"视事不废"，为政决断。

能与琅邪王氏家族联姻非等闲事。魏晋以来实行九品中正制，东晋有着严格限定，"咏絮才女"谢道韫嫁王羲之次子王凝之，是最典型的大姓联姻，侨姓间联姻，他人岂可插足？即便吴地旧姓"顾陆朱张"，也难与侨姓有姻亲。因时人"南玄不如北玄"之说，张氏家族的张玄之不服气，搬出妹妹助阵，时人请与谢、张两家有交往的济尼评价："王夫人神情散朗，故有林下之风；顾家妇清心玉映，自是闺房之秀。"[1] 林下之风是指谢道韫有散朗的气质和高超的谈玄才学，堪称女中名士。两女虽各有千秋，但风致仍停留在"闺房之秀"的张氏女，显然不及谢道韫。南朝刘宋末期，沈王联姻，说明吴地土著沈氏家族实力骤增，声望已经超过向为世人乐道的吴地四大姓与侨迁"王谢庾桓"四大姓。有妻族的光环，有家族的荣耀，再有本身的功

---

① 房玄龄等：《晋书》卷九六《王凝之妻谢氏传》，中华书局 1974 年版，第 2516 页。

绩与气质，沈文季仕途通畅，由太子舍人迁为中书郎。

大明八年（464 年）孝武帝死，太子承位，以宋武帝第五子、江夏王刘义恭（413—465 年）录尚书事，加骠骑大将军柳元景开府仪同三司。转年改元，称永光元年（465 年），八月，"自率宿卫兵诛太宰江夏王义恭、尚书令柳元景、左仆射颜师伯、廷尉刘德愿"①。凶悖日甚的前废帝，大杀先父的诸位重臣，改元为景和。

顾命大臣沈庆之尽言谏争，帝意不悦，内外忧危。沈文季担心祸降家门，但又无法劝谏父亲，请来新迁东莞东安二郡诸军事、建威将军、青州刺史从兄沈文秀。即将出镇、部曲驻屯白下的沈文秀，几次前往，苦劝伯父沈庆之。同宗兄弟二人，再三固请，终不见应。

> 庆之为景和所杀，兵仗围宅，收捕诸子。文季长兄文叔谓文季曰："我能死，尔能报。"遂自缢。文季挥刀驰马去，收者不敢追，遂得免。

明帝刘彧履至尊，改年号泰始。泰始二年（466 年）三月，沈文季得到起用，迁为太子刘昱右卫率，再为宁朔将军、广陵太守。转黄门郎，领长水校尉。沈文季仇怨在胸，殿堂宴会朝臣，庆贺赭圻告平之捷，以南台御史贺咸为柱下史，纠不醉者。因掩杀父亲及阖家仇人沈攸之在上座，且授权北伐，心中愤慨。善饮酒却不肯举杯，被驱下殿。

晋平王休祐为南徐州刺史，明帝问褚渊，须有干事人为其上佐，何者称职？褚渊举荐沈文季。转宁朔将军、骠骑长史、南东海太守。泰始七年，刘休祐被杀，虽用薨礼，僚佐多不敢至。得其信重的沈文季，独往墓举哀，遂出为临海太守。后废帝元徽初年，迁散骑常侍，领后军将军，转秘书监。出为吴兴太守。

后废帝被杀，领军将军萧道成奉太后命，迎 9 岁的安成王刘准为

---

① 李延寿：《南史》卷三《宋前废帝本纪》，中华书局 1975 年版，第 69 页。

顺帝。昇明元年（477年），居殿堂的萧道成与据守重镇的沈攸之反目。录尚书事的萧道成加沈文季为冠军将军，督吴兴、钱塘军事。

　　攸之先为景和衔使杀庆之。至是文季收杀攸之弟新安太守登之，诛其宗族。加持节，进号征虏将军，改封略阳县侯，邑千户。

萧子显《南齐书》本传载，沈攸之在江陵举兵，沈文季遂诛沈攸之之弟、新安太守沈登之，灭其宗族。持节进号，封略阳县侯，食邑千户。与刘宋王朝有杀父诛亲之恨的沈文季，效力萧道成。

二

　　昇明三年，宋顺帝有诏，封萧道成："相国，总百揆，封十郡为齐公，备九锡礼，加远游冠，位在诸侯王上。"① 中书令褚渊与领军尚书令袁粲，受宋明帝之命，入卫宫省。志在移祚的齐公萧道成，致书进行试探。褚渊、袁粲回书，明确表示："凡位居物首，功在众先，进退之宜，当与众共。苟殉独善，何以处物！受不自私，弥见至公，表里详究，无而后可。想体殊常，深思然纳。"② 萧道成得到称颂与支持，遂移祚受命，称齐高帝。

　　齐高帝建元元年（479年），沈文季为侍中，领秘书监。转太子萧赜的右卫率，改封西丰县侯，食邑一千二百户。在沈氏人物中，除了婚姻少见文献典籍载录外，其次就是人物的外貌。对外貌稍作描述的仅有沈林子与沈攸之，沈林子是"少有大度、身长七尺五寸"，沈攸之是"形陋"，不堪为白丁队主。沈文季形貌集文化世家名将之长，"风采秣岸，善于进止"。又善弹琵琶，风采出众。

　　褚渊（435—482年）年长沈文季7岁，当世贵望。父亲褚湛之尚宋武帝女始安哀公主，己尚宋文帝女南郡献公主。父亲去世，推财与弟，唯取书数千卷，袭爵都乡侯。美仪貌，善容止。每朝会，百僚

---

　　① 李延寿：《南史》卷四《齐太祖本纪》，中华书局 1975 年版，第103 页。

　　② 萧子显：《南齐书》卷二三《褚渊传》，中华书局 1972 年版，第 428 页。

远国之使，莫不延首目送。宋明帝尝叹曰："褚渊能迟行缓步，便持此得宰相矣。"① 齐武帝主祚，进位司徒。褚渊以门户之尊处处抑裁"尚武"的土著吴兴沈氏，沈文季不为之屈。太子在东宫，曲宴群臣数人，各使效伎艺。褚渊弹琵琶，王僧虔弹琴，沈文季歌《子夜》，张敬儿舞。沈文季歌《子夜》，显现出文学才华。

> 世祖在东宫，于玄圃宴会朝臣。文季数举酒劝渊，渊甚不平，启世祖曰："沈文季谓渊经为其郡，数加渊酒。"文季曰："惟桑与梓，必恭敬止。岂如明府亡国失土，不识枌榆。"遂言及虏动，渊曰："陈显达、沈文季当今将略，足委以边事。"文季讳称将门，因是发怒，启世祖曰："褚渊自谓是忠臣，未知身死之日，何面目见宋明帝？"世祖笑曰："沈率醉也。"

太子即位称齐武帝，齐武帝永明元年（483 年），沈文季出为左将军、吴郡太守，迁会稽太守。发兵相助朝廷平唐宇之乱，转都官尚书。出为持节、郢州刺史，还为散骑常侍、领军将军。武帝谓文季曰："南士无仆射，多历年所。"沈文季对曰："南风不竞，非复一日。"发言有辞采，当世称其应对。尤善簺及弹棋，簺用五子。迁金紫光禄大夫，加亲信二十人。以家为府，励精图治。

齐武帝去世，帝室内讧，郁林王萧昭业被废，海陵恭王萧昭文亦被废。齐明帝萧鸾即位，改元建武。建武二年（495 年），北虏寇寿春，数遣轻兵袭击，豫州刺史难以固守，告急朝廷。齐明帝深以为忧，诏沈文季领兵镇寿春。沈文季入城，阻止游兵，洞开城门，严加备守。北虏素知沈氏"尚武"，无懈可击，退兵而去，百姓无所伤

---

① 萧子显：《南齐书》卷二三《褚渊传》，中华书局 1972 年校点本，第428 页。

损。沈文季回朝，增封为一千九百户，加护军将军。

齐明帝死，萧宝卷主祚改元。永元元年（499 年），沈文季为左仆射，与尚书令徐孝嗣守卫宫城，戎服共坐南掖门上。东昏侯行杀戮，徐孝嗣深怀忧虑，欲与其论世事，辄引以他辞，终不得及。事平，加镇军将军，置府。

> 文季见世方昏乱，托以老疾，不豫朝机。兄子昭略谓文季曰："阿父年六十为员外仆射，欲求自免，岂可得乎？"文季笑而不答。同孝嗣被害。其日先被召见，文季知败，举动如常，登车顾曰："此行恐往而不反也。"于华林省死，时年五十八。朝野冤之。中兴元年，赠侍中、司空，谥忠宪。

东昏侯诏命，沈文季知其来意，举动如常，死于华林省，朝野为其呼冤。沈庆之死于刘宋王朝，沈文季死于萧齐王朝。父子不得善终，皆为昏君残暴所害。接连重创的深层文化思考，沈氏家风由尚武立功的剑锋转向好文的笔锋。

第五章

沈氏学者名人著述丰润着世家文化

开筵临桂水，携手望桃源。花落圆文出，风急细流翻。

光浮动岸影，浪息累沙痕。沧波自可悦，濯缨何用论。

沈君攸《赋得临水诗》

小　序

　　这是沈君攸宴饮时面对溪流丽景有感而发的五言诗，诗中"花落""光浮"的生动描写，是陶渊明"桃花源"的理想折射。"沧浪之水"典故的运用，呼应着赋诗的动机。"写到的溪水、桃花，场景的确类似于《桃花源记》中描写的渔人尚未找到桃源洞口前的情形。"① 作为"尚武"为主嬗变"崇文"为主文化世家后裔，何以有避世之思？官散骑常侍的西梁之臣，所奉之主称臣异族，"博学有辞采"② 的沈君攸，感慨犹疑。

　　太清三年（549 年）侯景之乱，梁武帝饿死台城，梁简文帝被杀，江陵自立的梁元帝，承圣三年（554 年）亦被杀，西魏立萧詧为皇帝，史称"西梁"。萧詧虽为帝室之裔，却是西魏扶持下的小朝廷。王僧辩立北齐扶植的贞阳侯萧渊明为帝，陈霸先杀王僧辩及萧渊明，立萧方智为梁敬帝。梁敬帝太平二年（557 年），陈霸先

---

①　刘志庆：《〈桃花源记〉在南北朝的接受与传播》，《铜仁学院学报》2014 年第 1 期。

②　令狐德棻：《周书》卷四〇《沈君游传》，中华书局 1974 年版，第834 页。

代梁自立，称陈武帝。西魏亦亡，宇文护立北周，西梁亦听命于北周。江南主祀者虽移姓，帝都仍在建康，宗庙仍在吴兴郡，父亲沈巡与陈朝皇帝友善，兄弟沈君严、沈君高等出仕陈朝，沈君理妻会稽长公主，沈氏与帝室结亲，此为首例。六朝沈氏以"尚武"扬名以来，奉诏命皆在建康。苦闷与抑郁只能寄予诗中，用典故舒缓心中的积郁与人格的高洁。其诗有美景的细致描写，有不着痕迹淡泊隐逸的志趣表露，精巧的对仗，四句的换韵，显现出诗歌创作的艺术魅力，显现品格的高尚。

这正是沈氏文化世家学识的厚重与深邃。沈充、沈林子、沈演之等，"尚武"建功通晓《左氏春秋》；沈约、沈炯、沈满愿等，兼擅各体文学创作独树一帜；沈道虔、沈浚、沈重、沈文阿、沈不害等，修身养性，注疏经义为儒学宗师。"织帘先生"的沈麟士为家族最长寿之人，拒绝刘宋、萧齐王朝之请，以"英风凤挺，峻节早树"的品格表率与著注儒学经典数十卷，丰润着吴兴沈氏世家文化。

第一节　沈道虔弥补着"尚武"家风的缺憾

以儒学友悌孝道为世称誉的沈氏名人，有沈道虔、沈伯玉、沈炯等。或自己吃苦受累，也要尽全力友悌手足；或与母相依为命，为报答养育之恩放弃荣华尽孝慈亲前。虽然没有名将"披锐摧阵"与"爵封"开府重臣那样光宗耀祖，却用自己"仁爱"孝道的传统文化精华，弥补雄豪"尚武"出现悖忤儒学内涵世家文化的缺憾。

一

沈道虔生年无载录，沈约《宋书》本传言："元嘉二十六年（449 年），卒，时年八十二。"元嘉为宋文帝刘义隆年号，湖州学者张西廷由此推论考证，其生年当为晋废帝海西公太和三年（368 年），历经东晋、刘宋两朝。

李延寿《南史·沈麟士传》曰："吴兴武康人也，祖膺期，晋太中大夫。父虔之，宋乐安令。"又言："宋元嘉末，文帝令仆射何尚之抄撰五经，访举学士，县以麟士应选。"① 此时的沈麟士居丧尽礼，织帘诵书。家境与沈道虔相似，意趣相同相扶持。

> 少仁爱，好《老》《易》，居县北石山下。孙恩乱后饥荒，县令庾肃之迎出县南废头里，为立小宅，临溪，有山水之玩。时复还石山精庐，与诸孤兄子共釜庾之资，困不改节。受琴于戴逵，王敬弘深敬之。郡州府凡十二命，皆不就。

孙恩之乱，家园遭到毁坏，同宗沈浒后裔、沈警父子六人丢了性命，沈穆夫幸存的沈渊子、沈云子、沈田子、沈林子、沈虔之五兄弟与同族沈预的生死冲突。在家事、国事皆令人痛惜中，沈虔之的学识、才艺与"仁爱"，受到庾肃之、王敬弘的敬重，得到帮助。

沈约《宋书》本传载，沈道虔有子沈慧锋，修父业，朝廷辟从事，皆不就。李延寿《南史》载，沈麟士有子沈彝，奉父命守业行事。沈道虔父亲沈发，为沈充曾孙，沈劲之孙，官散骑常侍。同支同宗兄弟子弟沈膺期、沈叔任、沈庆之、沈虔之、沈劭之、沈演之等，皆在朝居官。沈道虔却与诸孤兄子一起用庾县令送来的资助，父辈早逝，居住先祖之宅石山精庐，共度艰难岁月。

沈道虔向"琴书自娱"、拒绝晋孝武帝累"敦逼"② 不就、隐居山中的戴逵学琴。艺成归乡，孙恩乱后饥荒，县令庾肃之修建别院居住，可观赏山水景物。沈道虔感谢县令敬贤之意，入住进去，却经常还石山，与诸孤兄子"共釜"，苦中求乐，困不改节。

名裕的王敬弘（360—447 年）为琅邪王氏后裔，因名与刘宋开国皇帝刘裕讳同，故称字。祖父王胡之为司州刺史，与谢太傅有着诗歌赠答。王敬弘性恬静，乐山水。为黄门侍郎，出为吴兴太守。刘宋王朝时，由宋武帝的吏部尚书至宋文帝的左光禄大夫、开府仪同三

---

① 李延寿：《南史》卷七五《沈麟士传》，中华书局 1975 年版，第 1890 页。

② 房玄龄等：《晋书》卷九四《戴逵传》，中华书局 1974 年版，第 2457 页。

司。位高权重而有同好的王敬弘，对比自己小数岁的沈虔之满怀敬意。"郡州府凡十二命"的任职，王敬弘是付出了极尽心意的努力。

> 有人窃其园菜者，还见之，乃自逃隐，待窃者取足去后乃出。人拔其屋后笋，令人止之，曰："惜此笋欲令成林，更有佳者相与。"乃令人买大笋送与之。盗者惭不取，道虔使置其门内而还。

血脉同支"共釜"，困不改节，对异姓贫困者也以仁爱之心来感化。收集野地稻穗自资的沈道虔，因同拾者为稻穗大打出手，劝阻无效，把自己拾来的全部拿出，送给双方。争者惭愧不已，后来每有争吵，辄云："千万不要让居士知道。"沈道虔以自己的"仁爱"品行，感染着世人，扭转着世风。

隆冬腊月，沈道虔仍着单衣。戴逵之子戴颙闻听后，亲迎到家，做了新衣服，并与钱一万。沈道虔还家后脱下新厚衣，拿出所有，送给族中无衣的子侄。乡人敬服，相率来求学。沈道虔没有条件收徒，武康县令孔欣之厚相资给。前来受业之人，都能有所成。

宋文帝赐钱三万，米二百斛，皆用来帮助失去父辈关爱的兄长子女成家。"仁爱"贤名在外，朝廷征其为员外散骑侍郎，不就。沈家累世事佛，沈道虔把父祖旧宅改建为佛寺。每到农历四月初日，请出父祖神像祭祀。请像之日，举家感恸。沈道虔年老，生存所用难以保障，但琴书为乐，孜孜不倦。宋文帝手敕所在郡县之令，随时资给。

在沈道虔的影响下，年十一的族子沈演之折节好学，虽家世为将，却读《老子》日百遍，以义理知名。其子沈勃，"好为文章，善弹琴，能围棋"。家世为将"好学"，在《周易》和道家《老子》、《庄子》等经典上，形成重经典大义"仁爱"的文化世家特征。

二

沈道虔以"仁爱"呵护子侄，阐释着儒学的内涵，彰显金戈铁马"尚武"家风"好学"的"多才艺"，沈伯玉、沈约、沈炯、沈崇傃等则是用自己的举动践行着孝道，释放着传统文化的精华，凸显

"尚武""崇文"家风嬗变的人格修养。彼此烘托，红花绿叶，体现出沈氏世家文化底蕴的丰厚。

沈伯玉（419—475 年），字德润，宋孝武帝时为句容、余姚县令。有"能吏"之名，出任晋安王刘子勋的前军行参军。前废帝永光元年（465 年），江州刺史晋安王于江陵称帝，封沈伯玉为中书侍郎。刘子勋败死，沈伯玉获罪入狱，悟透朝堂政治的残酷。出狱后虽任南台御史、武陵国詹事等要职，以"母老"奉养为托辞，解职还乡。晨叩晚拜，让慈亲享受到乱世之中子承其膝下之乐。

沈约 13 而孤，"流寓孤贫，笃志好学，昼夜不倦。母恐其以劳生疾，常遣减油灭火"。家门负罪，孤贫中潜窜奔逃，成全"笃志好学"心愿，成为"一代宗师"，母亲艰难付出不言而喻。沈约对母亲极尽孝道，不仅使年轻守寡的母亲尽享天伦之乐，而且于天监元年（502 年）被梁武帝封为建昌国太夫人。这是吴兴文化世家沈氏至萧梁朝以前为止的唯一有封号的女性，此年沈约 62 岁，从去世父亲的年龄推知为 88 岁，已是"耄耋之年"。丈夫遭难 49 年的漫长岁月，是儿子的孝道与承继家风的成就，让母亲心情愉悦地在刘宋、萧齐与萧梁王朝的更替中，安然度过。天监二年（503 年）病逝。

沈炯在萧梁末期动乱之际，妻儿被侯景惨杀，弟携老母潜逃。荆州被西魏攻陷，沈炯虏至北地，因老母飘零江南，不为魏人授官仪同三司所动，直笔上《表》，奏思念老母回归之意。侥幸归来，陈武帝加官通直散骑常侍，格外重用。沈炯因母老体衰，再上表请归养，诏不许。陈文帝嗣位，又上表，以"臣母姜刘，今年八十有一。臣叔母姜丘，七十有五，臣门弟侄故自无人，姜丘儿孙又久亡泯，两家侍养，余臣一人"，而臣"年近六十"，每跪读家书，"先惧后喜"的真情，感动了陈文帝，让其还家，一来尽孝，二来"欲宠贵之"。① 辗转乱世的沈炯，文才出众，却不为富贵所诱惑，心中始终牵挂着老母，尽孝叔母。

沈崇傃又不同于沈道虔、沈约与沈炯。父亲沈怀明官刘宋王朝兖

---

① 姚思廉：《陈书》卷一九《沈炯传》，中华书局 1972 年版，第 253 页。

州刺史,因沈怀文、沈怀远在孝武帝、前废帝时"负罪"离世,忧思过度而去。6 岁的沈崇傃突然失去呵护自己的长辈,日夜悲泣,哭踊过礼。母子相互慰藉,走出失去亲人的痛苦阴影。为减轻负担,也为让自己能有所成,沈崇傃步行出远门购书,一边读书求大义,一边沿街贩卖,以微薄之利来养家。家贫,母亲没有吃饭,沈崇傃决不端碗。母亲操持家务没有睡下,沈崇傃决不熄灯。

梁武帝天监二年,吴兴太守柳恽闻听沈崇傃之名,特意派人前往,辟为主簿。母亲的极力催促,沈崇傃只得听命出行,来到郡府。得到郡守妥善安排的沈崇傃,谢过郡守的好意,请假还迎母亲。没想到自儿子离开后,母亲便染病不起。为了儿子仕途,坚决不让族人报信。路上听闻母亲病重的沈崇傃,虽然马不停蹄地急奔,还是晚了一步。

> 崇傃以不及侍疾,将欲致死,水浆不入口,昼夜号哭,旬日殆将绝气。兄弟谓之曰:"殡葬未申,遽自毁灭,非全孝之道也。"崇傃之瘗所,不避雨雪,倚坟哀恸。每夜恒有猛兽来望之,有声状如叹息者。①

姚思廉《梁书》本传载,沈崇傃因没有侍疾母亲病榻前,没有见上最后一面,悲痛欲死。因家无积蓄,不能把父母迁厝合葬,外出筹钱,经年而回,依礼安葬。自责初行丧礼不备,葬后必须行服三年,遂墓地搭起草庐,素食淡饭,日夜陪伴。

沈崇傃的孝行无人不晓,郡县举至孝。梁武帝遣中书舍人前去抚慰加勉,诏令释服,擢补太子洗马,旌表沈氏门闾。沈崇傃奉诏释服,涕泣如居丧。固辞不受官,朝廷再三敦促,遂为永宁令。赴任的沈崇傃因禄不及养,母亲没有看到自己给家门带来的荣耀,哀思不自堪。赴任路上病逝,嘱咐随行人,归葬母亲墓旁,生死

---

① 李延寿:《南史·孝义下·沈崇傃传》卷七四,中华书局 1975 年版,第 1838 页。

相依。

第二节　沈麟士把文化世家向学之风推到极致

沈麟士（419—503 年）是隐士、奇士，更是有着重大影响的学者。萧子显《南齐书》与李延寿《南史》传记，均有具体的载录，列入《高逸传》中。其名有"骥""麟"两种写法，自《南史》问世，皆为麒麟之"麟"。麒麟为中国传统文化中的瑞兽。或以为麒麟出没处必有祥瑞，"麟凤龟龙，谓之四灵"①。鲁哀公十四年，鲁国猎获麒麟，正在作《春秋》的孔子遂罢笔。麒麟，或用来比喻才能杰出、德才兼备之人。吴地四姓的东吴临海太守顾相之孙顾和，二岁丧父，努力进取，攻读坟典，总角有清操，吴国丞相顾雍曰："此吾家麒麟，兴吾宗者，必此子也。"② 顾和为东晋重臣，荣耀着顾氏门楣。后世皆以此义称誉沈麟士，可见在"尚武"立功"崇文"立言上另辟新路，以儒学经义丰润着吴兴沈氏世家文化。

一

沈麟士，字云祯。祖父沈膺期为东晋太中大夫，父亲沈虔之为南朝刘宋王朝的乐安令。生于晋恭帝元熙元年（419 年），卒于梁武帝天监二年（503 年），享年 85 岁（《南齐书》言 86 岁），是吴兴沈氏家族年寿最长之人。伯父沈庆之，宋孝武帝封南昌县公，宋明帝追赠侍中、司空，谥襄公，去世时 80 岁。沈麟士高出位尊权重"尚武"立功的伯父 5 岁，晚年居家，自然寿终。这比赐毒酒不肯饮、蒙被捂死的沈庆之，幸运又幸福。

幼而俊敏的沈麟士，年 7 岁，与众人一起听叔父沈岳讲玄学。宾客散去，他立足堂下，复述所讲，言无所遗。沈岳大惊，抚肩鼓励：若斯文不绝，其在尔乎？受到鼓励与悉心诲导，越发向学。及冠之

---

① 孔颖达：《十三经注疏·礼记·礼运第九》，中华书局影印 1979 年版，第 1422 页。

② 房玄龄等：《晋书》卷八三《顾和传》，中华书局 1974 年版，第 2163 页。

年，博通经史，有高尚之心。双亲亡故，居丧尽礼。三年服阕虽过，可每至忌日，辄流泪弥旬，墓地祭扫，缅怀亲恩。

父亲去世，断了经济来源，加之社会动荡，家境日益衰落。沈麟士家贫，向学之志不减，织帘诵书，维持生计，号"织帘先生"。

> 尝为人作竹误伤手，便流泪而还。同作者谓曰："此不足损，何至涕零。"答曰："此本不痛，但遗体毁伤，感而悲耳。"尝行路，邻人认其所着屐，麟士曰："是卿屐邪?"即跣而反。邻人得屐，送前者还之，麟士曰："非卿屐邪?"笑而受之。

李延寿《南史·隐逸下》载录沈麟士的两件事，既表明其守礼行孝，也表明以自己的品行，改变着乱世中的世俗风气。

以"元嘉"称年号在位30年的宋文帝，是南朝版土最大、国势最为强盛的时期。兴学尚儒的宋文帝，令尚书左仆射何尚之抄撰"五经"。何尚之访举学士，乌程县以沈麟士应选。沈麟士来到帝都，非为官职，一是苦于家里无书，局限知识视野的开阔。二是无资产抚养兄长孤儿。谈起经书文献、版本流传的博大内容，条理清晰，日夜不倦。何尚之深相敬重，礼遇有加，对其子何偃曰："山薮故多奇士，沈麟士、黄叔度之流也，岂可澄清淆浊邪。汝师之。"

被朝廷重臣尊为"奇士"的沈麟士，利用抄撰之便，夜以继日，遍观皇家藏书。典籍已阅，遂称疾离京，回到故乡，不与帝都人物相识沟通。养孤兄子，义著乡曲。惜其才学，时人纷纷相劝，请他出仕，沈麟士答曰：

> 鱼县兽槛，天下一契。圣人玄悟，所以每履吉先。吾诚未能景行坐忘，何为不希企日损。

所答之言，有着陶渊明《归园田居》诗"羁鸟恋旧林，池鱼思故渊"的"性本爱丘山"的感悟，遂作《玄散赋》，以绝仕途，鲜明地表达自己的人生态度：淡泊度日，不求富贵显达。

会稽郡大姓孔氏、于吴兴郡为太守的孔山士，召请不应。同宗的徐州刺史沈昙庆与侍中沈怀文，还有左率沈勃等，祭祖前来，富贵荣华，引得里县乡人前来观看，赞叹羡慕。沈麟士粗茶接待，对其举荐没有任何回答。隐居余不乡的吴差山，讲经教授，从学之士数十百人。各自营建屋宇，依止草庐两侧，连连绵绵，一片兴旺气象。时语诵之曰："吴差山中有贤士，开门教授居成市。"沈麟士尊重西晋以"文"享誉当时的陆机连珠之作，每为诸生讲解。

征北将军张永出为吴兴郡守，请沈麟士入郡。沈麟士听说郡府后堂有山水美景，是戴安道游吴兴因古墓之地势筑为山池。雅士逸闻，文人墨宝，欲要观赏，应命而来，交谈甚欢。住了数月，尽已领略。张永打算请其为郡府功曹，沈麟士作《答张永使者辞功曹》，曰：

> 明府德履冲素，留心山谷，是以被褐负杖，忘其疲病。必欲饰浑沌以蛾眉，冠越客于文冕，走虽不敏，请附高节，有蹈东海死耳，不忍受此黔劓。

官府召不来，朝廷诏命又如何？宋前废帝永光元年间，征为奉朝请，不就。南齐武帝永明六年（488 年），吏部郎沈渊、中书郎沈约又上表推荐，朝廷征为太学博士；齐明帝建武二年（495 年）征著作郎；南齐东昏侯永元二年（500 年）征太子舍人，皆不就。

沈麟士安贫乐道，笃学为务，守操终老，读书不倦。家遭大火，苦心经营搜集而来的数千卷书，多付之一炬。时年已过八十的沈麟士，痛心之余，举笔抄写，终日不辍，复成数千卷，满数十箧。为此作《黑蝶赋》，寄托自己书被焚的哀痛之情与喜书好学之意。

素闻沈麟士贤德大名的梁武帝，建祚之初，虽是诸事纷杂，仍以请沈麟士出山为首务。天监元年，与何尚之之孙、隐士何点同时公车征诏，仍不就。转年染疾，以简葬的皇甫谧深达生死、终礼矫俗为楷模，自为终制，遗令曰：

> 气绝剔被，取三幅布以覆尸。及敛，仍移布于尸下，以为敛

服。反被左右两际以周上，不复制覆被。不须沐浴唅珠。以本裙衫、先著裈，凡二服，上加单衣幅巾履枕，棺中唯此。依士安用孝经。既殡不复立灵座，四节及祥，权铺席于地，以设玄酒之奠。人家相承漆棺，今不复尔。亦不须旐。成服后即葬，作冢令小，后祔更作小冢于滨。合葬非古也。冢不须聚土成坟，使上与地平。王祥终制亦尔。葬不须软车、灵舫、魌头也。不得朝夕下食。祭奠之法，至于葬，唯清水一杯。

谆谆告诫沈彝，简葬为要。写出遗嘱的沈麟士，安然逝去。前来送葬的州乡之人，无不敬服称叹。吴地顾、陆、朱、张四大姓中的陆惠晓、张融，皆为之诔，颂其品格，扬其学术。

二

在沈麟士85岁的人生中，经历刘宋、萧齐、萧梁三个王朝。倘若出仕，无论是门第宗惠，还是个人才华声望，皆可坐享荣华，拥有物产财富，何至织帘生计、负薪汲水？

尤其宋文帝年间，是南朝以来最稳定时期。沈约于齐武帝永明六年奉命撰《宋书》，用史臣的见识评价说："太祖幼年特秀，顾无保傅之严，而天授和敏之姿，自禀君人之德。及正位南面，历年长久，纲维备举，条禁明密，罚有恒科，爵无滥品。故能内清外晏，四海谧如也。昔汉氏东京常称建武、永平故事，自兹厥后，亦每以元嘉为言，斯固盛矣。"这也是沈氏文化世家功业最辉煌时期，沈庆之、沈演之乃至沈昙庆、沈怀文、沈勃等，爵封公、侯，家门无比荣耀。正当而立之年的沈麟士，不为任何官位所动摇，不为世人引为荣耀、梦寐以求的富贵荣华所诱惑，真情付出地扶持孤兄弱子，用自己"向文好书"的行动与淡泊功名的品格，为家族赢得更为响亮的声誉。

高卧不起、名重江表的沈麟士，勤勉好学，精于礼传，品格表率如何？齐武帝永明年间，是南齐王朝经济文化最繁盛时期。永明六年，吏部郎沈渊、中书郎沈约，表荐其义行，曰：

吴兴沈麟士，英风凤挺，峻节早树，贞粹禀于天然，综博生乎笃习。家世孤贫，藜藿不给，怀书而耕，白首无倦，挟琴采薪，行歌不辍。长兄早卒，孤侄数四，摄衽鞠稚，吞苦推甘。年逾七十，业行无改。元嘉以来，聘召仍叠。玉质逾洁，霜操日严。若使闻政王庭，服道槐掖，必能孚朝规于边鄙，播圣泽于荒垂。

既言沈麟士"怀书而耕，白首无倦，挟琴采薪，行歌不辍"的生活轨迹，更言"英风凤挺，峻节早树，玉质逾洁，霜操日严"的高尚品格。面对亲情盛请、朝廷诏命，作《与沈约书辞表荐》，曰：

名者实之宝，本所不庶。中央无心，空勤南北。为惠反凶，将在于斯。

表明自己对"名""实"的态度，志不在名，而在于实。所言之实就是：无所营求，笃学为务，操守终老。著有《周易两系训注》《庄子内篇训注》和《丧服经传义疏》，以及《易经》《礼记》《春秋》《尚书》《论语》《孝经》《丧服》《老子》等要略数十卷。

年寿至高的沈麟士，著注的经典可分诸子之书与儒学两大类。就诸子之书来说，是《老子》《庄子》的道家思想，也有《论语》的仁者爱人的儒学思想，这与其隐逸不出、楷模世间的志趣趋同。一类是经学，丧服为仪礼的内容，礼含《周礼》《仪礼》与《礼记》，《尚书》《易经》《春秋》与"礼"是汉代所立经学。"五经"之中，沈麟士注目的是文，以文的经典大义注疏阐释诲导家人、族人、邻里乡亲，甚至是自己建屋居侧成市的求学者。陶渊明"种豆南山下"，以躬耕与田园诗抗争浊世，沈麟士则以自身品格与经典大义冲洗世人灵魂。这为唐代儒释道思想并行打下了基础，更为"十三经"立世创造了条件。惜其所著均佚，原貌不可见，今仅存《与沈约书辞表荐》《答张永使者辞功曹》与《沈氏述祖德碑》3篇文章。

唐代在湖州为刺史的颜真卿，在所著《颜鲁公集》中保留着特为沈麟士《沈氏述祖德碑》而撰《吴兴沈氏祖德碑阴记》之文：

南齐征士吴兴沈君麟士，郡人也。蕴道德，晦于邑之余不溪。家贫无资，以织帘为业。时人号为织帘先生。精于礼传，尝自训诂。宗人吏部郎中渊、中书郎约累荐，征为著作郎。高卧不起，名重江表。临终遗教，依皇甫元晏棺中贮《孝经》一卷，穿扩三尺，置棺平土，不设几位，四时席地，元酒而奠。子彝，奉而行之。吴郡陆惠晓、张融皆为之诔。

征士尝制《述祖德碑》立于金鹅山之先茔。年月辽远，风雨蠹蚀，朽字残文，翳而莫分。乾元中为盗火所袭，碑首毁裂，嶔然将堕。过江二十叶孙御史中丞震，移牒郡国，请其封葺，或属兵凶，旷而莫修。忽有朴树生于龟腹，盘根抱趾，耸干夹碑。嶷如工造，郁若神化，欹者复正。危而再坚。夫德无名，遇贤而锺祥。神无质，假物以申应。沈氏积行既远，征士植德弥深，天将兴旧族乎？吾知沈之复大也，权检校宗事十九叶孙前太庙斋郎怡拜泣松槚，增修旧茔，感先碑之陨覆，惧遗文之残阙。乃具他石，传而贰焉。崇其本，所以尊先也；建其新，所以嗣德也。以真卿江南婚姻之旧、中外伯仲之穆，谬忝邦刺，见托斯文，刊诸碑阴，以传不朽。因名其树为庆树，以旌其美。沈氏之故事，具于家牒，今阙而不纪。时有唐大历八年冬十二月也。

作于唐代宗大历八年（773 年）的颜真卿之文，既述沈麟士名重江左的"精于礼传"盛誉，也述其所制沈氏祖德碑之文与竖碑后的岁月经历，以及自己"见托斯文，刊诸碑阴，以传不朽"的原因，从而体现出沈麟士对家族的贡献影响。

沈麟士注重文化的积累和传承，居家虽贫，藏书却是甚丰。书籍是最重要的文化资源，沈麟士藏书如此之丰，这对沈氏家族的文化教育具有很大的促进作用。从著述情况来看，沈麟士的经学研究表现出儒、玄相参齐修的特征，这与南朝的主流学风相契合，说明沈氏家族入宋后意欲取法高门世族的文化习尚，冀望子孙以此振兴家门，"斯文不绝"。沈麟士隐居不出，开门教弟子，对沈氏家族、对时代而言，既是杰出的学者，更将吴兴沈氏文化世家向学之风推到极致。

第三节　学者名人注疏经义丰润着世家文化

沈氏文化世家注疏经义，前后相承的学者名人众多，对经义的崇尚分为两种类型：一种以沈道虔、沈伯玉、沈约、沈炯等代表，喜读《老子》《易经》而孝母；一种以沈麟士为代表，依礼隐居讲经闻名。融其为一体的沈峻，弘扬光大。家族学者名人对经典大义的注疏，不仅使亲身受诲的沈峻博通"五经"，而且熏陶着沈宏、沈不害、沈文阿、沈重等，越发重经释义，既以博学出仕殿堂为经学博士，也以丰富的经典注疏让朝野受益，并远至北朝，惠泽天下。

—

晚于沈麟士早于沈峻的沈氏文化世家治经业者是沈宏，梁武帝天监初期为五经博士，有《春秋经解》6卷，《春秋文苑》6卷，《春秋嘉语》6卷与《春秋五辨》2卷，今仅存《答释法云书难范缜神灭论》1文。沈宏围绕"春秋"所作的大义阐发，启迪着沈峻。

沈峻，字士嵩，生卒年不可确考，从吏部郎陆倕推荐看，生年当在南齐时，主要活动梁武帝的天监与普通年号时。陆倕（470—526年）于梁武帝天监初年为安成王主簿，时有"沈诗任笔"的任昉，与沈约齐名。迁骠骑临川王（萧宏）东曹掾，梁武帝曾与其在南齐永明时同为"竟陵八友"，雅爱倕才，敕撰《新漏刻铭》，文甚美。"迁太子庶子、国子博士，给事中黄门郎，扬州别驾从事史，以疾陈解，迁为鸿胪卿，入为吏郎，参选事……普通七年，卒。"① 陆倕为吏部郎，在梁武帝天监（502—519年）年间。中书舍人贺琛奉敕撰梁官，启沈峻补西省学士，助撰录。"刺史临川王辟为从事史。琛始出都，高祖闻其学术，召见文德殿，与语悦之，谓仆射徐勉曰：'琛殊有业。'仍补王国侍郎，俄兼太学博士，稍迁中卫参军事、尚书

---

①　姚思廉：《梁书》卷二七《陆倕传》，中华书局 1975 年版，第 401 页。

通事舍人，参礼仪事。"① 普通是梁武帝第二个年号（520—527 年），共 8 年时间。为撰《梁官》一书竭尽全力的沈峻，由入兼中书通事舍人之职，出为故乡的武康令，卒于官。

"家世农夫，至峻好学，与舅太史叔明师事宗人沈麟士，在门下积年，昼夜自课，时或睡寐，辄以杖自击，其笃志如此。麟士卒后，乃出都，遍游讲肆，遂博通《五经》，尤长《三礼》。"② 出身务农之家的沈峻，受到沈麟士高洁品格与经学大义的感染，以虔诚向学的"师事"态度，随其攻读。除了与众人一起受业外，常自夜课，困倦欲睡，不仅学古人苏秦"锥刺骨"的精神，而且"以杖自击"，肉体的痛感让人清醒。积年是有相当的岁月，在 85 岁的老师去世后，为了增长见识，离乡出都、各地游学的沈峻，辩论主讲，接受诸多学术思想，成为经学大家，兼国子助教。吏部郎陆倕信服之，亲笔作书，与仆射徐勉，极力推荐沈峻，曰：

> 凡圣贤所讲之书，必以《周官》立义，则《周官》一书，实为群经源本。此学不传，多历年世。北人孙详、蒋显亦经听习，而音革楚、夏，故学徒不至；唯助教沈峻特精此书，比日时开讲肆，群儒刘岩、沈宏、沈熊之徒，并执经下坐，北面受业，莫不叹服，人无间言。弟谓宜即用此人，令其专此一学，周而复始，使圣人正典废而更兴。

荐书表达三层意思，第一层说明《周官》一书的重要性及无人能够传授的情况。第二层以北地的孙详、蒋显与江南群儒中的显名者刘岩、沈宏、沈熊为对比，直言沈峻能讲《周官》的才能，突出其儒学博识不仅令梁朝国人敬服，而且令北朝的儒学之士甘拜下风。第三层表明自己推荐沈峻的严肃态度与重用沈峻讲《周官》在殿堂上的作用。徐勉于天监六年为吏部尚书，"居选官，彝伦有序，既闲尺

---

① 李延寿：《南史》卷三八《贺琛传》，中华书局 1975 年版，第 540 页。
② 李延寿：《南史》卷七一《沈峻传》，中华书局 1975 年版，第 1740 页。

牍，兼善辞令，虽文案填积，坐客充满，应对如流，手不停笔"①。为尚幼的昭明太子侍讲，尽心奉上，深得梁武帝信重。普通六年（525 年），上修"五礼"表，朝廷大兴儒学，陆倕、贺琛先后推荐沈峻，当在天监至普通年号间，天监年号 18 年，普通年号 8 年。在这 26 年的时间里，出身农家的沈峻，以博学通经走进殿堂。

用人无私的尚书仆射徐勉，给梁武帝上疏，"奏峻兼'五经'博士"。沈峻开馆讲授经学，得到朝廷的重用，梁武帝时"尝掌朝仪"，官至五经博士，帮助奉帝命的贺琛撰写《梁官仪》。通文物制度是南朝世族子弟传继家业的重要方式，沈峻以此显名传业，使沈氏入仕求进有所依托和保障，于家族"尚武"仕途中辟出一条新径。其子沈文阿，由博士官直接升为散骑常侍、领羽林监，于经学有着独到的注疏见解。

二

沈文阿、沈洙与沈不害，既承继着沈麟士以来的经学大业，阐发其深邃的内涵，也于现实生活中有针对性地加以应用，并从萧梁王朝走到陈朝，传授经业，挥笔注疏，于纷乱中维护着经典大义，彰显中华民族传统文化精华的治世作用。

沈文阿，字国卫，生于梁武帝天监元年（502 年），卒于陈文帝天嘉四年（563 年）。少习父业，与祖舅太史叔明、舅父王慧兴一起师事沈麟士，并通经术。沈文阿集三人经学之长，建树更多。

史叔明为吴兴郡的乌程人，东吴太史慈之后。少年时就善庄、老之学，又兼通《孝经》《论语》《礼记》，尤精"三玄"，每开坛就讲，听者常达五百余人。邵陵王萧纶好其学，及出江州，携史叔明之镇。沈文阿的儒学经典，是站在两位造诣深厚的大师肩上起步的，撮异闻以广之。他博采先儒异同，自为义疏，撰出《周礼》《仪礼》《礼记》的"三礼"之注，写出《春秋左氏传》《春秋公羊传》《春秋谷梁传》的"三传"之注，察孝廉，由临川王侍郎而迁为五经博士。梁简文帝引为东宫学士，撰《长春义记》。

---

① 姚思廉：《梁书》卷二五《徐勉传》，中华书局 1975 年版，第 379 页。

侯景之乱，梁简文帝遣沈文阿募士卒援都。台城陷落，与张嵊率兵共保吴兴郡。张嵊败，沈文阿逃到山野中，宁为玉碎，不为瓦全。乱平，为原乡令，监江阴郡。陈霸先于建康立13岁的晋安王萧方智为梁敬帝，改元绍泰。绍泰元年（555年），沈文阿入为国子博士，寻领步兵校尉，兼掌仪礼。自太清之乱，台阁无有存者，沈文阿父亲沈峻，梁武帝时掌朝仪，颇有遗稿。于是斟酌裁撰，礼度皆自之出。

陈朝受禅，沈文阿弃官归武康。陈武帝大怒，发使捕捉，就地诛之。同宗沈恪为郡守，向与陈武帝友善，遂请使者宽死。押解到殿堂前，陈武帝视而笑曰："腐儒复何为者？"遂赦之。陈武帝去世，沈文阿与尚书左丞徐陵、中书舍人刘师知等，议大行皇帝御衣之制。陈文帝即位谒庙，尚书左丞庾持奉诏议其礼。沈文阿议曰：

> 人物推移，质文殊轨，圣贤因机而立教，王公随时以适宜。夫千人无君，不败则乱，万乘无主，不危则亡。当隆周之日，公旦叔父，吕、召爪牙，成王在丧，祸几覆国。是以既葬便有公冠之仪，始殡受麻冕之策，斯盖示天下以有主，虑社稷之艰难。逮乎末叶从横，汉承其弊，虽文、景刑厝，而七国连兵，或踰月即尊，或崩日称诏，此皆有为而为之，非无心于礼制也。今国讳之日，虽抑哀于玺绶之重，犹未序于君臣之仪。古礼，朝庙退坐正寝，听群臣之政。今皇帝拜庙还，宜御太极前殿，以正南面之尊，此即周康在朝，一二臣卫者也。
>
> 其壤奠之节，周礼以玉作贽，公侯以珪，子男执璧，此以玉作瑞也。奠贽竟，又复致享，天子以璧，王后用琮。秦烧经典，威仪散灭，叔孙通定礼，尤失前宪，奠贽不珪，致享无帛，公王同璧，鸿胪奏贺。若此数事，未闻于古，后相沿袭，至梁行之。夫称觞奉寿，家国大庆，四厢雅乐，歌奏欢欣。今君臣吞哀，兆庶抑割，岂同于惟新之礼乎？且周康宾称奉珪，无万寿之献，此则前准明矣。愚以今坐正殿，止行荐璧之仪，无贺酒之礼。谨撰谒庙还升正寝、群臣陪荐仪注如别。

诏可施行。寻迁通直散骑常侍，兼国子博士，领羽林监。于东宫讲《孝经》《论语》。天嘉中卒，赠廷尉卿。沈文阿儒学注疏丰厚，所撰《仪礼》八十余条，《春秋》《礼记》《孝经》《论语义记》七十余卷，《经典大义》18 卷，并行于时。有《仪礼》八十余卷、《经典大义》18 卷、《春秋左氏经传义略》25 卷、《礼记·孝经·论语义记》七十余卷、《经典玄儒大义序录》2 卷、《丧服经传义疏》2 卷、《丧服发题》2 卷，均佚。今存《大行侠御服重议》《嗣君谒庙升殿仪注议》《哀策称谥议》3 篇阐释礼学之文。沈文阿学术造诣深厚，传授经业，"复草创礼仪，盖叔孙通之流亚矣"。潜心经学，明经典大义，实乃一代鸿儒。

与沈文阿同掌殿堂仪礼的沈洙（518—569 年），字弘道，祖父沈休季，梁余杭令。父亲沈山卿，梁朝国子博士、中散大夫。沈洙年少好学，方雅端正，不妄交游，通"三礼"与《春秋左传》。

> 精识强记，五经章句，诸子史书，问无不答。仕梁为尚书祠部郎，时年盖二十余。大同中，学者多涉猎文史，不为章句，而洙独积思经术，吴郡朱异、会稽贺琛甚嘉之。及异、琛于士林馆讲制旨义，常使洙为都讲。

从李延寿《南史·儒林·沈洙传》所载可知，既通史书，又识诸子之书，是位博通经史的大学者。侯景之乱，从建康逃至临安，时陈蒨（520—566 年，后承位为陈文帝）举兵独保家乡，因乱日甚，避地于此，就沈洙处听经习业。及陈霸先入辅朝政，与沈文阿同掌仪礼。陈武帝受禅加员外散骑常侍，陈文帝时为大匠卿。今仅存《沈孝轨诸弟除服议》《皇太后服安吉君覃除议》《测狱刻数议》3 篇经学之文。

由梁入陈的沈不害（518—580 年），幼孤，修立好学。天嘉初年，除衡阳王府中记室参军，兼嘉德殿学士。见乱离重建的陈朝，学舍荒废，人不识礼，遂上书陈文帝，曰：

　　臣闻立人建国，莫尚于尊儒，成俗化民，必崇于教学。故东胶西序，事隆乎三代；环林璧水，业盛于两京。自涓源既远，浇波已扇，物之感人无穷，人之逐欲无节，是以设训垂范，启导心灵，譬彼染蓝，类诸琢玉，然后人伦以睦，卑高有序，忠孝之理既明，君臣之义攸固，执礼自基，鲁公所以难侮，歌乐已细，郑伯于是前亡，干戚舞而有苗至，泮宫成而淮夷服，长想洙泗之风，载怀淹稷之盛，有国有家，莫不尚已。

　　梁太清季年，数钟否剥，戎狄外侵，奸回内兽，朝闻鼓鼙，夕焰烽火，洪儒硕学，解散甚于坑夷，五典九丘，湮灭逾乎帷盖，成均自斯坠业，黉宗于是不修，褒成之祠，弗陈祼享，释菜之礼，无称俎豆，颂声寂寞，遂逾一纪，后生敦悦，不见函丈之仪，晚学钻仰，徒深倚席之叹。

　　陛下继历升统，握镜临寓，道洽寰中，威加无外，浊流已清，重氛载廓，含生熙阜，品庶咸亨，宜其弘振礼乐，建立庠序，式稽古典，纡迹儒宫，选公卿门子，皆入于学，助教博士，朝夕讲肆，使担簦负笈，锵锵接衽，方领矩步，济济成林，如切如磋，闻诗闻礼，一年可以功倍，三冬于是足用。故能擢秀雄州，扬庭观国，入仕登朝，资优学以自辅，莅官从政，有经业以治身，车驾列庭，青紫拾地。

　　古者王世子之贵，犹与国子齿，降及汉储，兹礼不坠，暨乎两晋，斯事弥隆，所以见师严而道尊者也。皇太子天纵生知，无待审喻，犹宜晦迹俯同，专经请业，莫爵前师，肃若旧典。昔阙里之堂，草莱自辟，旧宅之内，丝竹流音，前圣遗烈，深以炯戒；况复江表无虞，海外有截，岂得不开阐大猷，恢弘至道？宁可使玄教儒风，弗兴圣世，盛德大业，遂蕴尧年？臣末学小生，词无足算，轻献瞽言，伏增悚惕。

　　这是沈不害留下的唯一上书之文，由纵论儒学治世之用开篇，举梁朝太清末期"洪儒硕学，解散甚于坑夷"的惨痛教训，由此直言当下国学未立的时政弊端，"经业以治身"，方能国泰民安。最后强调，"恢弘至道"，亟待"见师严而道尊者"的重教之风，以成盛世大业。给主祚者上书重教，前有东山谢氏家族的谢石，上书晋孝武帝。而"师道尊严"之说，典出沈不害。陈文帝嘉其言，"才思优洽，文理可求，弘惜大体，殷勤名教"。诏命兴学，又诏命有所作。沈不害奉诏制《三朝乐歌》8 首 28 曲。

沈不害博闻强记，"虽博综坟典，而家无卷轴，每制文，操笔立成，曾无寻检"①。仆射周弘正，称赞沈不害为"意圣人"。他习经学，博通圣人之意，使之为时所用。为国子博士，奉帝敕修五礼，掌管朝廷策文谥议等事。陈宣帝太建（569—582 年）年间，位至光禄卿，通直散骑常侍，兼尚书左丞，卒于官。撰有《五礼仪》100 卷，《文集》14 卷。

三

由梁入陈，再由陈入隋，吴兴沈氏文化世家通晓经学大师者有两位：一位是沈德威，一位是沈重。沈德威授业传经，故国亡而到江北，魂归异乡。沈重从江南来到江北，仕北周，论"五礼"，把经学传到更为广阔的地域，来往南北，有"儒宗"之誉。

沈德威，字怀远。少好学，有操行。梁武帝太清（547—549 年）末，遁入天目山，"筑室以居，虽处乱离，而笃学无倦，遂治经业"②。天嘉元年（560 年），陈文帝征其出山，侍太子讲《礼传》，授太学博士，在国学中讲授儒家经典。为满足更多的世人习学儒家大业，沈德威打破局限，还私室，开坛讲授，凡有向学者，不论出身、年龄，前来受业的道俗者数百人。迁太常丞，兼五礼学士，为尚书仪曹郎，祠部郎。老母去世，离职守孝。陈后主祯明三年（589 年），陈亡入隋，官至秦王府主簿，卒年 55 岁。

沈重（500—583 年），字德厚。专心儒学，既有家族经典大义的熏陶，又不远千里地从师求教，博览群书。比起家族其他通晓儒

---

① 李延寿：《南史》卷七一《沈不害传》，中华书局 1975 年版，第 1754 页。

② 姚思廉：《陈书》卷三三《沈德威传》，中华书局 1972 年版，第 441 页。

家而独不言诗经来说，既谙熟《书经》《易经》《周礼》《春秋》，
更明《诗经》大义。梁武帝大通三年（529 年），起家为王国常侍。
梁武帝欲高置学官，以崇儒教。于中大通四年（532 年）进行革
选，扩大名额，遂重补国子助教。梁武帝大同二年（536 年）为五
经博士。萧绎（508—555 年）为荆州刺史，在藩地甚叹异之，江
陵即位称元帝（552 年），遣主书何武前往，迎接沈重西上，主持
国学，殿堂藏古今图书十四万册。梁元帝承圣三年（554 年），西
魏攻破江陵，留梁王萧詧为梁主，居江陵东城。转年，萧詧在江陵
称帝，史称后梁。沈重为中书侍郎，兼中书舍人。累迁员外散骑侍
郎、廷尉卿、领江陵令。萧詧为梁武帝之孙、太子萧统第三子。附
藩西魏、再事北周的江陵，得以安宁，遂令沈重讲《周礼》。

北周武帝宇文邕重经学，遣宣纳上士柳裘到后梁江陵，重礼聘沈
重。敕襄州总、卫公直敦喻遣之，在途供给务从优厚。沈重提出相应
归国的条件得到答复后，应允北去。北周武帝保定五年末（565 年），
沈重来到了北周京师长安。

诏令讨论"五经"，并校定钟律。天和中，复于紫极殿讲三
教义。朝士、儒生、桑门、道士至者二千余人。重辞义优洽，枢
机明辩，凡所解释，咸为诸儒所推。六年，授骠骑大将军、开府
仪同三司、露门博士。

令狐德棻《周书·儒林传》载，受到隆重礼遇的沈重，讨论经
学，校定朝廷钟律。北周武帝天和二年（567 年），建露门学，沈
重为经学博士。天和三年（568 年），紫极殿讲儒释道"三教义"。
沈重辞义优洽，枢机明辩，凡所解释，必有典出，诸人推重，群儒
皆服。周武帝赞其经典大业，"学冠儒宗，行标世则"。天和六年，
授骠骑大将军、开府仪同三司、露门博士。于露门馆为皇太子宇文
赟讲论儒学经典，既有露门之游，又有"儒宗盛誉"。

北周武帝建德（572—578 年）末年，沈重认为入朝既久，经历
保定、天和、建德三改年号的 13 年，上表请还故国。"开府汉南杞

梓，每轸虚衿；江东竹箭，亟疲延首。故束帛聘申，蒲轮征伏。加以梁朝旧齿，结绶三世，沐浴荣光，祗承宠渥，不忘恋本，深足嘉尚。而楚材晋用，岂无先哲。方事求贤，义乖来肃。"周武帝答诏以"楚材晋用"的春秋之典，极力挽留。沈重上表固请。周武帝置礼饯别，遣司门上士杨汪护送。回到后梁的沈重，为散骑常侍、太常卿。北周静帝大象二年（580年），来朝京师。隋文帝开皇三年（583年）卒，享年84岁。隋文帝遣舍人萧子宝以少牢之礼来祭礼，并赠使持节、开府仪同三司。

沈重学业宽厚，通达博识，为当世儒宗。至于阴阳图纬，道经释典，靡不毕综。又勤于著注，多所撰述，《周礼义》31卷、《仪礼义》35卷、《礼记义》30卷、《毛诗义》28卷、《丧服经义》5卷、《周礼音》1卷、《仪礼音》1卷、《礼记音》2卷、《毛诗音》2卷。所注均得其要旨，并通行于世。惜其皆佚，今仅见《钟律议》1文。

因乱入北朝的沈重，与沈峻、沈文阿、沈洙等一样，皆以通晓儒学经典成名，显现吴兴文化世家的家学渊源，并将其传播到北地，使中华传统文化的精华大放异彩，进而丰润着吴兴沈氏世家文化。

第六章

"一代词宗"把沈氏世家文化推向高峰

六代旧山川，兴亡几百年。繁华今寂寞，朝市昔喧阗。
夜月琉璃水，春风柳色天。伤时为怀古，垂泪国门前。

沈约《登北固楼诗》

小 序

这是"一代词宗"沈约写的一首五言咏史诗，以"咏史"为诗题始于班固，诗直书史实，有"质本无文"之嫌。左思多抒胸臆的创作，"拔萃于《咏史》"①。沈约用史笔写出《宋书》，创作出"长于清怨"② 有"永明体"③ 之称的诸多诗篇。李延寿《南史·萧正义传》载："京城之西有别岭入江，高数十丈，三面临水，号曰北固。蔡谟起楼其上，以置军实。"北固楼建于东晋咸康年间（335—342年），谢安使谢玄在此组建北府兵，遂有淝水大捷，北固楼借形胜之地、名人名将而有名。沈约登楼赋诗，有喜好建筑的审美意识。李清照作《题八咏楼》诗，曰："水通南国三千里，气压江城十四州。"八咏楼为沈约所建，名元畅楼，前后写诗八首，称《八咏》诗，传

---

① 钟嵘：《诗品·左思》卷中，萧华荣注译，中州古籍出版社 1958 年版，第 92 页。

② 钟嵘：《诗品·沈约》卷中，萧华荣注译，中州古籍出版社 1958 年版，第 133 页。

③ 萧子显：《南齐书》卷五二《陆厥传》，中华书局 1972 年版，第 892 页。

为绝唱，唐代以诗名改为八咏楼。李清照漂泊江南，于同一地点，又写出"物是人非事事休，欲语泪先流"的《武陵春》词，"愁"满胸间，哀婉凄美。"千古风流八咏楼"，以沈约与其所建为取材的《题八咏楼》，却充满豪气。由此，可见沈约咏史诗的别样魅力。

沈约《登北固楼诗》用其楼建筑所在的自然之景"危峰""险岸"来写王朝社稷兴亡事，以"今寂寞"反衬"昔喧阗"。国门"垂泪"是"怀古"引起"伤时"之感，有王朝兴亡之感，有世家荣辱的自身际遇。创作时间虽不可确考，大致是居职梁朝引起猜忌出现不顺。沈约去世31年后的大同十年（544年）四月，"幸京口城北固楼，改名北顾"①。梁武帝登楼久望，有"此岭不足固守，然京口实乃壮观"之言，给楼改了名，并作《登北顾楼》诗。当年同为"竟陵八友"，沈约名列其首，压其一头，开国帝王岂能不在气势上压倒"隐侯"？从中折射出沈约负有盛名，以自己出色的文学与史学成就将沈氏世家文化推向高峰。

第一节　沈约的生平际遇与作品疏证

沈约（441—513年），字休文，生于南朝宋文帝元嘉十八年，卒于梁武帝天监十二年，享年73岁。生平际遇考论，主要来自姚思廉《梁书》、李延寿《南史》的本传与其《宋书·自序》。沈约作品疏证，除史书外，主要来自徐陵《玉台新咏》、萧统《昭明文选》、虞世南《北堂书钞》、欧阳询《艺文类聚》、徐坚《初学记》、沈德潜《古诗源》、严可均《上古全汉三代秦汉三国六朝文》、丁福保《全汉三国晋南北朝诗》、逯钦立《先秦汉魏南北朝诗》与张溥《汉魏六朝百三家集题辞注》中《沈隐侯集》等。

沈约年寿，比起36岁病逝的祖父沈林子、38岁因谗言罹难的父亲沈璞，为父祖两辈享年之和。沈林子未冠之年追随刘裕，勇武才智深受亲重。沈璞年十岁许，便好学不倦，有忆识之功，尤练究万事，

---

① 姚思廉：《梁书》卷三《梁武帝本纪》，中华书局1973年版，第88页。

经耳过目，人莫能欺之。承袭父祖家风的沈约，历经宋、齐、梁三朝。少时虽备极艰辛，但笃志好学，入世精神非常强烈。起家于南朝刘宋末年，入齐做到国子祭酒，与谢朓、范云、萧衍等应诏竟陵王府，称"竟陵八友"。齐末和帝中兴二年（502 年），萧衍晋爵梁王，引沈约为骠骑司马，有佐命之功。在家族"尚武"向"崇文"倾斜的过程中成为栋梁，成为时人追慕的楷模。有文学主张与史学思想的沈约，著述丰富，创作体裁多样，以讲究声律之美的"永明体"开新体诗，对唐诗繁荣产生积极影响，无愧"一代辞宗"之誉。

一

沈约的生平际遇，有祖父为家门赢得的荣耀。祖父去世 21 年后出生的沈约，主要是父亲沈璞的耳提面命。沈璞少年聪慧，《宋书·自序》言，进见宋文帝，被称为"非常儿"。受到帝室赏遇的沈璞，出仕后奉命治理京邑。施政有方，仓廪殷实，赏赐甚厚。

约左目重瞳子，腰有紫志，聪明过人。

这是姚思廉《梁书》本传对沈约的载录。本身曾为"非常儿"的沈璞，对聪明过人有异相的儿子是加倍的喜爱与疼爱。在父辈"厚加"与"赐厚"的"两厚"中，沈约童稚之龄是何等的顺畅？

沈璞深得宋文帝倚重，迁宣威将军、盱眙（今属江苏）太守。朝廷北伐，北魏武帝拓跋焘率步骑数十万，借机南下，凌践江淮，百守千城皆奔骇。收集败退人马得两千精兵的沈璞，用"昆阳之战、淝水之战"以少胜多战例与"诸军封侯之日于此"来激励将士，固守盱眙。魏兵济淮，诸军将无不败退，唯有辅国将军臧质率散卒千余人前来。攻城略地的魏兵四面蚁集，沈璞与臧质随宜应拒。北魏攻打近月，损兵折将，蔑视南朝之意顿失，趁夜遁走。沈璞劝阻请命欲追的部将："今兵士不多，又非素附，固守有余，追击出战，非为上策。此战已有意外收效，疆域无虑，且不可莽撞行事。只可整顿舟舻，摆出架势，速其退走之计，不须实行。"众人细加思索，无不点头称是。盱眙之战，显现出吴兴沈氏家族勇敢有韬略的尚武家风。

— 137 —

年十岁的沈约，父亲的言传身教与耳闻目睹，有感读书通古的重要，既读府中典籍，也读父亲"所著赋、颂、赞、祭文、诔、七吊、四五言诗、笺表"等。宋文帝元嘉二十七年（450 年）的北伐，正如辛弃疾《永遇乐·京口北固亭怀古》词所描写："元嘉草草，封狼居胥，赢得仓皇北顾。"在守将溃退、郡县多失的不利战局中，沈璞出生入死，以身犯险，建有"遏制"异族南下大功。宋文帝嘉奖诏命，接踵而来是帝室皇族，如以著《世说新语》大有文名的临川王刘义庆、琅邪王氏的宣城太守王僧达等，亦与沈璞书。

沈约读着一篇篇"甚善甚善"赞颂之语的诏令书信，既为父亲高兴，也有着为家族争光的信念。征还帝都，授官淮南太守，赏赐丰厚，日夕宴见。沈约父子尽享仕途之顺与天伦之乐的元嘉三十年（453 年），太子刘劭勾结始兴王弑父，沈璞忧叹染病，又逢"二凶"逼令老弱还都，笃孝的沈璞病日重，被推为大将军的刘骏攻进建康，沈璞病势减轻。沈璞受信重时，琅邪颜竣曲意结交，被拒结怨，在承位孝武帝刘骏面前，歪曲"不堪远迎"之意，被杀。

> 璞元嘉末被诛，约幼潜窜，会赦免。既而流寓孤贫，笃志好学，昼夜不倦。母恐其以劳生疾，常遣减油灭火。而昼之所读，夜辄诵之，遂博通群籍，能属文。

沈约《宋书·自序》言"十三而孤"，姚思廉《梁书》本传载其"幼潜窜"，因父亲"获罪"被冤杀，后来虽赦免，但家门风光不再。孤苦贫困中崇尚武功，服膺儒术，昼夜不倦，既有恢复家门的强烈愿望，又有入世的强烈精神。以独特的"昼读夜诵"方式，博通群籍，能诗属文。朝野有"铁面直臣"之誉的蔡兴宗，闻才善待，出镇郢州，引为安西外兵参军兼记室，常谓其诸子曰："沈记室人伦师表，宜善师之。及为荆州，又为征西记室，带厥西令。"蔡兴宗于宋明帝泰始三年（467 年）春，出为使持节、都督郢州诸军事、安西将军、郢州刺史，引见、征用。27 岁的沈约走上仕途，入幕府任职。

沈约起家于南朝刘宋末年，仅因"其才"为方镇所用。宋明帝泰豫元年（472 年），蔡兴宗病逝，沈约先为晋安王法曹参军，后转外兵兼记室。有了步入朝廷机会的沈约，官为尚书度支郎。

二

沈约的时来运转，始于刘宋移祚而入仕萧齐的"不惑之年"。由藩镇记室到帝都建康的尚书度支郎，接触到帝室的争权内讧。泰豫元年（472 年）四月，宋明帝病死，后废帝即位，袁粲、褚渊辅政。褚渊推荐萧道成，掌禁卫兵权。后废帝在位四年被废，萧道成以太后令立年 9 岁的安成王刘准为顺帝，改元升明。谢朏与褚炫、江叔文、刘俣入直殿省，时称"天子四友"。升明二年（478 年），立谢朏长兄谢飏女谢梵镜为皇后。手握重兵的萧道成急欲禅位为帝，又要名正言顺。因谢朏名重，引为左长史，欲借其声威为自己上表。

精心置酒，亲执觥觚，议论魏晋事："石苞不早劝晋文，迟至奔丧，方才恸哭，若与冯异相比，非为才智之士。"以魏晋禅让事诱导，谢朏却顾左右而言他："昔日魏臣有劝魏武即帝位，魏武曰：'有用我者，其周文王乎？'晋文世事魏氏，所以终身北面。假使魏早依唐尧、虞舜故事，亦当三让弥高。"以周文王事影射当下时政。萧道成无可奈何，引王俭为左长史。

王俭效命萧道成，拟表加封。升明三年（479 年），王敬则引兵趋入宫中，驱使宋顺帝出来。萧道成太极殿受禅，仆射王俭从宋顺帝身上解去玺绂。齐高帝建元元年，立长子萧赜为太子，王敬则为南兖州刺史，王俭为侍中。官职不高的沈约，因尚书度支郎之职，谙熟萧道成禅位的全过程。年轻自己十余岁的王俭，前后奔走，成为新朝重臣，主掌朝政，旬日上一次朝，其余时间在府中修《七志》，国家典籍搬进府中，政事在府中相议。权力炙手可热，又做喜欢之事，这使沈约既崇拜，又暗中不服气。王俭两岁时父亲王僧绰被"二凶"所杀，论起失父之因，源于相同，由叔父王僧虔抚养长大，少有宰臣之志，赋诗曰："冉冉老将至，功名竟不修。稷契匡虞夏，伊吕翼商周。"未到而立之年，便为宰相执政。

王俭母亲武康公主生前与宋明帝有矛盾，即位后下令毁墓。14

岁的王俭上书朝廷，殿堂抗议，"因人自陈，密以死请"①。言辞诚挚，哀婉动人，终于使宋明帝收回成命。同龄的自己却为活命潜逃，这让沈约自愧。王俭兼任国子祭酒，裁撤总明观，开设学士馆，编出成一家之言的《七志》。王俭对沈约有着直接的影响，为沈约后来给萧衍谋划禅齐建梁做了铺垫。

萧齐立国，沈约为征虏记室。齐高帝去世，萧赜承位，齐武帝永明元年（483年），太子萧长懋入居东宫，沈约为步兵校尉，管书记。时东宫多士，特被亲遇，每旦入见，日夕方出，为太子家令。太子曰："吾生平懒起，得卿谈论，困倦顿去，然后忘寝。"李延寿《南史》载：梁武帝时设宴招待群臣，有婢师为齐文惠太子宫人，善于演奏。朝堂有变后，幼妓正当年，受到偏爱，出入宫苑。席间演奏，韵律美妙。梁武帝令其坐于身侧，问婢师是否认识座中客？婢师美目流盼，曰："唯识沈家令。"沈约闻言，伏地流涕，武帝亦悲而罢酒。从中可以看到，身为家令的沈约，深受文惠太子的信重。

太子同母弟萧子良封为竟陵郡王，好文学，永明五年（487年）为司徒，居帝都建康鸡笼山西邸，广召天下有才之士，编成《四部要略》千卷。并采纳名士之言，劝人为善之作数十卷，"道俗之盛，江左未有也"②。其中名士以吴兴沈约、东山谢朓、琅邪范云、乐安任昉、兰陵萧琛、琅邪王融、南兰陵萧衍、吴郡陆倕等最知名，当世号为"得人"，后世称为"竟陵八友"。沈约与谢朓等提倡"四声八病"说，共创"永明体"，轰动文坛。

永明十一年（493年），齐武帝死，太孙萧昭业立。西昌侯萧鸾谋嗣位，与竟陵王萧子良有冲突，王室内争，"八友"中的王融被杀，萧子良忧死，谢朓被杀，萧衍外放边地。送别萧衍，沈约深感恐惧。郁林王隆昌元年（494年），沈约出为东阳太守，排遣忧怨，吟诵谢朓外出宣城写下的山水诗，遂有感悟，建筑"玄畅楼"，登楼远眺，先后写下八首诗，唐代为之改名"八咏楼"。山川秀丽，美景在

---

① 李延寿：《南史》卷二三《王俭传》，中华书局1975年版，第591页。
② 萧子显：《南齐书》卷四○《竟陵文宣王子良传》，中华书局1972年版，第692页。

前，可王融、谢朓之死的阴影，总是难移去。为之又写下了以"伤"字为标题的一组诗，抒发着"知天命"者心中的抑郁与无奈。

三

齐明帝萧鸾主祚，沈约仕途有了转机。回到朝堂，为五兵尚书，迁国子祭酒。齐明帝病逝，其子萧宝卷承位，妄加杀戮。大臣人人自危，政归冢宰，尚书令徐孝嗣与沈约相友善，知其是文笔大才，使其撰定遗诏。永元年间（499—501年），为征虏将军、南清河太守。虽有升迁，难能得意，以母老辞归，静待事变。

王室内讧，君臣有隙。大杀朝臣的萧宝卷，居然诛死萧懿。萧懿是萧衍兄长，萧衍善文能武，小沈约24岁。齐明帝建武二年（495年），大破北魏孝文帝进攻南齐义阳之师，官为太子中庶子。建武四年，又与北魏对峙中建功，主持雍州防务，为边地重镇守将。萧衍为报仇，拥戴南康王萧宝融在江陵称帝。和帝10岁，岂能决策政事？所言两方联合是打着帝室旗号，与曹操"挟天子以令诸侯"没有区别。萧衍边地举兵，杀奔帝都。和帝中兴二年（502年），从江陵遥封萧衍为相国、梁王，掌管中外诸事。梁王一纸信到，年过"耳顺"的沈约为骠骑司马，出入王府，似乎找到了重臣的感觉。

萧衍没有像萧道成那样急于移祚，而是静待时机。沈约想到当年佐命功臣王俭的荣耀，出语试探。因其默然不应，异日又进言：

> 今与古异，不可以淳风期万物。士大夫攀龙附凤者，皆望有尺寸之功，以保其福禄。今童儿牧竖，悉知齐祚已终，莫不云明公其人也。天文人事，表革运之征，永元以来，尤为彰著。谶云"行中水，作天子"，此又历然在记。天心不可违，人情不可失，苟是历数所至，虽欲谦光，亦不可得已。

沈约把"永明体"之论用到劝告语中，把"衍"字拆开，以"行中水，作天子"民心天意来游说。这正符合萧衍之意，故有"吾方思之"的回答。"公初起兵樊、沔，就已有思考。当今王业已就，何所'方思'？周武王伐纣，不违人意，亦无所思。公自边邑至京都，相比周武，迟速不同。如若迟疑观望，便损威德，况时事难保？若天子从江陵还都，公卿在位，殿堂上君臣名分已定，君明于上，臣忠于在，岂可异图？"沈约的进一步分析，得到萧衍的点头赞许。

沈约找来"八友"仅存的好友、小自己 10 岁的范云，一个 60 岁，一个 50 岁，皆有"时不我待"之感。两人密议，写信给保驾和帝迁都为中领军的夏侯祥，要他识时务。萧宝融受胁迫，只能送出禅让诏书。萧衍召范云相告，范云极力赞同。萧衍曰："智者乃尔暗同，卿明早与休文同来，便可行事。"范云往语相邀，沈约道："卿必待我。"范云许诺。

沈约想着居首之功，伏案动笔，不待范云来，先期闯入。萧衍即令草其事，沈约拿出怀中连夜写就的诏书并诸项政务安置。萧衍浏览，无有所改。范云按时前来，不见沈约，徘徊寿光殿外，连称："怪哉！怪哉！"沈约由殿内走出，范云忙问其故。沈约举手向左，大有得意之色。萧衍遂对范云曰："生平与休文群居西邸，不觉有异人处。今日方知才智纵横，可谓明识。"范云则对曰："明公今始知沈约，不异于沈约今知明公。"萧衍曰："我起兵三年，功臣诸将实有其劳，然终成萧梁帝业者，乃卿二人也。"了解晚来之故与先行有备之因，萧衍赞叹两人是成帝业之功臣，心中所占分量却有了不同。

萧衍移祚称梁武帝，封禅位的萧宝融为巴陵王，在姑孰建宫室供其居住。沈约言：此必为祸。萧宝融遂醉酒死，年 15 岁，葬恭安陵。沈约为萧衍谋划废齐，成为佐命大臣，官至尚书令，封建昌县侯。母为建昌国太夫人。奉策之日，府前车水马龙，家门荣耀超过先人。天监二年，舆驾亲出临吊沈母，遣中书舍人在沈府门前拦截吊客，以节制沈约哭丧。孝期过，迁为侍中，领太子詹事。迁尚书令，累表陈让，改授左仆射，领中书令。寻迁尚书令，领太子少傅。

沈约久任尚书省，因"终成萧梁帝业"者仅余自己，想功同王俭，其爵南昌县公，自己仅是侯爵，特别向往三公之位。梁武帝始终挂记抢功事，曾让临川王萧宏、鄱阳王萧恢代己呼为"范兄"，推心任之，所奏多允。对比范云感到委屈，采取迂回策略，写信给徐勉，陈述自己年老体弱的心情，以退求进："百日数旬，革带常应移孔；

以手握臂，率计月小半分。"徐勉明白其意，向梁武帝进言，请赐三公仪仗。梁武帝顾全君臣关系，只是赐给鼓吹一部。

梁武帝每有饮宴，邀沈约作陪，满足其渴求"向三公之位"的虚荣。立秋之日宴饮，豫州刺史献来栗子尝新。栗子个头特大，世间罕见。梁武帝觉得新奇，以栗子为题，说古论今，与沈约叙说各自所能记起来的典故风俗，以博闻见长的沈约比梁武帝少了三条。沈约出来后，对随宴的臣子说："此公护短，不让即羞死。"梁武帝认为沈约恃功居大，出言不逊，欲治其罪，徐勉一再劝谏，才算罢休。

梁武帝与左仆射张稷有旧怨，这种旧怨在齐明帝派兵抵抗北魏进攻邓城时表现得最明显。张稷曾遣国子祭酒范云相迎，使之成全萧梁帝业。梁武帝天监十二年，出为使节，青州人借魏人侵袭杀了张稷。议朝政时，沈约不满形于色，认为其死帝室脱不了关系。梁武帝认为沈约是出于两家婚姻，故意袒护，拍案大怒，径自转回内殿。

沈约惴惴不安，下朝回家跌坐门边，病倒，朦胧中见齐和帝用剑来割其舌。惊醒后叫巫者看病，巫者听出门道，所说病因和沈约梦中所见相同。沈约害怕，以为是前朝末帝来索命，叫道士给苍天上赤色奏章，言"萧梁禅齐"不是自己一人的主意。沈约卧床不起，梁武帝使徐奘视疾。徐奘回奏病况，把请道士奏赤章事一同奏报。梁武帝越发震怒，"中使谴责者数焉，约惧，遂卒。"有司奏议，应谥为"文"，梁武帝一口否定。按《梁书·沈约》曰："怀情不尽曰隐。"[1]改谥号"文侯"为"隐侯"，含贬谪之意。

沈约历任宋、齐、梁三朝，"该悉旧章，博物洽闻，当世取则。谢玄晖善为诗，任彦升工于文章，约善而有之，然不过也。自负高才，昧于荣利，乘时藉势，颇累清谈，及居端揆，稍弘止足，每进一官，辄殷勤请退，而终不能去，论者方之山涛。用事十余年，未尝有所荐达，政之得失，唯唯而已"。迷恋功名利禄，升官时表象上总辞让，但始终不放弃。李延寿《南史》以史学家眼光，给以恰切的评价："范云恩结龙潜，沈约情深惟旧，并以兹文义，首居帷幄，追踪

---

① 姚思廉：《梁书》卷一三《沈约传》，中华书局 1973 年版，第 232 页。

乱杰，各其时之遇也。而约以高才博洽，名亚董、迁，末迹为踬，亦凤德之衰乎。"

宦海沉浮的沈约，至死未能达到仕进最终目标，虽然在政治上没有左右时局，但文化领域里却开创出新天地，成为沈氏家族由武力强宗转向并发展到文化士族的关键人物，既是当时的文坛领袖，也是一代文宗。著作繁富，有《晋书》110 卷，《宋书》100 卷，《齐纪》20卷，《高祖纪》（梁武帝）14 卷，《迩言》10 卷，《谥例》10 卷，《宋文章志》30 卷，《文集》100 卷、《四声谱》1 卷，《俗说》5 卷，《杂说》2 卷，《神中记》2 卷，《袖中略集》1 卷，《珠丛》1 卷。今存有百卷《宋书》，180 余首诗，11 篇赋，174 篇文。当代吴兴学者钮智芳在研究德清名山与名人时说："武康沈氏家族名人沈约，曾游览莫干山，作有《铜官十景》等诗文。"① 沈约不仅创作繁富，而且诸体兼备，其诗五言、七言至杂言，其文体包括颂、赞、铭、哀策文、墓志铭、碑、行状、诏、制、书、疏等。无论哪种样式，沈约的创作极具自己的文学特色。

第二节　沈约的史学实绩与史学思想

沈约好聚书，有书 2 万卷，成为京师第一巨藏。帝都以聚书声誉相近者有沈约、王僧孺与任昉三家，"僧孺好坟籍，聚书至万余卷，率多异本，与沈约、任昉家书相埒"②。"相埒"是相等之意，姚思廉《梁书·何逊传》亦载曰："时有会稽虞骞，工为五言诗，名与逊相埒。"擅为诗、尤工五言的何逊，与虞骞齐名。占有聚书绝对优势与博通群籍之才的沈约，以撰写出《宋书》的史学实绩，既超越当时侨姓、吴姓大族的世家文化，也显现对兴衰败亡看法的史学思想。

一

六朝重世家文化，大姓聚书有为世家文化角逐争荣的因素：一是

---

① 钮智芳：《吴越拾萃》，昆仑出版社 2005 年版，第 75 页。

② 姚思廉：《梁书》卷三三《王僧孺传》，中华书局 1973 年版，第469 页。

"于书无所不读"，开拓知识视阈；二是"于笔无所不及"，使个体之作超古迈今；三是扬本人之名，荣耀门楣。六朝聚书，上到帝室，下到大姓，无不争先。

京都聚书的沈约、王僧孺与任昉三大家，皆为名家。王僧孺汲聚书精华，"其文丽逸，多用新事人所未见者，世重其富博"。为梁武帝天监七年（508 年）去世的任昉作《太常敬子任府君传》，曰："天才卓尔，动称绝妙，辞赋极其清深，笔记尤尽典实，若闻金石，似注河海，少孺速而未工，长卿工而未速，孟坚辞不逮理，平子意不及文，孔璋伤于健，仲宣病于弱。其有集论尚书，穷文质之敏，驻马停信，极蠹蠹之功，莫尚于斯焉。君职等曹张，声高左陆，时乃高辟雪宫，广开云殿，秋窗春户，冬焕夏清，九酝斯浮，百羞并荐，云销月朗，聿兹游客，朋来旅见，辞人才子，辩圃学林，莫不含毫咀思，争高竞敏。"① 言其以"耻一物之不知，惜寸阴之徒靡，下帷闭户，投斧悬梁"的求学精神，超过了枚乘、司马相如、班固、张衡、陈琳、王粲等名家。其传所写，既见王僧孺为文纵横潇洒的风格，也见任昉为文名重当时。

"尤长为笔，颇慕傅亮。才思无穷，当时王公表奏，无不请焉。昉起草即成，不加点窜。沈约一代词宗，深所推挹。"② 极为推重任昉之文的沈约，自身更重为文。沈约之文是像王僧孺那样以"丽逸"为"世重"？还是如同任昉以"不加点窜"的"令、状、启、弹文、笺、疏"等表奏而"传诵"？明代张溥《汉魏六朝百三家集·沈隐侯集题辞》曰："休文大手，史书居长。"这表明在沈约丰富的别集中，史书著述占有相当重要的地位。

沈约以"昼读夜诵"好学精神博通群籍，从孔子《春秋》与左丘明、谷梁赤、公羊高的"春秋三传"到司马迁《史记》，从班固《汉书》、范晔《后汉书》到陈寿《三国志》，皆是后人为前朝修史。仕南朝刘宋时观瞻前事，唯独没有晋书，限于实力难以践行。宋明帝

---

① 严可均：《全梁文·太常敬子任府君传》卷五二，中华书局 1958 年版，第 3250 页。

② 李延寿：《南史》卷五九《任昉传》，中华书局 1975 年版，第 1452 页。

泰始初（465—471 年），敕许修撰。"自此踰二十年，所撰之书方就，凡一百余卷。条流虽举，而采缀未周。永明初遇盗，失第五帙。"① 齐武帝永明（483—493 年）初成百余卷《晋书》，遇盗"失第五帙"。书一套称一帙，"卷帙浩繁"表示书很多或一部书篇幅很长。《晋书》共有几帙已不可考，失去第五帙，损失严重。

沈约志在修史，与皇室重其文才、信重日深使修史一致。沈约史册见名者虽多，今仅存百卷《宋书》。这是纪传体的南朝刘宋王朝史，虽依本纪、列传、志等史学旧例，但以撰者"自序"为文化世家立传别开生面，成书之速亦为罕见。沈约修晋宋齐乃至梁四代史，是沈氏从未有过的勋绩，也是侨姓王谢庾桓与吴地旧姓顾陆朱张等任何一个家族不能攀比的。沈约非常自负地对琅邪王氏的王筠说："吾少好百家之言，身为四代之史。"沈约何以对比自己年轻 41 岁的王筠（482—550 年）如是说？王筠为东晋贤相王导后裔，曾祖王昙首为宋文帝"元嘉盛世"的功臣，谥文。王筠先祖王僧虔是王昙首幼弟，善隶书，宋文帝赞曰："非唯迹逾子敬，方当器雅过之。"在萧齐时官至侍中，齐高帝萧道成欲擅书名，书毕追问："谁为第一？"王僧虔从容答曰："臣书臣中第一，陛下书帝中第一。"齐高帝笑道："卿可谓善自为谋矣。"庾肩吾《书品》称赞其书法："雄发齐代。"梁武帝《古今书人优劣评》曰："僧虔书如王谢子弟，纵复不端正，奕奕皆有一种风流气骨。"

王筠 7 岁能文，16 岁写《芍药赋》，文词华美，广为流传。沈约十分赏识："昔蔡伯喈见王仲宣，称曰：'王公之孙，吾家书籍悉当相与。'仆虽不敏，请附斯言。自谢朓诸贤零落，平生意好殆绝，不谓疲暮复逢于君。"向梁武帝进言推荐："晚来名家无先筠者。"又对王筠伯父王志说："贤弟子文章之美，可谓后来独步。谢朓常见语云：'好诗圆美流转如弹丸。'近见其数，方知此言不假。"论沈约"居端揆"，曾向梁武帝举荐人才，王筠应该是为数极少者之一。

王筠于梁武帝天监初期官太子舍人，成"一官一集"，按任官顺

① 李延寿：《南史》卷五七《沈约传》，中华书局 1975 年版，第 1409 页。

序编定，有《洗马集》《中书集》《中庶集》《吏部集》《左佐集》《临海集》《太府集》各 10 卷，《尚书集》30 卷，开创了文集新体例。这既是宦途变迁的历程，更是文化世家夸耀的法宝。王筠《与诸儿论家世集书》曰："史传称安平崔氏及汝南应氏，并累叶有文才，所以范蔚宗称'崔氏雕龙'，然不过父子两三世耳。非有七叶之中，名德重光，爵位相继，人人有集，如吾门者也。"崔氏、应氏文化"父子两三世"而已，与王氏"六、七"文学传统相比不足为道。任昉在王俭《文集·序言》称王氏"六世名德"，王筠称"七叶重光"，皆从东晋"王与马共天下"王导算起。王俭为萧齐名相，因父遭杀，由叔父王僧虔带大，与王筠为叔侄，故有"六"或"七"之别。《隋书·经籍志》著录，琅邪王氏代代有集，"人人有集"。

沈约在王筠面前如此自负，意在表明：王氏兴盛两晋，几百年冠冕不绝，吴兴沈氏文化世家亦不逊色，甚至有超过之处，王氏"代代有集"，沈氏自先祖沈充创作《前溪曲》以来，代有名家，人有别集。尤其垂训后世的史书，哪个家族能比得上吴兴沈氏？齐武帝永明六年（488 年），《宋书》完成，沈约上言，曰：

> 臣约顿首死罪：窃惟宋氏南面，承历统天，虽世穷八主，年减百载，而兵车亟动，国道屡屯，垂文简牍，事数繁广。若夫英主启基，名臣建绩，拯世夷难之功，配天光宅之运，亦足以勒铭钟鼎，昭被方策。及虐后暴朝，前王罕二，国衅家祸，旷古未书，又可以式规万叶，作鉴于后。
>
> 宋故著作郎何承天始撰《宋书》，草立纪传，止于武帝功臣，篇牍未广。其所撰志，唯《天文》《律历》。自此外，悉委奉朝请山谦之。谦之，孝建初，又被诏撰述，寻值病亡，仍使南台侍御史苏宝生续造诸传，元嘉名臣，皆其所撰。宝生被诛，大明中，又命著作郎徐爰踵成前作。爰因何、苏所述，勒为一史，起自义熙之初，讫于大明之末。至于臧质、鲁爽、王僧达诸传，又皆孝武所造。自永光以来，至于禅让，十余年内，阙而不续，一代典文，始末未举。且事属当时，多非实录，又立传之方，取

舍乖衷，进由时旨，退傍世情，垂之方来，难以取信。臣以谨更创立，制成新史，始自义熙肇号，终于升明三年。桓玄、谯纵、卢循、马、鲁之徒，身为晋贼，非关后代。吴隐、谢混、郗僧施，义止前朝，不宜滥入宋典。刘毅、何无忌、魏咏之、檀凭之、孟昶、诸葛长民，志在兴复，情非造宋，今并刊除，归之晋籍。

臣远愧南、董，近谢迁、固，以间阎小才，述一代盛典，属辞比事，望古惭良，鞠躬踯躅，觍汗亡厝。本纪列传，缮写已毕，合志表七十卷，臣今谨奏呈。所撰诸志，须成续上。谨条目录，诣省拜表奉书以闻。臣约诚惶诚恐，顿首顿首！死罪死罪！

由"上言"可知，《宋书》起于晋安帝司马德宗义熙（405—418年）之初，止于宋顺帝升明三年（479年），载记东晋皇权旁落、刘裕崛起的一代史事。至于"八志"30卷的撰成，从行文避讳看，应在梁武帝移宋祚的天监（502—518年）时期。"帝大怒，中使谴责者数焉，约惧遂卒"。沈约卒于天监十二年，《宋书》在此前全部完稿，才有沈约对得意于东宫与皇帝面前王筠的一番自负之论。

二

沈约奉诏写《宋书》，有编撰百余卷《晋书》的经验，也有何承天、山谦之、苏宝生、徐爰等断续所做的修史基础。人生经历特殊的沈约，在其一生中比起几位修《宋书》之人而言，历经南朝宋、齐、梁三代，直接体验宋齐、齐梁的王朝交替，出力佐助过梁武帝，目睹的不仅是王朝交替，而且参与其中。围绕着政治权力之争，君臣、文武、上下等，彼此的矛盾冲突，各样人物的言行，可谓多异。对其载记与评价，体现着编撰者的观点。沈约不仅有史学业绩，更有独到体例所显现的史学思想，集中体现在《宋书》的列传、自序与志序上。

史书以列传叙述人物事迹，反映特定社会历史，始于司马迁人物列传，或一人一传，或几人合传，名篇有《屈原列传》《廉颇蔺相如列传》等，无论单传还是合传，主要追述传主的先人，少后人之事。沈约《宋书》列传，以司马迁正史不载录、超越范晔"父子两三世"

而独创的家传体例，开了以父祖为之传而附后裔纪传体断代史的先例。以《宋书·刘穆之传》为例，除写出佐助刘裕成就帝业封为南康郡公卓著业绩的本传外，后附"长子刘虑之""中子刘式之""少子刘贞之"与孙子、重孙裔辈的"虑之子刘邕、邕之子刘肜""式之子刘诏、刘衍、刘王禹及王禹子刘卷、刘藏""贞之子刘衮"等，还有"穆之之女婿蔡佑、蔡佑之子蔡孙"等人。

难得一见，传主之女及女婿附其后，这是沈约有感文化世家出了位才女，其孙女沈满愿的才华学识，不仅与东晋谢氏文化家族的"咏絮才女"谢道韫并列，更与梁武帝"东宫十学士"之首的刘孝绰之妹、当朝皇帝重臣徐勉之儿媳刘令娴相媲美。再如《沈演之传》，写传主谥"贞侯"的活动，向前追述简记高祖、祖、父的脉系，向后详细叙写其子沈睦、沈勃、沈统事，更写其兄沈融之子沈畅之、畅之子沈晔事。这是社会风气崇尚门第与家族谱牒于史学上的反映，带有鲜明的时代特色，是沈约"谨更创立，制成新史"的贡献。

沈约"谨更创立，制成新史"的贡献，在家传上有着清晰的脉系梳理与形象的叙写。司马迁以《太史公自序》为《史记》"成一家之言"作结，向上追述"世典周史"的司马氏，由秦至汉为太史公。太史公有子迁，承父志"悉论先人所次旧闻"撰《史记》，"论次其文"，由十二本纪起，十表八书，六十九列传，七十言己，"余述历黄帝以来至太初而讫，百三十篇"。

沈约的《宋书·自序》，向上追述少昊金天氏裔孙能业"玄冥师"官得到帝颛顼嘉之有沈国，也有春秋时国灭有沈氏之姓"谱牒罔存"的简述，既简述汉以来沈氏有封侯之业，也详述沈戎迁居乌程余不乡有武康沈氏支脉，更详述高祖沈警一脉之子穆夫、之孙渊子、云子、田子、林子与之曾孙正、焕、亮、邵、璞乃至璞之子、作者奉命撰写之事。沈约这篇排在列传六十的《自序》，比起太史公的《自序》，独创之处就在于是极为详尽的家传，体现出沈氏作为"世家"大姓的文化优势。吴兴沈氏世家的文化优势，是六朝向为侨迁大姓王、谢、庾、桓与吴地旧姓顾、陆、朱、张所不具备的。

沈约独创体例的写法，在《宋书》"志"中亦有体现。如果说其列传重传主后人事，故附记后裔几代，那么"志"则重在向之前的追述。《宋书》"八志"，多从三国论起，甚至追溯到东汉乃至更远，表明极度重视典章制度的沿革流变。八志之首为"志序"，概述志的源流和《宋书》志的缘起，溯本求源，阐释史书"志"撰述的艰难，"渊流浩漫，非孤学所尽；足蹇途遥，岂短策能运"①。与沈约同样历仕宋齐梁"三朝"的江淹曾曰："修史之难，无出于志"。突出"志"撰写的不易，原因何在？宋代郑樵《通志·总序》引江淹此语，进一步阐释曰："诚以志者，宪章之所系，非老于典故者不能为也。"史书之"志"，包括礼、乐、律、法、兵等天文、地理、政治、经济等维系邦国社稷的"宪章"大法，没有渊博知识"老于典故者"是无法撰写的。唐代刘知几《史通·古今正史》载录说：正因江淹认为"史之所难，无出于志，故先著十志，以见其才"之事，奉命撰写《齐史》，先作"齐史"中的"十志"，其书已佚。

沈约知难而上，写出30卷《宋书》之"志"，几乎占到《宋书》1/3的篇幅，在"八志"中，《礼志》《乐志》分别占了5卷和4卷，几乎又是占至了"八志"篇幅的1/3。从司马迁的《史记》到《三国志》，正史不曾有过，沈约的"八志"能如此，既彰显吴兴沈氏世家文化的深厚与丰润，更彰显出帝都第一藏书家、少好百家言、博识群籍、能作四代史的"休文大手"非同凡响的传承并弘扬华夏民族传统文化的史学业绩与史学思想。

三

沈约以聚书优势称誉建康，更以王谢庾桓侨迁"四姓"与顾陆朱张吴地"旧姓"不曾有撰写出纪传体断代史《宋书》的世家文化优势，既彰显沈氏世家文化的博大精深，也体现出丰厚的史学思想：

1. 王朝更替是历史发展的过程，代相递承。

社会演进是以史书"本纪"载录帝王世系鲜明地体现出来。历代帝王的兴起，根本在于："以功静乱"与"以德济民"。做不到用"功"平乱、用"德"济民，必然失祚。从天下统一到偏安江南的晋

---

① 沈约：《宋书》卷一一《志序》，中华书局1974年版，第203页。

朝，就是前车之鉴。"晋纲弛紊，其渐有由，孝武守文于上，化不下及，道子昏德居宗，宪章坠矣。重之以国宝启乱，加之以元显嗣虐，而祖宗之遗典，群公之旧章，莫不叶散冰离，扫地尽矣。主威不树，臣道专行，国典人殊，朝纲家异，编户之命，竭于豪门，王府之蓄，变为私藏。由是祸基东妖，难结天下。荡荡然王道不绝者若纯。"①孝武帝与其弟司马道子的昏聩，司马元显与王国宝沆瀣一气，加速"晋纲弛紊"。晋朝不断衰落的过程，为《宋书》本纪开国之君宋武帝刘裕的兴起提供了历史机遇。"高祖一朝创义，事属横流，改乱章，布平道，尊主卑臣之义，定于马棰之间。威令一施，内外从禁，以建武、永平之风，变太元、隆安之俗，此盖文宣公之为也。为一代宗臣，配飨清庙，岂徒然哉！"晋朝衰落是一个历史发展过程，刘宋由兴起到衰落，同样也是经历了一个逐渐发展变化的过程。

宋武帝刘裕"崛起布衣"，"功虽有余，而德未足也"，如果不是"树奇功于难立，震大威于四海"，成就不了代晋而立的大业。东晋自社庙南迁，皇权与相权同治，递归台辅。君道虽存，主威久谢。桓温雄才盖世，移鼎之业已成，却损于人望。自斯以后，晋道弥昏，司马道子开祸端，司马元显成末衅，桓玄藉运乘时，东进建康，虽称"楚帝"，却败于一时。高祖族非桓、文之美，但夷凶除暴，祀晋配天，不失旧物，诛内清外，功实静乱。但自太祖开始，"纲以疏行，法为恩息，妨德害美，抑此之由。降及大明，倾皮愈甚，自非讦窃深私。陵犯密讳，左降之科，不行于权威。若有身触盛旨，衅非国刑，免书裁至，吊客固望其门矣。由是律无恒条，上多弛行，纲维不举，而纲目随之。所以吉人防著在微，慎大由小，盖为此云。"宋文帝不善处理皇室内部的关系，导致矛盾激化，"剪落洪枝"，骨肉相残，宗族无亲，刘宋皇权衰落下去。

2. 前后承继的封建王朝，显现着天命合一的思想。

沈约《宋书》无论是开国君王的本纪，还是人物的列传，都带着神秘主义色彩。人的生死富贵，应着瑞气而来，随着征兆而去。特

---

① 沈约：《宋书》卷四二《王弘传论》，中华书局 1974 年版，第 1328 页。

别是《天文志》《符瑞志》《五行志》中，多有天命与皇权神授、灾异与应验等内容的叙事。如《符瑞志》以河图洛书符瑞大义为上篇、仁兽麒麟为中篇、五谷之长嘉禾为下篇的三篇符瑞，由黄帝轩辕氏、帝挚少昊氏、帝尧、帝舜、帝禹起，按历史顺序一直载录到南朝的刘宋。如言宋武帝得天下，是有符瑞为先兆的：

> 宋武帝居在丹徒，始生之夜，有神光照室。其夕，甘露降于墓树。皇考以高祖生有奇异，名为奇奴。皇妣既殂，养于舅氏，改为寄奴焉。少时诞节嗜酒，自京都还，息于逆旅。逆旅姬曰："室内有酒，自入取之。"帝入室，饮于盎侧，醉卧地。时司徒王谧有门生居在丹徒，还家，亦至此逆旅。逆旅姬曰："刘郎在室内，可入共饮酒。"此门生入室，惊出谓姬曰："室内那得此异物？"姬遽入之，见帝已觉矣。姬密问："向何所见？"门生曰："见有一物，五采如蛟龙，非刘郎。"门生还以白谧，谧戒使勿言，而与结厚。帝尝行至下邳，遇一沙门，沙门曰："江表寻当丧乱，拯之必君也。"帝患手创积年，沙门出怀中黄散一裹与帝，曰："此创难治，非此药不能瘳也。"倏忽不见沙门所在。以散傅创即愈。余散帝宝录之，后征伐屡被伤，通中者数矣，以散傅之，无不立愈。自少至长，目中常见二龙在前，始尚小，及贵转大。晋陵人车薮善相人，相帝曰："君贵不可言，愿无相忘。"晋安帝义熙初，帝始康晋乱，而兴霸业焉。

这是《宋书·符瑞志上》载刘裕移晋祚之事，生时有"神光"，醉酒现"五采如蛟龙"本相，符瑞表明：必为天子，代晋而起。王朝交替为最复杂的历史现象，是各种社会政治力对立和冲突的结果。单纯"以功静乱"和"以德济民"来断定，未能使人完全信服，遂用天命论来认识阐释。

沈约以天命思想思考历史，将君主受命视为秉承天意，"创业之君，自天所启"。又说："圣王膺录，自非接乱承微，则天历不至也。自三、五以来，受命之主，莫不乘沦亡之极，然后符乐推之运，水德迁谢，其来久矣。"《宋书·武帝纪中》载晋恭帝诏书云："昔火德既微，魏祖底绩，黄运不兢，三后肆勤。故天之历数，实有攸在。"称禅位是"稽天人之至望"。宋代晋之兴是天的安排，体现天的意志。沈约称萧道成代刘宋为萧齐，"功高德重，天命有归"。沈攸之在宋齐革易之际试图起兵，"不识代德之纪，独迷乐推之数"。其行忠义可嘉，但违背天意，必然以失败结束。与此同理，萧梁取代萧齐，也是天意。相信天人感应，对阴阳灾异现象附会人事，加以"天命"般的解释。

3. 社稷安稳与否，民心所向起着重要作用。

自春秋以来，"民为邦本"思想为史官所共识，沈约更有清醒的认识，《宋书》中载其"胜败之数，实由众心，社庙尊严，民情所系"之言，"汉氏载祀四百，比祚隆周，虽复四海横溃，而民系刘氏，伐伐黔首，未有迁奉之心"之论，独到深邃。民者，社稷的根本，民心所向是汉朝延续四百年之久的根本。"鼎运虽改，而民未忘汉。"要巩固国祚，就要争取民心。《左传》中春秋郑国名相子产"不毁乡校"的民本思想，《国语》中"国人暴动"赶走周天子等，显现出民心向背的作用。沈约如此叙事，反映了对群籍的博识，反映了史学思想与社会发展同步的认知。

沈约稽考历史，把历代君主分为三等，上等的是尧舜之主，不是役民以利己，而是视民如子。下等的是桀纣之主，尽民命以自养，视民如仇。君主治理天下，必须以民为主，才能稳定统治。沈约对刘宋君主治理国家正反方面的经验与教训进行的深入思考与总结，称道爱民、恤民的君主。如高祖刘裕"起自匹庶，知民事之艰难"，体恤民情，朝野安宁。桀纣之主的宋孝武帝，当政的大明年间，"其将尽民命乎，虽有周公之才之美，犹终之以乱，何益哉！"治理天下要实行善政、德政，宽刑役，减赋税。善政德政之于民，犹良工之于物也，用工寡而成器多。故而人物传多称赞"勤恤百姓民便之"的贤臣，反对暴虐伤民，引周朗批评刘宋王朝"急政严刑"，主张"家宽其役，户减其税"，周朗上书，因所谈"多切治要"而被杀，这是言路未开。如此君主当政，难于长治久安。

4. 玄学风度与儒家伦理结合的品评，崇尚人物的高洁品格。

沈约"列传"载记的人物，以中国传统"儒学伦理"与时尚玄学风度进行叙事，写其貌，载其事，加以言简意赅的品评，充满敬佩之意。《沈怀文传》称："少好玄理，善为文章。"《羊欣传》称："素好黄老。"《袁粲传》的传主："清整有风操"，"气志渊虚，姿神清映，性孝履顺，栖冲业简，有舜之遗风"。《谢瞻传》誉曰："年六岁，能属文，当时才士，莫不叹异。""善于文章，辞采之美，与族叔混、族弟灵运相抗。"《王微传》称："少好学，无不通览，善属文，能书画，兼解音律、医方、阴阳术数。"亦以同样笔法审视帝王或名臣。宋文帝有"天授和敏之姿，自禀君人之德"。《谢晦传》突出托孤重臣"美风姿，善言笑，眉目分明，鬓发如点漆"的神韵。《王景文传》誉曰："美风姿，好言理，少与陈郡谢庄齐名。"《武三王列传》称庐陵王刘义真"美仪貌，神情秀澈"；江夏王刘义恭"幼而明颖，姿颜美丽"；衡阳王刘义季"幼而夷简，无鄙近之累"。

沈约评价人物注重以儒学伦理道德来品评，强调君臣大义，推崇孝道。《赵伦之传》曰："幼孤贫，事母以孝称。"《蔡兴宗传》载其事："十岁失父，哀毁有异凡童。幼立风概，家行尤谨，奉宗姑，事寡嫂，养孤兄子，有闻于世。"《孝义列传》记载一批孝义出众者，如"独秉身贞白，抗志不挠，殡送旧君，哀敬尽礼，全操九载，不染伪朝"的龚颖。"七岁丧父，事母至孝。年五十二，又丧母，三年不进盐酪，号泣昼夜不绝声"的刘瑜。赞美忠孝，对父母尽孝之人，才可能对君主尽忠，"求忠臣必于孝子之门，盖以类得之也"。

沈氏家族的起起伏伏，付出惨重代价，不仅是个体的，而且是家族的。家族文化的荣耀至关重要，为一朝一君或为"桀纣之主"断送性命是没有意义的，承孝为嗣则是家门兴盛的根本。"王祥卧冰（亦曰卧冰求鲤）"，以孝奠定家族"箕裘不坠""文雅素养"的文化传统。《宋书》中立祚的高祖刘裕，"事继母甚孝"。沈约13岁"潜窜"，孤贫中与母相依为命。梁武帝立祚，封"建昌国太夫人"，朝野以为荣。沈约崇尚人物高洁品行，用儒家伦理孝道品评人物，既是自身行事的形象折射，也反映出世家大族维护名门"与时推迁"的根本所在。王俭是"与时推迁"的典型，主持编写古今图书目录，将皇家所藏书分为《经典志》《诸子志》《文翰志》《军书志》《阴阳志》《艺术志》《图谱志》七个类别，既显现家族文化的卓绝，也是刘宋之臣而为南朝萧齐名相。王俭如此，由萧齐"永明体"的"竟陵八友"到萧梁立祚功臣的沈约，有何非议？这是"史学居长"的沈约史学业绩，也是奉诏命撰《宋书》史学思想的深层蕴含。

第三节　沈约文学思想、主张及创作中的彰显

沈约"四十而不惑"之年入仕萧齐王朝，为文惠太子家令，为"好文学"竟陵王萧子良的"八友"之首。"六十而耳顺"的花甲之年，参与并谋划"八友"中萧衍代齐自立。萧梁立祚，沈约耆年硕望，"一代词宗"。他曾与谢朓、王融等开创"永明体"，把周颙发现的"四声"用于诗歌，提出"八病"说。进而归纳出较完整的诗歌声律理论，促成诗歌由古体向近体的发展，影响着"四六句"骈体文的创作，丰富《四声谱》与散见于《宋书》中《谢灵运传论》《陆阙传》等论传的文学思想与"三易"说的创作主张，于自身不同体裁实践中有着生动的彰显，在诗歌的创作中彰显得更为鲜活。

一

沈约文学思想的形成与文学创作主张的提出，是南朝承魏晋而来社会思潮发展的必然。此时是人的觉醒和文学的觉醒时期，摆脱了儒家诗教和经义之学的束缚，走上独立发展具有创作主体个性之路。"魏晋南北朝的文学理论和文学批评，相对于文学创作异常地繁荣。"[1] 在沈约之前或同时，出现曹丕《典论·论文》、陆机《文赋》，刘勰《文心雕龙》与钟嵘《诗品》四部文学理论著作，这对沈约文学思想的形成与文学主张的提出，有着渗透感悟与积极影响。

曹丕的《典论·论文》是中国文学批评史上第一篇文学专论，

---

① 袁行霈、罗宗强：《中国文学史·魏晋南北朝文学·绪论》，高等教育出版社 2005 年版，第 4 页。

提出"文以气为主，气之清浊有体，不可以力而致"的著名论断。清是俊爽超迈的阳刚之气，浊是凝重沉郁的阴柔之气。属于作家个人所独有的个性气质不同，"四科八种"文体特点的不同，所以表现在文学作品中的品格必然多样化，"虽在父兄，不能以移子弟"，"建安七子"显示出各自才能就是明证。批评"文人相轻，自古而然"的积习。"盖文章，经国之大业，不朽之盛事"。古人向有"三不朽"之说，《左传·襄公二十四年》载：鲁国大夫穆叔有立德、立功、立言"三不朽"之说。魏文帝文章"不朽"说，阐释包括文章在内的文学价值的社会作用，给予前所未有的崇高评价，突破此前轻视文学的观点，明确地指出文学创作在国家治理中的重要地位。这种文学自觉的崇尚自然的风气，遂使皆好文学的士族大姓在六朝均能维持门楣荣耀，也使南朝帝室均重文学，刘宋王室成员编出《世说新语》，萧齐王朝出现西邸文学，萧梁王朝有梁武帝、昭明太子、梁简文帝、梁元帝四个文学集团。

陆机的《文赋》在曹丕《典论·论文》的基础上，又有发展与创见，不仅提出立意、剪裁、音韵等诸多命题，而且揭示了"诗缘情"[①] 艺术构思的奥秘，进一步阐释赋、碑、诔、铭、箴、颂、论说等文体区分的标准与特点。

刘勰《文以雕龙》是中国第一部系统的文艺理论巨著。按《序志》所言，"齿在逾立，则尝梦执丹漆之礼器，随仲尼而南行，旦而寤，乃怡然而喜"。分上下两编、每编各 25 篇，三十多岁时写成，引论古今文体及其作法，其文学思想是传统观念与时代思潮汇聚展现出对文体、创作、批评与写作中各种问题的探讨，《风骨篇》曰："练于骨者，析辞必精；深乎风者，述情必显。"承扬着建安风骨"登山则情满于山，观海则意溢于海"深化着"诗缘情"的观点，而《声律篇》"声有飞沉，响有双叠"，呼应着"永明体"的声韵审美。

钟嵘（？ 468—？ 518 年），曾出入竟陵王的西邸。梁天监三年

① 陆机：《文赋注译》，周伟民注译，中州古籍出版社 1985 年版，第 22 页。

（504 年），衡阳王萧元简为会稽太守，钟嵘为记室。天监十三（514
年），萧元简回帝都任职，钟嵘归建康，完成《诗品》。"钟嵘尝求誉
于沈约，约拒之。及约卒，嵘品古今诗为序，言其优劣。"① 所评对
象《诗品序》曰："其人既往，其文克定。今所寓言，不录存者。"
所评梁朝诗人有范云、丘迟、任昉、沈约、范缜、虞羲、陆厥、江
洪、鲍行卿与孙察 10 位，可考卒年最迟者为沈约。钟嵘向沈约"求
誉"遭到拒绝，沈约去世后自己作"序"的"品古今诗"之作行世。
序有言："方今皇帝，资生知之上才，体沉郁之幽思，文丽日月，赏
究天人，昔在贵游，已为称首。况八纮既奄，风靡云蒸，抱玉者联
肩，握珠者踵武。以瞰汉、魏而不顾，吞晋、宋于胸中。"这迎合着
好大喜功、且好文学的梁武帝，《诗品》自当流行。

　　钟嵘《诗品》是在沈约去世后流行，主体于沈约存世已完成，
"求誉"何以拒绝？《诗品》把沈约放在中品，与梁朝的范云、丘迟、
任昉并列。范云与沈约是梁武帝口中"成帝业者，乃卿二人"者之
一，任昉有"任笔沈诗"之誉，同郡的丘迟何以与"一代辞宗"同
列？遂有沈约"拒"誉之举。钟嵘《诗品》用"品"的标准来论作
者及其名篇佳句，标准为九品。"昔九品论人，《七略》裁士，较以
宾实，诚多为值。至若诗之为技，较而可知，以类推之，殆均博
弈。""九品"品评往往有失误之处，对文学创作"缘情"的诗歌来
说，却有着"可知"的标准，诗歌是通过"技"的艺术构思与文字
表达的，作者以自己的审美意识与"赋、比、兴"的艺术方法向世
人展示。《诗品》上中下"三品"所评，不是作者"独观为警策"
的自誉，也不是"准的无依"地"朱紫相夺"的随意。

　　或在沈约之前，或与沈约同时，几部有影响的文学理论著作，努
力把文学与学术进行区分，从而探索文学的特点、分类、规律与价
值，这催发并影响着沈约文学思想的形成与文学创作主张的提出。

二

　　历经宋、齐、梁三朝的沈约，虽无曹丕、陆机、刘勰、钟嵘那样

---

① 　李延寿:《南史》卷七二《钟嵘传》，中华书局 1975 年版，第 1778 页。

有专著或巨著来论述自己的文学思想与文学主张，却于所撰《宋书》"列传"中用"传""论"形式加以显现。文学思想很丰富，多发前人所未见，主要显现在以下方面：

1. 创新求变，强调发展变革。

作为反映思想情感的文学创作，不是一成不变的。随着人类社会历史的不断演进，文学创作也在演变着、进步着、发展着。从原始的口头传说到神话，从《诗经》的四言诗到屈原的"楚辞体"，从乐府民歌到文人辞赋，从"在心为诗，发言为志"的诗教到寄情抒怀的山水诗，题材的变化，体裁的不同，都表明着文学创作的态势是随时推移的，求变创新的。

趋时求新的意识在沈约的文学思想中十分明显，《宋书·谢灵运传论》曰："自汉至魏，四百余年，辞人才子，文体三变。相如巧为形似之言，班固长于情理之说，子建、仲宣以气质为体，并标能擅美，独映当时。……降及元康，潘陆特秀，律异班贾，体变曹王，缛旨星稠，繁文绮合，缀平台之逸响，采南皮之高韵。遗风余烈，事极江左。有晋中兴，玄风独振，为学穷于柱下，博物止乎七篇，驰骋文辞，义殚乎此。自建武暨乎义熙，历载将百，虽缀响连辞，波属云委，莫不寄言上德，托意玄珠，道丽之辞，无闻焉尔。仲文始革孙、许之风，叔源大变太元之气。爰逮宋氏、颜谢腾声，灵运之兴会标举，延年之体裁明密，并方轨前秀，垂范后昆。"这段精彩的论述，集中阐述了沈约对文学创作的观点：主要包含着两个层次面：对汉魏晋宋文学的发展趋势作了系统论述，对汉至南朝刘宋王朝的著名文学家作了语录式的经典品评。

沈约在对汉魏晋宋文学的发展趋势作系统论述时，与历史思想一样，把其视为一个发展的过程，并分为四个阶段：汉魏时期、西晋时期、东晋时期与南朝的刘宋时期。每个时期都各有特点，尤其强调突出了一个"变"字。随着汉魏到刘宋的历史演进过程，出现了文学自身发展的"文体三变"。第一变：西晋"律异班、贾，体变曹、王"。第二变：东晋"玄风独扇"。第三变：宋初"仲文始革孙、许之风，叔源大变太元之气"。沈约认为以潘岳、陆机为首的西晋诗歌继承了汉魏班曹的传统，以华丽辞藻变革文学风气。沈约对具有新倾向、新意识的文学评价相当高，这是在以往的文学土壤中孕育创作新的胚胎。东晋却将其导入歧途，变成玄言诗。殷仲文、谢混紧接着进行变革，变革之后，在颜延之、谢灵运的作品中结出了硕果。沈约高度评价以殷仲文、谢混、谢灵运、颜延之为之代表的作家对玄言诗风的革新。文学创作在这新的变动中，充满着生命力。没有变，就没有文学的生机，这是沈约所要强调与突出的。

沈约系统论述汉魏晋宋文学发展趋势，不是空发议论，而是以统一的大汉王朝至正祚所在的南朝刘宋王朝文学家为评点对象的，他们是司马相如、班固、曹植、王粲、潘岳、陆机与陆云、沈约、孙绰、许绚、谢混、颜延之、谢灵运等。他们各自己有着怎样的创作特点？沈约用精辟的语言，一句以括之：司马相如"巧为形似"之言，班固"长于情理"之说，曹子建、王仲宣以"气质为体"独擅审美，潘、陆特秀而缛旨星稠。在"文体三变"的演进过程中，最为突出的则是与自己齐名的谢混、谢灵运与颜延年。沈约始革孙、许之风，谢叔源大变太元之气，谢灵运之兴会标举，颜延年之体裁明密。可谓特点奇出，各有标新。

2. 不拘于古，倡导"永明体"的"四声八病"说。

文学创作的求变向新，于文学思想的具体显现则为沈约"永明体"的"四声八病说"。沈约撰《四声谱》和"八病"说、反切说，《梁书·沈约传》言："约撰《四声谱》，以为在昔词人，累千载而不悟，而独得胸襟，穷其妙旨，自谓入神之作。"他的《宋史·谢灵运传论》的后半篇，对诗歌声律作了精辟的分析。前人作诗不是没有韵，但对韵的辨析不清。沈约的声律理论以四声定韵，使诗句中用韵有了可遵循的标准。古诗歌谣重在内容上的律声，节奏组合随内容不同而长短错落，没有一定的限制。"永明体"偏重外形的声律，与汉魏古诗不同，汉魏古诗虽讲求平衡整齐，但长短句没有固定。"永明体"讲求较固定的长短规律，重在外形的声律。古诗重自然的音节，虽是韵文，与口语相接近，其音节重在合于语言协调，利用语言中的双声叠韵，发挥语言音节之美，是一种自然的音节。"永明体"音节重在每个字的平仄四声关系，是一种人为的音律。

沈约"四声"声律论促进诗歌的格律化，调整诗歌创作字声配成的律联，这正是"永明体"的声律特色。齐永明年间周颙发现汉字的平上去入音调，始著《四声切韵》。沈约将其发现用于诗的格律上，归纳出比较完整的诗歌声律论："夫五色相宜，八音协畅，由于玄律吕，各适物宜，欲使宫商相变，低昂互市，若前有浮声，则后须切响。一简之内，音韵尽殊；两句之中，轻重悉异；达妙此旨，始可言文。"以调色为喻论声律，各种色彩调配相宜，就能收到五色协调、色彩鲜艳的效果。运用到诗歌创作，以声调（律吕）而论，各种音调协配得当，就能八音和谐，有韵律之美。沈约对当时盛行的五言诗律联平仄作了规范的分析，举例论证。曹子建《函京》之作："从军渡函谷，驱马过西京。"王仲宣《霸岸》之篇："南登霸陵岸，回首望长安。""五言之冠"的诗人曹植与"建安七子"之首的王粲，诗名在后世，就是其诗歌创作"正以音律调韵"取得成功的。

合韵者为美，不合者则是病。"永明时盛为文章，吴兴沈约、陈郡谢朓、琅邪王融，以气类相推敲，汝南周颙善识音韵。约等文皆用宫商，将平上去入四声，以此制韵，有平头、上尾、蜂腰、鹤膝，五字之中，音韵各异，两句之间，角徵不同，不可增减，世呼为永明体。"① 周颙《四声切韵》、沈约《四声谱》、王斌《四声论》完成于永明时期。随着四声上升到理论，运用到创作实践，就出现了诗歌"八病"说。沈约认为："诗有八病：平头、上尾、蜂腰、鹤膝、大韵、小韵、旁纽、正纽。"这八种创作上的"病"，前"四病"讲声，后"四病"讲韵。"八病"与"四声"紧密相关，"四声"提出了音律的原则，"八病"则是为了不违背"四声"音律而提出的使诗人避免音节犯病失调导致不合音律之误。齐永明年间，谢朓、沈约等人诗歌注重对偶雕琢，归纳出诗歌声律方面的特点。沈约为代表的"永明体"是中国诗歌走向格律化的开端，也是古体诗过渡到近体诗的桥梁。沈约对诗律学做出了重大贡献，使之与刘勰齐名。刘勰的

---

① 李延寿：《南史》卷四八《陆厥传》，中华书局1975年版，第1194页。

《文心雕龙·声律》所持见解与沈约"永明体"的"四声八病"主张略同，刘勰的理论比沈约高出一筹，可刘勰缺乏格律诗的创作实践。从新体诗的兴起来说，沈约比刘勰的贡献更大。

3. 注重性情，抒写人生的喜怒哀乐。

情性就是指人的真情实感。情是中国古典文学理论中最有活力的因素，是人道、人情的象征，随着时代发展而具有越来越丰富的内容和越来越深厚的蕴含。

沈约论及的情、情性，主要是指人的喜、怒、哀、乐，这是天生之情。"民之生，莫有知其始也，含灵抱智，天地之间。夫喜怒哀乐之情，好得之性，不学而能，不知所以然而然也。"这种本于自然的本性是"不学而能"的"情"。《桐柏山金庭馆碑》云："早尚幽梗，屏弃情累，留爱岩壑，托分鱼鸟。"认为情性是天然真情，人皆有被"情累"之时。如何解脱？"留爱岩壑，托分鱼鸟。"由山水、由动物来托分。沈约笃信佛教，性情颇受其影响，佛性于人而言，指的是人性，自然真性，与生俱来的性净之心。沈约《神不灭论》说："贤与愚，盖由知与不知也。愚者所知者少，贤者所知者则多。而万物交加，群方缅旷，情性晓昧，理趣深玄。"人人皆有性情，只不过其性情的多少，区别在于贤愚的知与不知。

性情是怎样产生的？《宋书·谢灵运传论》曰："发禀天地之灵，含五常之德，刚柔迭用，喜愠分情。夫志动于中，则歌咏外发、六义所因，四始攸系，升降讴谣，纷披风什。虽与夏以前，遗文不睹，禀气怀灵，理或无异。然则歌咏所兴，宜自生民始也。"诗歌是人思想感情的外现，人的本性所致，心情的自然流露。这就强调文学是作者情志、性情的表现，是有感而发的。"周室既衰，风流弥著，屈平、宋玉导清源于前，贾谊、相如振芳尘于后，英辞润金石，高义薄云天。自兹以降，情志俞广。王褒、刘向、扬、班、崔（现行注释本均不明所指之人）、蔡之徒，异轨同奔，递相师祖。"自《诗经》以来直至汉魏南北朝，莫不如此。屈平、宋玉、贾谊、司马相如、王褒、刘向、扬雄、班固以及蔡邕，相递以祖，都是性情中人。东汉之后，性情更为张扬，"平子艳发，文以情变"。张衡的文学创作，是以"情变"为原动力的。建安文学"甫乃以情纬文，以文被质"，曹氏父子以"以情纬文"，引导了文学的方向。"诗缘情而绮靡"，言性抒情，诗歌创作自古至今，一脉相承。

在沈约的文学思想中，注重婉转流美的诗风。齐梁诗的创作与品评注重对诗歌内在美的追求，取得了打破传统的创新，从追求艺术美的角度出发，对声律、辞藻、怀韵加以强调。这是对诗歌艺术美的深入认识，有利于诗歌艺术性的提高。沈约以其敏锐的思维和直觉直接领导了这场变革。于变革的创作实践中，注重诗歌创作的声律，注重文辞富丽。注重声律是对诗歌形式美的要求逐渐加强，齐梁声律论得到发展，产生了新体诗。沈约适应重视音律美的心理，提出以"四声八病"为内容的声律理论。声律论一出，时人风行影从。其根据美学原则制定的文辞格式，引起了文人的景慕，遂造成文学上一时的"转相祖述"，声律论行于世。合律与否成了诗文批评的一个标准，也是新体诗广被文坛的重要原因。沈约的声律论，对齐梁诗歌影响十分重大。

沈约主张华美流丽、极富文采的语言，这样才有艺术表现力和艺术感染力，反对宋玉、司马相如竟为"侈丽之词而没其讽谕之义"的偏颇看法，不赞成"质而无文"班固的诗歌创作。十分欣赏张衡，"文采富艳，感情鲜明"。对"以气质为体"而又富有文采的"五言之冠"曹植、"建安七子之首"王粲特别称誉。玄言诗所以不能久长，就是缺乏"道丽之辞"，谢混对其"大变"是值得弘扬的。晋宋代表作家潘岳、陆机、谢灵运、颜延之，他们都是有文采的文学家。诗歌有了文采，才能显现出婉转的诗风。

沈约针对晋宋以来愈趋生涩典正的诗风，提出了以"易"为核心的文学理论："文章当从三易，易见事，一也；易识字，二也；易诵读，三也。"① 《谢灵运传论》中指出："至于先士茂制，讽高历赏，子建'函京'之作，仲宣'霸岸'之篇，予荆'零雨'之章，

---

① 关于"三易"说，颜之推《颜氏家训·文章篇》载沈隐侯曰："三易：易见事，一也；易识字，二也；易读诵，三也。"

正长'朔风'之句,并直举胸情,非傍诗史。"要求用富有文采的语言,不用冷僻难懂的典故,不用艰涩难认的字眼,不用难读的声律。这样的文学创作,声音和谐,晓畅明白,琅琅流利,使人易懂易识易诵。沈约极力赞赏谢朓的"好诗圆美流转如弹丸"的提法,体现了一种新的审美趣味,实质上是对时代文气的革新。

三

沈约的文学思想及提倡"三易"的文学主张,是以丰富的文学创作实践为基础的。沈约诗、文、赋体裁多样的创作,形象地彰显着文学思想及文学主张。

> 伏见诏书:以臣母封为建昌国太夫人,庆溢蓬门,荣流素族,恭荷屏营,罔识攸置。臣禀训私闱,志涂靡立,勉以为义,诚有由然,输力致几,曾无万一天慈罔已,至德弥光。探其私志,降此洪泽,荣亲之至,始自微臣,率斯道也。方流万物,草卉轻命,固莫云酬。

这篇百余字《谢母封建昌国太夫人表》,是沈约于天监初年(502 年)呈给朝廷赐母亲为诰命的谢表。梁武帝立祚,大封功臣,沈约为建昌县侯,其母亦受诰封,朝野为荣。故其文以四言句式排比的艺术方式,既言"蓬门""素族"因皇帝"诏书"而"至德弥光",也言"诚有由然""至德弥光"的臣家沈氏之功来自"禀训私闱",更言"荣亲之至"的帝室"洪泽"大恩。谢表文情并茂,简洁明快。沈约的制、诏、敕、令、章、表、上书、上言、奏弹、议、启、论等,皆因事而作,有着鲜明的褒贬情感,体现讲究行文之美的文学思想与"三易"主张的文风。不同文体之文如此,赋体亦如此。

> 愍衰草,衰草无容色。憔悴荒径中,寒荄不可识。昔时兮春日,昔日兮春风。衔华兮佩实,垂绿兮散红。岩陬兮海岸,冰多兮霰积。布绵密于寒皋,吐纤疏于危石。雕芳卉之九衢,霄灵茅之三脊。风急崤道难,秋至客衣单。既伤檐下菊,复悲池上兰。

飘落逐风尽，方知岁早寒。流莺暗明烛，雁声断裁续。霜夺茎上紫，风销叶中绿。秋鸿兮疏引，寒鸟兮聚飞。径荒寒草合，草长荒径微。园庭渐鞠没，霜露日沾衣。

这是沈约写的《愍衰草赋》，全赋在五言行文中又杂以六言之句，六言中运用介词"于"的结构，在这种"技"的艺术构思中，由眼下的"衰草"而写到"春日""春风"乃至"佩实""散红"的芳灵之姿，最后由"径荒""霜露"呼应开篇"无容色"的衰草，通过衰草来表达内心深处的"怜愍"感情，不仅词富景丽，而且意深情真，其他如《丽人赋》《愍涂赋》《悯国赋》《郊居赋》与《高松赋》等，莫不如此。

沈约文学思想及"三易"的文学主张，在诗歌创作中彰显得最为形象，尤其是山水题材的诗篇。如《新安江至清浅深见底贻京邑游好》，曰：

眷言访舟客，兹川信可珍。
洞彻随深浅，皎镜无冬春。
千仞写乔树，百丈见游鳞。
沧浪有时浊，清济涸无津。
岂若乘斯去，俯映石磷磷。
纷吾隔嚣滓，宁假濯衣巾。
愿以潺湲水，沾君缨上尘。

新安江源出安徽省休宁、祁门两县境，流入浙江省境，至建德合流为兰溪，东北流入钱塘江。其水无论深浅，无论冬春，新安江水都是清澈见底，明净如镜。沈约这首山水五言诗，是由南齐尚书吏部郎出为东阳（今浙江金华）太守时途经新安江有感而发。受高帝、武帝两朝厚遇的沈约被谪出京，心情郁郁。面对新安江"皎镜无冬春""清济涸无津"的清澈纯净，领略这样的美景，心底自然涌出"岂若乘斯去"的对远离帝都复杂形势而感到庆幸的意念。油然生出"愿以潺湲水，沾君缨上尘"的感慨，委婉劝告朋友不要眷念尘嚣。当代学者杨明在《南朝诗魂》中评价道："沈约当此多事之秋，离开纷嚣险恶的京城，来此山水明瑟之境，其心情可想而知。仕途出现波折，固然使他不快；但远离是非之地，又可乘机邀游山水，又怎能不感到庆幸？诗的最后几句，就是此种心情的自然流露。"

纵观沈约题材广泛、内容丰富的诗歌创作，或为清新怡人的山水诗，或为述志抒情的咏怀诗，或为日常生活的咏物诗，或为宫体诗先驱的艳情诗，其诗无论何种取材，也无论四言、五言、七言诗或杂言诗，皆体现着"长于清怨"而善于抒发个人愁怨、身世遭遇之情，体现着文学"流变"的过程，更体现着"新变"独创诗歌风格。沈约集前人之长，在"变"中进行艺术构思与捕捉景物之异而用繁富工丽的语言加以创作，既以其文学思想及文学主张指导着创作，也以丰富创作实践彰显其文学思想及创作主张反哺文学的魅力。

第四节　沈约诗歌不同题材的创作成就

沈约领齐梁文学风气之先，是声律论的主要倡导者和"新体诗"的主要实践者。"以为在昔词人，累千载而不寤"，只有"独得胸衿，穷其妙旨，自谓入神之作"[①] 的沈约，有仕齐梁殿堂显要的政治地位，有通百家言为"四代史"的"史学居长"的《宋书》之作，更有以超越史学的文学思想贡献和杰出创作实践而名盛南朝。"时谢玄晖善为诗，任彦升工于笔，约兼而有之。"[②] 梁简文帝在《与湘东王论文书》中推崇沈约，"文章之冠冕，述作之楷模"。虽是各体兼擅，与任昉被誉为"沈诗任笔"，诗歌成就更为突出。刘宋不显，齐梁而为"一代词宗"[③] 的沈约，理论与实践并重、文学创作和文学批评兼长。诗歌创作更以和谐流畅而形成于齐武帝年间"永明体"的音韵之美与"长于清怨"的独特风格，影响着齐梁诗风的发展，更为唐

---

①　姚思廉：《梁书》卷一三《沈约传》，中华书局1973年版，第242页。

②　李延寿：《南史》卷五七《沈约传》，中华书局1975年版，第1410页。

③　李延寿：《南史》卷五九《任昉传》，中华书局1975年版，第1454页。

代诗歌的辉煌到来打下了基础。

沈约所著繁富，多已散佚，今有《汉魏六朝百三家集·沈隐侯集》，明人张溥辑刊。其集二卷，所收乐府 107 首、诗 130 首，有《六朝诗集》本，《沈隐侯》十六章、《附录》一卷本，清吴汝纶集撰一卷本。当代逯钦立《先秦汉魏晋南北朝诗·梁诗》，录有沈约 182 首诗。其数量远远超过同时代的其他诗人，谢朓存诗 146 首，江淹存诗 125 首，何逊存诗 68 首。沈约诗歌形式上有四言诗、五言诗、七言诗，乃至杂言诗。不拘泥于形式，大胆创新，灵活多变，题材广泛，有描写不同层面的女性诗，有清新怡人的山水诗，有述志抒情的咏怀诗，有日常生活的咏物诗，有痛悼至亲好友的忆旧诗，有侍奉对答朝堂的应制诗。五言诗写得最好，杂言最具特色。沈约善于抒发个人愁怨、身世遭遇之情，显现六朝吴兴沈氏文化世家的历史渊源，显现不同景色、不同际遇下融情于景而讲求声韵和谐之美的独创性。钟嵘认为沈约之诗"宪章鲍明远"，陈祚明《采菽堂古诗选》则言："休文诗全宗康乐。"沈约的诗歌创作集两人之长，用繁富工丽的语言，表现自己清怨的风格，袭故而弥新，用意更婉切。

一

沈约描写不同层面的女性诗，多取材帝苑女性，以写实的手法、艳丽的字句，衬托女子之娇美，这与齐梁宫体诗的形成有重要联系。所描写女性容貌体态与相思怨情的诗篇，开了梁代宫体诗的先例，启梁简文帝"意浅而繁，文匿而彩，词尚沿轻险，情多哀思"的宫体之端。葛晓音《论齐梁诗的功过》说："艳情诗在刘宋鲍照、汤惠休的作品中已经出现，在齐梁盛行则是沈约首开其风，后为萧纲推而广之。"内容上看比较复杂，既有传统的沿袭，也有不受拘束的突破。

传统闺怨诗着重人物情感，哀叹人生不遇与眷恋别离，沈约沿袭传统，注重对感情的细致描绘，内容以表现女子的相思和离愁为主，用传统的"男子作闺音"的创作描写，心理揣摩得更为逼真。

> 河汉纵且横，北斗横复直。星汉空如此，宁知心有忆？
> 孤灯暧不明，寒机晓犹织。零泪向谁道，鸡鸣徒叹息。

这首《夜夜曲》诗在季节上从寒秋深夜起笔，用斗转星移的宏阔宇宙为背景，刻画了思妇满腔的惆怅，"孤灯暖不明，寒机晓犹织"。用繁忙劳累排遣心中苦闷，夜夜"孤灯"织布到天明，思妇凄凉处境与孤独情感凸显于纸上！再如《古意》诗："挟瑟丛台下，徙倚爱容光。亡立日已暮，戚戚苦人肠。露葵已堪摘，淇水未沾裳。锦衾无独暖，罗衣空自香。明月虽外照，宁知心内伤。"独自亡立，夕阳下发出哀叹，昔日形影相随，如今形单影只，罗衣再香有什么用？哀伤无处可托，心事更是无人可述。再如《拟青青河畔草》：

> 漠漠床上尘，心中忆故人。故人不可忆，中夜长叹息。
> 叹息想容仪，不言长别离。别离稍已久，空床寄杯酒。

帐帷落满灰尘，何以如此？女子（孤零零地）独居家中，故人远游，相思难耐，彻夜不眠。无尽的哀怨在沉重的叹息与无奈的"寄杯酒"中生动地展现出来，更何况以酒寄别离，离情更痛苦，这是闺怨诗的传统表现。

沈约突破传统闺怨诗的创作，是吟咏女性容貌仪态的诗，如《拟三妇》《梦见美人》《八咏》等。后来以萧纲为代表的梁陈宫体诗，主要特征也在女性的肖像上，这在实际上确定了"宫体诗"的情趣。沈约取材于女性的诗，对女性的外貌、体态、表情、举止、衣着、用具以及其居室和周围环境精细的描绘，与古代闺怨题材绝不相同，重点不是心理活动、精神世界的感受，而是微妙的面部表情变化和手足的动作，以女性姿容为中心，进行细致逼真的描写。

沈约之前，描绘女性姿容诗只是偶尔为之，诗教"发乎情，止乎礼"，重"德"不重"容"。对女性"容"加以关注的诗在永明之前极难找到，即使在"儿女情多"的张华作品中也难发现这样的诗句。从诗教观点来看，那是"色"的倾泄。古典诗歌中虽有女性容言的描写，是为诗教服务，意在突出宫闱女性血统的高贵。如《诗经·硕人》对庄姜夫人的描写："硕人其颀，衣锦褧衣，齐侯之子，卫侯之妻，东宫之妹，邢侯之姨，谭公维私。""手如柔荑，肤如凝脂，领如蝤蛴，齿如瓠犀，螓首蛾眉，巧笑倩兮，美目盼兮。"逼真地描绘出庄姜的美丽，犹如一幅美人图，鲜活地出现在世人的面前。特别是"巧笑倩兮，美目盼兮"更为生动，清人姚际恒《诗经通论》说："千古颂美人者，无出其右，是为绝唱。"清人方玉润《诗经原始》曰："千古颂美人者，无出'巧笑倩兮，美目盼兮'二语。"第二章诗直接描写，第四章"庶姜孽孽"侧面描写，"从旁摹写，极意铺陈，无非为此硕人生色，画龙既就，然后点睛，瀹去已成，而月自现"①。用具体可感之物比喻庄姜之美与尊贵，讽刺卫庄公的违礼。汉乐府诗《陌上桑》《羽林郎》中的罗敷、胡姬，用外貌之美辉映人物道德情操，曹植《美女篇》用美女寄托自己的品格。

沈约把女性的人体纳入纯粹的审美来观照，三十句诗的《少年新婚为之咏》，大量篇幅是描写这位新娘的形体之美，曰：

> 山阴柳家女，薄言出田墅。丰容好姿颜，便僻巧言语。
> 腰肢既软弱，衣服亦华楚。红轮映早寒，画扇迎初暑。
> 锦履并花纹，绣带同心苣。罗襦金薄厕，云鬓花钗举。
> 我情已郁纡，何用表崎岖。托意眉间黛，申心口上朱。
> 莫争三春价，坐丧千金躯。盈尺青铜镜，径寸合浦珠。
> 无因达往意，欲寄双飞凫。裾开见玉趾，衫薄映凝肤。
> 羞言赵飞燕，笑杀秦罗敷。自顾虽悴薄，冠盖曜城隅。
> 高门列驷驾，广路从骊驹。何惭鹿卢剑，讵减府中趋。
> 还家问乡里，讵堪持作夫。

新妇人美，"羞言赵飞燕，笑杀秦罗敷"。汉成帝时宫闱美女赵飞燕、汉乐府诗中的美女秦罗敷，在新妇面前黯然失色。特别是"裾开见玉趾，衫薄映凝肤"的诗句，所用笔墨都是精心描绘新妇诱人的身体姿态，重容重色。直接对形体进行描写，言其"腰肢既软

---

① 张西堂:《诗经六论·诗经的艺术表现》，商务印书馆 1957 年版，第63 页。

弱，衣服亦华楚"，"托意眉间黛，申心口上朱"，极尽描摹，是名副其实的艳情之作。在沈约女性题材中，玉指、皓腕、蛾眉、丹唇等，都是诗人精心描绘的，体态美妙，笑靥娇羞。诗歌文采是华美的，但与其写"性情"文学主张是相背离的。

钟嵘《诗品》中论沈约诗歌创作，"详其文体，察其余沦，固知宪章鲍明远也。所以不闲于经纶，而长于清怨"。沈约继承鲍照诗风，又显现自己的审美趋向。沈约早年追随文惠太子萧长懋，"特被亲遇"。文惠太子"游好文艺"，更慕鲍照创作的"超丽"，令虞炎收集其"流迁人间者"的作品，编成《鲍照集》。《鲍照集》的编成及流布，使当时许多诗人把鲍照视为可追慕的一个对象。沈约上承鲍照、汤惠休的传统，下启萧纲、萧绎等人的宫体诗。《玉台新咏》收录沈约关于女性题材的诗有 31 首，数量仅少于萧衍、萧纲。

沈约继承鲍照色彩浓艳的诗风，以写实的手法和艳丽柔美的语句衬托女性，创作了许多描写女性的诗歌，对齐梁宫体诗的发展起着重要作用。沈约的女性题材诗歌主要分为两类：一类是表达女子深闺相思的闺怨诗，另一类是描写女性外表和行为的艳情诗。就前类而言，以细腻笔触，真实地表现女子的相思之苦与离别之泪以及女子对于爱情的期盼与追觅。主要以《临高台》《昭君辞》《有所思》等为代表。其闺怨诗多以女性的口吻进行创作，表现闺情和哀愁。这类诗歌是对魏文帝曹丕《燕歌行》"贱妾茕茕守空房，忧来思君不敢忘"所开创的"男子作闺音"传统的继承。如《临高台》一诗：

> 高台不可望，望远使人愁。连山无断绝，河水复悠悠。
> 所思竟何在，洛阳南陌头。可望不可见，何用解人忧。

高台远望是可能之事，开篇却说"不可望"，制造悬念，"望远使人愁"，解释了之前"不可望"的原因，围绕"望远使人愁"展开描写，以临高台望不见心中思念之人来表达心中哀愁。连绵不绝的山脉以及缓缓流淌的河水，本是一幅壮丽景象，但无心欣赏。因为这壮丽景象阻挡了远望的视线，思念之人远在洛阳，距离自己千里之外，自问自答，内心的忧愁与无奈表露无遗。"可望不可见，何用解人忧。"巧妙地运用反问的艺术手法，远望本是解除内心忧愁，望而不可见，更增添了自己的忧愁与寂寞。全诗并无华丽辞藻的修饰，在易识易懂的人之常情中，仅是以朴素的话语表达闺中女子对远方之人的思念之情。

沈约写有 3 首宫怨诗，分别是《昭君辞》《江蓠生幽渚》与《携手曲》。宫怨诗也是闺怨诗的一种，表现宫中女子的空虚寂寞与无可奈何。《昭君辞》写的是王昭君出塞和亲途中的所见所思所感，昭君出塞在当时是十分普遍的诗歌题材。蔡邕《琴操》、葛洪《西京杂记》，使以昭君为代表的和亲题材由历史跨入文学创作的殿堂，给文人咏叹"和亲"奠定了基础。石崇《王昭君辞》是流传下来最早的咏昭君诗，确立了"昭君怨"基调。沈约避开前人昭君出塞"怨"的内容，别具匠心地对昭君出塞途中的感受进行了集中描绘。

> 朝发披香殿，夕济汾阴河。于兹怀九逝，自此敛双蛾。
> 沾妆疑湛露，绕臆状流波。日见奔沙起，稍觉转蓬多。
> 胡风犯肌骨，非直伤绮罗。衔涕试南望，关山郁嵯峨。
> 始作阳春曲，终成苦寒歌。惟有三五夜，明月暂经过。

昭君踏上了远嫁和亲之路，离愁别绪油然而生。泪珠沾染粉妆，泪水似盈盈波流，刻画昭君楚楚美貌而惹人怜爱。他邦异景，风沙肆虐，罗裙纷飞，面对大漠苍茫凄凉的萧瑟景观，昭君内心哀怨在无限地延长着。试图驻足南望，但关山阻隔了家乡的一切，情至此处，不禁泪流满面。想要奏上"阳春曲"以疏解抑郁，但悲伤无法抑制，终将"阳春曲"奏成"苦寒歌"，深知南归无望，只能期盼到十五月圆之时，借望月寄托相思之意。诗中对昭君神色以及大漠景色的描写，传神地表现昭君身不由己以及对远嫁匈奴的惆怅与哀怨。

《江蓠生幽渚》《携手曲》两首诗，均是对宫中女子由恩宠到冷落心绪变化的描写。"一入宫门深似海"，一生未见君王一面，更别说受到恩宠。即使有幸得到宠爱，但"伴君如伴虎"，享受荣华富贵的嫔妃，随时可能祸难临头身处冷宫。沈约这两首诗展现宫中女子的不幸遭遇，表达同情之意。

> 泽兰被荒径，孤芳岂自通。幸逢瑶池旷，得与金芝丛。
> 朝承紫台露，夕润绿池风。既美修嫮女，复悦繁华童。
> 凤昔玉霜满，旦暮翠条空。叶飘储胥右，芳歇露寒东。
> 纪化尚盈昃，俗志信颓隆。财殚交易绝，华落爱难终。
> 所惜改欢昒，岂恨逐征蓬。愿回昭阳景，持照长门宫。

这首《江蓠生幽渚》诗，前八句描写受到帝王恩宠时的情形。初入宫闱，人生如同到了天堂。然而，恩宠如此短暂，全身心还未沉溺于帝王的恩宠之中，就已被现实伤害。青春易逝，红颜易老，转眼间帝王之爱已悄然离去。在独守冷宫之时，仍是充满期待，使用班婕妤"昭阳"受宠与阿娇陈皇后发配"长门"的两个典故，从受到恩宠跌落冷宫的变化过程既快，且无征兆。诗歌充分展现宫中女性在宫廷沉浮间从快乐到失望、从失望到绝望、又从绝望到抱有希望的复杂情绪，不禁让读者在感叹宫中女子的不幸命运的同时，也对她们的无奈与可悲表示深切的同情。

沈约描写女性外表和行为之诗，这类诗歌以女子的容貌仪态为描写重点，表现对女子形态美的赞赏，也有对男女之情的描写，是齐梁诗坛之后所形成的宫体诗的原型。主要以《日出东南隅行》《三妇艳》《四时白纻歌五首》《少年新婚为之咏诗》《梦见美人诗》等为代表。例如《日出东南隅行》一诗：

> 朝日出邯郸，照我丛台端。中有倾城艳，顾景织罗纨。
> 延躯似纤约，遗视若回澜。瑶装映层绮，金服炫雕鞌。
> 幸有同匡好，西仕服秦官。宝剑垂玉贝，汗马饰金鞍。
> 萦场类转雪，逸控写腾鸾。罗衣夕解带，玉钗暮垂冠。

汉乐府有《陌上桑》诗，沈约与之截然不同，将原诗主人公罗敷变为"延躯似纤约，遗视若回澜"的美丽女子。这位"倾城艳"的美女身份有着民女为贵人的根本变化。"倾城"典出李延年的"北方有佳人"诗，这位倾城的佳人是汉武帝宠爱的李夫人，故原本"采桑东南隅"与罗敷有着"同匡好"的女子，身处"顾景织罗纨"。从描写内容上看，这首诗歌最大特色是舍弃原诗强调女子德行而是注重描写女子外貌，这种外貌之美不是以侧面描写反衬女子的艳丽外表，而是以正面描写加以表现。"瑶装映层绮，金服炫雕栾"与"宝剑垂玉贝，汗马饰金鞍"，从头饰到服饰，再到"玉贝""金鞍"，多角度地展现女子富贵的装饰以及富足的生活，"罗衣夕解带，玉钗暮垂冠"的结句，充分表达对人生圆满生活的赞美。

> 忆来时，灼灼上阶墀。勤勤叙别离，慊慊道相思。相看常不足，相见乃忘饥。　　　忆坐时，点点罗帐前。或歌四五曲，或弄两三弦。笑时应无比，嗔时更可怜。　　　忆食时，临盘动容色。欲坐复羞坐，欲食复羞食。舍哺如不饥，攀瓯似无力。　　　忆眠时，人眠强未眠。解罗不待劝，就枕更须牵。复恐傍人见，娇羞在烛前。

标题《六忆诗》，由4首杂言组成的组诗。由相忆的"来时""坐时""食时"与"眠时"点题，从描绘女子的外貌进一步提升到描绘女子的神情，诗歌没有借助任何环境的衬托，直接描写女子姗姗而来、悠然坐下就食以及羞而入眠这四种神态。"忆来时，灼灼上阶墀。"诗中主人公回忆女子风姿曼妙、姗姗而来的场景，女子美丽动人的形象始终回旋在脑海中。两人见面后，互诉衷肠，排解离别的苦楚和相思的苦痛，相聚的喜悦冲淡了一切，甚至让人忘记了饥饿。"忆坐时，点点罗帐前。"当衷肠互诉后，两人心情平复，回忆中的她或高歌或弄弦或笑容满面或嗔怒不已，一颦一笑无比清晰，将女子的美丽与聪颖全然展现。对女子食时、眠时的回忆，则着重表现朦胧的意境，"欲坐复羞坐，欲食复羞食""复恐傍人见，娇羞在烛前"，形象地表现女子羞涩的神情。诗人正是通过这样一种温馨回忆式的诗歌，细腻地描绘了记忆中女子的神情状态，让读者感受到了诗中女子的动态之美，使人不自觉地为之倾倒。

辽朝王鼎的《焚椒录》，辑载萧观音皇后创作的十首《回心院》词，全词回思往昔，以扫殿、拂床、换枕、铺被、装帐、叠茵、展席、剔灯、爇炉、张筝十种"专房之宠"的生活细节为题起兴，结句彼此照应，待君宴、待君王、待君寝、待君睡、待君贶、待君临、待君息、待君行、待君娱、待君听，相同句式的排列，强烈地表达在"待"字上，直接呼唤着君王的到来，热切诚盼辽道宗拾回往日之爱。情幽幽，思绵绵，披之管弦，更为动人。词中女主人的形貌描写与心情抒发，可见沈约女性诗对后世创作的启迪与积极影响。

二

咏怀诗是吟咏抒发诗人怀抱情志的诗，表现诗人对生活现实世界的感悟，于感悟中生发对自身生命存在价值的思考与对个体生命的驾驭把握与未来的不懈追求。最早用"咏怀"作诗题进行创作的是阮籍，以82首《咏怀诗》而闻名于世，开创了政治抒情组诗的先河。博通群籍的沈约，虽然人生有别于阮籍所处的政治环境，但作为诗人的敏感，于生命的思考与功业的志趣，有着心灵上的趋同。

沈约的咏怀诗没有以"咏怀"来标明，也没有形成抒情组诗的规模，可人生诸多矛盾与出仕刘宋、萧齐、萧梁三朝经历的种种不顺，"幼潜窜""流寓孤贫"与年老"久处端揆，有志台司，论者咸谓为宜，而帝终不用，乃求外出，又不见许"的不如意，使其"咏怀诗"别具一格。沈约之所以感慨颇多，寻其根源，一是长相与志向，"左目重瞳，腰有紫志"。重瞳者，在沈约之前有四人，仓颉、虞舜、晋文公与西楚霸王项羽。双目重瞳，成就的是大事业。仅左目为"重瞳"的沈约，应该有着非同一般人的志向。二是生活的变故与流离，13岁时家逢惨祸，父亲"于元嘉末被诛"，负罪问斩，自此潜窜。少孤贫，丏于宗党，为宗人所侮。"丏""侮"，道出"潜窜"的悲辛。三是步入仕途后，人生的命运更是起起落落，屡经波折，"有志台司"，难能如愿。由此导致感慨咏怀之作。沈约的咏怀诗有二十多首，主要是表达对自身命运的感慨，如《直学省愁卧》《休沐寄怀》《宿东园》以及《八咏诗》等。

诗题直接标明"愁"字的，在沈约现存诗中只有《直学省愁卧》诗。"直"通"值"，当值之意。"学省，国学也。"① 沈约官为南齐国子祭酒，奉命撰史书，得意"文惠太子"，于竟陵王府高吟"永明体"。然而，风云突变，萧昭业承位，朝政陷入错乱中，好友知己因政治风波牵连，或死或伤，瞬间坠入谷底，内心忧虑不已，"愁"绪日益严重，以致愁卧直学省。

> 秋风吹广陌，萧瑟入南闱。愁人掩轩卧，高窗时动扉。
> 虚馆清阴满，神宇暧微微。网虫垂户织，夕鸟傍檐飞。
> 缨佩空为忝，江海事多违。山中有桂树，岁暮可言归。

诗题"愁卧"之愁奠定全诗基调，起笔"萧瑟"的"秋风"，全诗笼罩着灰蒙的色调，这恰似愁思满腹的内心。自称"愁人"，关照着诗题，也将自身"愁"的意绪直接点出。关上长廊的窗户，要把引起愁思的秋风关在外面。可静卧中秋风越发肆虐，"动扉"的响声反衬出寂静凄清的气氛，加重忧来无端的愁思。身居"学省"之职，仍要"愁卧"，原因所在？"山中有桂树，岁暮可言归"的结句，充分表达想要归隐的心愿。其作于摆脱东阳太守贬谪，重回帝都。经过仕途风雨的沈约，深知官场不易，更明白抱负并不一定有实现的机会，遂于"直学省愁卧"中体悟到了"言归"的人生真谛。

往昔热闹繁华的"学省"成了"虚馆"，充溢着泠泠清阴。这里所写之景的不寻常反差，于对比中婉转达意。"虚馆"本清静幽雅之地，却被清阴塞满；"神宇"本为庄严大殿，却暮气沉沉，蜘蛛结网。暗示从繁华中看到了衰落的征兆，迫使"卧愁"的诗人萌生亟欲远适"江海"的避世之想，却又要居于官场。诗中"空"与"多违"，道出愁绪满怀却又无奈的复杂心情。沈约历仕三朝，后人或讥之。从这首诗中可以看出，内心始终有着澹远的因子，在宦海沉浮中

① 沈德潜:《古诗源》卷一二《沈约》，中华书局 2006 年版，第 250 页。

寻找"归宿",尽管这种归宿是停留在诗篇中,没有陶渊明那样"久在樊笼里,复得返自然"的义无反顾,也没有像"笃学不倦"的高逸隐者沈麟士那样"守操终老"的始终如一。对以光耀门楣为己任的大姓世族而言,能够有"归"之意已经难能可贵,故而透析"岁暮可言归"的蕴含,就是诗人此时的心志所寄,咏怀所叹。

南齐帝室的内争,沈约萌生退隐之意,选择了出守东阳,确实感受到了莫大的自由,游历山川美景,使退隐之意益发浓郁。为吴兴郡守有"贤守"之称的萧鸾,自立为帝。领略朝廷风云的沈约,内心深处仍然渴望受到重用、实现自己的远大志向,虽说出守东阳有自由,但这样的自由快乐是短暂的,是逃避了自己的内心,并不能真正得到快乐,这在所作的《八咏诗》中有很好的体现。《金华志》载:八咏诗是在南齐隆昌元年,太守沈约所作,题于玄畅楼,时号绝唱,后人因更玄畅楼为八咏楼。沈约出守东阳,建了元畅楼,作《登台望秋月》《会圃临春风》《岁暮悯衰草》《霜来悲落桐》《夕行闻夜鹤》《晨征听晓鸿》《解佩去朝市》《被褐守山东》八首诗,称"八咏诗"。这是一组属于杂言体的组诗,立足元畅楼,或看或听,由视觉到听觉,从望秋月、临春风、悯衰草、悲落桐、闻夜鹤、听晓鸿、去朝市、守东山的不同角度,写景咏怀。

> 望秋月,秋月光如练。照耀三爵台,徘徊九华殿。九华玳瑁梁,华榱与璧珰。以兹雕丽色,持照明月光。凝华入黼帐,清辉悬洞房,先过飞燕户,却照班姬床。桂宫袅袅落桂枝,露寒凄凄凝白露,上林晚叶飒飒鸣,雁门早鸿离离度。湛秀质兮似规,委清光兮如素。照愁轩之蓬影,映金阶之轻步。居人临此笑以歌,别客对之伤且慕。经衰圃,映寒丛,凝清夜,带秋风。随庭雪以偕素,与池荷而共红。临玉墀之皎皎,含霜霭之濛濛。辖天衢而徒步,铄长汉而飞空。隐岩崖而半出,隔帷幌而才通。散朱庭之奕奕,入青琐而玲珑。闲阶悲寡鹄,沙洲怨别鸿,文姬泣胡殿,昭君思汉宫。余亦何为者,淹留此山东?

这是《八咏》组诗中的第一首《登台望秋月》诗,颇具代表性地反映出沈约《八咏诗》的基本风貌。整首诗借望秋月的景色而展开无限的联想,进而表达自己内心的愁思。可分为三层:第一层极力渲染秋月下的壮丽景物。视觉经过赵飞燕处所、班婕妤之床,两者鲜明的对比,增添凄清、寒冷之感。第二层望秋月时产生的感想。由自然之景到有生命的孤飞禽,展现出秋天的萧瑟与秋月的秀质,望月之人各有不同,情感也有了差别。第三层展开丰富文学想象对秋月进行描写。秋月美好,诗人内心却是孤寂凄凉。汉代刘细君和亲远嫁西域,作《乌孙公主歌》:"愿为黄鹄兮归故乡",表达故国思亲之情。沈约引出蔡文姬、王昭君等人的离别之痛和思乡之苦,感同身受,发出"余亦何为者,淹留此山东"的感慨,由此表达人生的无奈和悲伤。这首杂言诗三言有 5 句,五言有 17 句,六言有 14 句,七言有 6句。以"之、而"连接。讲究声律而又富于变化奇幻的句式,使咏怀的抒写既酣畅淋漓,又委婉含蓄,显现出"长于清怨"的魅力。

以诗题直接写情的唯一而论,沈约除《直学省愁卧》外,还有《休沐寄怀诗》,也是唯一以"寄怀"作诗题的诗,曰:

> 虽云万重岭,所玩终一丘。阶墀幸自足,安事远遨游。
> 临池清溽暑,开幌望高秋。园禽与时变,兰根应节抽。
> 凭轩搴木末,垂堂对水周。紫箨开绿筱,白鸟映青畴。
> 艾叶弥南浦,荷花绕北楼。送日隐层阁,引月入轻帱。
> 爨熟寒蔬剪,宾来春蚁浮。来往既云勒,光景为谁留。

休沐,休息沐浴。古人认为身体发肤皆出自父母的恩赐,百事孝为先的儒家文化氛围中,男女一样,皆留长发。长发整理不容易,朝堂遂有相对限定时间内的沐浴习惯。"每五日洗沐归谒亲",这是司马迁《史记》的载录。班固《汉书·霍光传》载:"光时休沐出,桀辄入,代光决事。"唐代徐坚《初学记》曰:"《汉律》'吏五日得一下沐。'"沈约的《休沐寄怀》诗,创作背景不同于远谪外任的不得意,而是议政后的休沐,心情的放松。按本传载:"约性不饮酒,少嗜欲，虽时遇隆重，而居处俭素。立宅东田，瞩望郊阜。尝为《郊居赋》。"所言时遇隆重，是梁武帝代萧齐立祚，沈约与范云有大功，高官得做，更有闲暇时间到郊野自家"宅田"休沐。在放眼"虽云万重岭"的自然美景中，油然生发"所玩终一丘"的哲理思考。自然造化，千层叠嶂，万重风烟，美不胜收。漫步逍遥，耳聆山水清音，目接江河秀色，对诗人所求来说，只在一丘一壑。其诗起笔四句，由班嗣之语托意而来，班固《汉书·叙传》言伯父赞扬庄子："渔钓于一壑，则万物不奸其志；栖迟于一丘，则天下不易其乐。"借此表明自己心志，一花一鸟，一草一木，都能够引起浓厚兴趣，由此寄托情怀：人生在世，知足者常乐。

何以为证？由"临池""开幌"地"望"去，其诗中间十二句，有层次地铺写庄前宅后的旖旎风光。临小池神清志爽，燥热全消；开兰幌心旷神怡，烦恼顿释。无论是"园禽"灵性之"时变"的高秋，还是兰根劲抽的春景；也无论是艾叶满浦、荷花绕楼的夏景，还是凭轩搴木、垂堂面水的现实，触目所见之景，由景而遐想，或为春、夏、秋景色的络绎叠现，或为绿、紫、青、蓝、红等纷呈色彩的浓淡相间，都是"时变"的自然景色吸引着自己，乃至"日隐""月入"而忘归。诗的最后四句，真实地抒写情怀。从环境之美写到朋友之乐，再写到心性之愉，瞩目佳景、忘怀世俗的诗人形象跃然而现。"为谁留"的反问有丰富蕴含，既有自我陶醉之乐，又有劝勉朋友"所玩终一丘"之意，毕竟殿堂的"来往"潜藏着不可预测的政治险恶，好友谢朓之死是最好的说明，这就是沈约"用事十余年，未尝有所荐达，政之得失，唯唯而已"的原因。

沈约这首五言诗，以"万重岭"与"终一丘"作对比，突出"自足"的"阶墀"不如"远遨游"，由遨游所见"园禽"的"时变"之景吟咏情志。沈约一生经历坎坷，性情脆弱敏感，常会因时而感，因事而发，将心中的悲愁哀怨付诸诗中。他的咏怀诗真实自然，情意悱恻，文采斐然，显现出独特的"长于清怨"的动人韵味。

三

就题材而言，女性、咏怀诗古已有之，山水诗是六朝的独创。沈德潜《说诗晬语》曰："诗至于宋，性情渐隐，声色大开，诗运一转关也。"这种转关是说南朝诗人崇尚声色、追求艺术华美，声色与景色在某种程度上掩盖了真性情。在这种转关的过程中，"大小谢"独创山水诗派，启迪着南齐西邸文学的诗风。谢朓是萧齐一代最出色的山水诗人，与沈约共创"永明体"，摆脱"大谢"山水诗常拖着玄言尾巴或情景割裂的弊病，以清新流丽的风格享誉诗坛，"奇章秀句，往往警遒。足使叔源失步，明远变色"①。谢混《游西池诗》是谢氏文化世家第一位写出山水诗的诗人，诲导谢灵运、诲晦、谢瞻、谢曜、谢弘微"乌衣五子"。明远是鲍照的字，与谢灵运、王融、沈约等，同为文学名家，山水诗以深秀幽奇见长。

受时代的浸润，沈约亦有不少描写山水景物的诗，或作于外任东阳时，如前面提到的《新安江至清浅深见底贻京邑游好》《早发定山诗》《游金华山诗》《泛永康江》《八咏诗》等，或为侍游侍宴诗，如《九日侍宴乐游苑诗》《侍游方山应诏诗》《三月三日率尔成章诗》等，或与朋友出游相送诗，如《留真人东还诗》《饯谢文学离夜诗》等。其取材虽为咏怀诗、送别诗，但多有风物、景物的描写，可以视为山水景物的题材。

沈约的山水景物诗，以生动细致的景物描摹见长。"长枝萌紫叶，清源泛青苔。"描写出树叶初生、青苔暗萌而春寒犹在的季候特征。沈约没有把自然山水景物视为抒写情感的载体，这就使山水景物在笔下充分地展现出丰富多彩的画面，如《早发定山》诗：

> 夙龄爱远壑，晚莅见奇山。
> 标峰彩虹外，置岭白云间。
> 倾壁忽斜竖，绝顶复孤圆。
> 归海流漫漫，出浦水溅溅。
> 野棠开未落，山樱发欲然。

---

① 钟嵘：《诗品·谢朓》卷中，萧荣华注译，中州古籍出版社 1985 年版，第 133 页。

忘归属兰杜，怀禄寄芳荃。
眷言采三秀，徘徊望九仙。

　　这首五言山水诗从不同角度描写出定山之"奇"。乐史《太平寰宇记》载定山："在钱塘县西四十七里，突出浙江数百丈。"沈约喜爱远壑奇山，真正观看并有"忘归"的感悟，人生已经到了晚年。喜悦之情洋溢在定山之奇的描绘上，定山如奇峰标插在七色彩虹之外，峻岭安置白云之间。"标""置"二字匠心独运，化天工之美为创作之美，绚丽色彩，优美胜画。"彩虹""白云"衬托，突出定山的高耸俏丽。登上山顶最高处，俯看江水流向大海，山涧溪流汇入大水撞击山壁，激起无数雪浪。定山山奇水漫，"野棠"未落，"山樱"欲发，大自然的美景巧夺天工。李德裕《平泉山居草木记》曰："木之奇者，有天台之金松奇树，稽山之海棠。"海棠妖娆艳丽，山樱红似火燃，显现勃勃生机。游览山水乐而忘返，意属兰杜，如同屈原《九歌》"披石兰兮带杜蘅"那样的自由生活。怀禄仕宦，与此格格不入，陷入纠葛中。舒解案牍的劳苦与殿堂的烦恼，寄情"芳荃"，达到"眷言采三秀，徘徊望九仙"的神仙境界。景物在诗中，诗意在其外，诗人能从仕禄中顿悟出来，这是定山奇景的魅力。
　　沈约每首山水诗均以大量篇幅来写亲临所观的山水之美，观感之悟于结尾处以精辟语言点出来，如《石塘濑听猿》：

嗷嗷夜猿鸣，溶溶晨雾合。
不知声远近，惟见山重沓。
既欢东岭唱，复伫西岩答。

　　这首五言六句的写景状物小诗，是在山中溪水旁聆听猿鸣的自然之景生发出的主观之情。"溶溶晨雾合"的诗句，点明自夜至晨的时间，渲染出全诗的大背景。夜色将褪，晨雾溶溶，苍翠起伏的山峦时隐时现。在这如梦如幻、时隐时现的山水境界中，伫立石塘濑，于万籁俱静倾听猿声。长啸短吟，回荡在崇山峻岭间，以致使人无法别其声音的远近高下。"东岭""西岩"更是神往之笔，东岭猿"唱"已是满心欢喜，转身欣赏西岩清猿的声声应答，使人陶然于心情的沟通，神情惬悦。其诗意境朦胧，缥缈悠远，猿声与人情的交流，极有深趣。迭障岭岩的夜猿啼鸣，表现自然山水所独有的声响与动物活动的情态，细致的描写与山水的个性丰富地融合，真切生动，形象美妙，于不动声色中流露出远祸求安的心情。

沈约生活于江南，对青山碧水感情颇深，出任东阳太守期间，徜徉山水之间，创作了许多清新可喜的山水诗。隆昌元年，竟陵王萧子良辅政，王融想拥立竟陵王为帝，被郁林王所杀，竟陵王亦病死，沈约自请外放。自请是全身避祸的策略，实非本愿。沈约的本愿是青云直上、振兴沈氏。隆昌之变，外任东阳，不知何时有转机？而"永明"文友或死或散，皆非正常。此景与性情相融，构成山水景物的描写。这在沈约山水诗作中最富于典型性，如《登玄畅楼》诗：

> 危峰带北阜，高顶出南岑。中有陵风榭，回望川之阴。
> 岸险每增减，湍平互浅深。水流本三派，台高乃四临。
> 上有离群客，客有慕归心。落晖映长浦，焕景烛中浔。
> 云生岭乍黑，日下溪半阴。信美非吾土，何事不抽簪。

登上玄畅楼极目远眺，不仅写出其楼坐落地周边"危峰""高顶""岸险""湍平"山水相依的恢宏气势，而且于时空中抓住罕见的、瞬间的景物，进行细致入微的刻画，方才还是"台高乃四临"的朗日遥望，猛然间便是"云生岭乍黑"，一个"乍"字，形象地传达出自然界光线明暗变化的迅速。光线不同，景色便有了相应的变化，人的情感也就有了"何事不抽簪"的慨叹。

沈约的山水诗有调动各种巧妙构思而对景物进行细致入微的刻画，也有进行整体描摹的作品，如《秋晨羁怨望海思归》诗，曰：

> 分空临澥雾，披远望沧流。
> 八桂暖如画，三桑眇若浮。

烟极希丹水，月远望青丘。

这首小诗虽然没有像新安江、定山那样对所创作具体对象或形状或色彩或特产或动物的精细描写，却通过"分空""沧流"等大手笔，使全诗境界阔大高远，雾气迷濛，沧河奔腾，月满青丘。寥寥数笔，就把"丹水""青丘"海天一色的辽阔浩渺境界勾画出来。

四

日常所见，皆能入诗，沈约创作了大量的咏物诗，取材虽具体，却写得隽永多趣。齐梁出现了大量的咏物诗，着重客观写真，观察细致，刻画精工，极貌写物，"巧构形似"，描写细致入微，将生活中的琐细情趣大量入诗，从而使日常生活普遍诗化。

沈约的日常生活题材诗，或以自然现象为题材，或以花草树木为题材，或以器用为题材，或以虫鱼蜂蝶为题材，无论哪种取材，都写得逼真如画，给以人生活情趣之感。如《和王中书德充咏白云》《应王中丞思远咏月》《咏寒松》《咏芙蓉》《咏甘蕉》《咏桃》《咏山榴》《咏笙》《咏余雪》《咏帐》《咏孤桐》《麦李》《咏檐前竹》《咏梧桐》《园橘诗》《咏杜若》《咏鹿葱》《咏菰》等，以及《咏梨应诏诗》《听蝉鸣应诏诗》《咏新荷应诏诗》等。

生活所见之物都能入诗，扩大诗歌描写范围。王公贵族游乐生活往往寄身自然山水，沈约则扩展至一般景物，专注山水中的一草一木、一琴一棋，庭园林木、身边器物等，都给以审美观照，有着诗情画意，如《咏雪应令诗》曰：

思鸟聚寒芦，苍云轸暮色。
夜雪合且离，晓风惊复息。
婵娟入绮窗，徘徊鹜情极。
弱挂不胜枝，轻飞屡低翼。
玉山聊可望，瑶池岂难即。

应冬季"雪"景之令而咏，以精练笔触写出"聚寒芦"雪夜群鸟"惊复息"的神态,何以"鸷情极"?不写雪之大,却通过思鸟"不胜枝"的频飞与"屡低翼"的躁动,间接突出夜雪之景,"玉山聊可望",使应令的落雪得到形象展现。

日常生活丰富多姿,沈约描写方法自然趋于多样,对仗、对照、映衬等,使描写对象更真切、生动。如《咏檐前竹》诗:

> 萌开箨已垂,结叶始成枝。繁荫上蓊茸,促节下离离。
> 风动露滴沥,月照影参差。得生君户牖,不愿夹华池。

为檐前竹刻画了动人的肖像,起笔竹子始拔节,几枝嫩竹钻出,转眼间枝叶繁茂、亭亭如盖。轻松疏落的几笔挥洒,一幅绿竹水墨画便已画成。着力环境烘托,飒飒舞动的美竹,在明月清风中栩栩如生,又显现出新竹的灵性与品性,人的生活也多了逸趣、温情,以至艳情,平凡的生活中流动着诗情画意。这在以前的诗歌中是绝无仅有的,日常生活加以美化,赋以诗意,表明文学的触角伸向每一个生活角度的尝试,给以生活美好的感悟。

俞琰《咏物诗选》序曰:"故咏物一体,三百导其源,六朝备其制,唐人擅其美,两宋、元明沿其传。"对咏物诗的发展做了纵向概括,提到六朝咏物诗在发展历程中的重要作用。在六朝众多咏物诗人中沈约是最具代表性的一位。与传统咏物诗相比,沈约题材方面有很大开拓,桃、梨、荷、橘、竹、松、梧桐等植物,雁、蝉等动物,筝、笙等乐器。诗中物象世界丰富多彩,将日常生活中所见的事物纳入诗歌吟咏的范围之中,大大开拓了咏物诗的题材范围。

沈约的咏物诗,或直接咏物,显现单纯对"物"有灵性的逼真描写,如《咏湖中雁》诗,以灵动之笔描绘了回翔的旅雁在春日的池塘中嬉戏的场景,曰:

> 白水满春塘,旅雁每回翔。
> 唼流牵弱藻,敛翮带余霜。
> 群浮动轻浪,单泛逐孤光。

悬飞竟不下，乱起未成行。
刷羽同摇漾，一举还故乡。

诗笔勾勒出春水湖中群雁神态，"旅雁"觅食水流，牵动弱藻。一"动"而群雁摇动轻浪，一"逐"而单雁主动追逐，湖水、湖面、湖空极富立体感。由"群浮"整体的动轻浪，再到"单泛"个体的"逐孤光"，逼真生动。谭元春《古诗归》曰："群浮、单泛、悬飞、乱起，尽湖雁多寡、上下、迟疾、斜整之状，可作一湖雁图。""动轻浪"准确描绘大雁在水中用双蹼轻轻划动的优雅和自然之态，"逐孤光"真实地传达出大雁随着波光涌动来回追逐的可爱场景。用轻灵之笔写出湖中雁群、湖光的参差错落，给人以生活美的享受。

沈约的咏物诗，继承传统"比兴寄托"的写法，将作者的情感挥洒到外在物象上，使之打上诗人个体独特的情感烙印。如《咏新荷应诏》诗：

勿言草卉贱，幸宅天池中。
微根才出浪，短干未摇风。
宁知寸心里，蓄紫复含红。

以议论入题，针对荷花是微贱草木遭到轻视，提出"勿言草卉贱，幸宅天池中"的观点，强调了荷花不同于其他草木的独特之处。诗的三、四句细致描绘了荷花初生之态，照应诗题"新荷"二字。"微""短"形象地传达出新荷的花梗细弱、梗干短小。最后两句托物言志：荷花夏天尽情开放，用姹紫嫣红的绚丽布满池塘。表面上是在写荷花，实际用意已经超出了单纯描写，通过对荷花的描绘，隐隐道出了自己的宏图志向与品格追求。荷花的本性与品格，为历代文人所喜爱。周敦颐《爱莲说》赞美荷花曰："出淤泥而不染，濯清涟而不妖。中通外直，不蔓不枝，香远益清，亭亭净植。"

五

沈约《宋书·谢灵运传论》曰："降及元康，潘陆特秀。"与吴地旧姓陆氏文化家族陆机齐名的潘岳，以悼亡诗特立于西晋诗坛，代表作《悼亡诗》三首，写丧妻后的悲痛之情，"如彼翰林鸟，双栖一朝只。如彼游川鱼，比目中路折"。以飞翔空中的双栖鸟、遨游水中的比目鱼为喻，情深哀婉，如泣如诉。能对潘岳做出恰切评论的沈约，亦有伤悼诗的题材创作，或伤于妻子，或伤于相别，或伤于友人，表达不能穷尽的悲伤之情，更见"长于清怨"的创作特色。

> 去秋三五月，今秋还照梁。今春兰蕙草，来春复吐芳。
> 悲哉人道异，一谢永销亡。帘屏既毁撤，帷席更施张。
> 游尘掩虚座，孤帐覆空床。万事无不尽，徒令存者伤。

沈约这首《悼亡诗》，起笔"三五"的十五圆月，又以"兰蕙"重其义，月圆月缺，花开花谢，可人生一旦消逝再也不能回来。诗的前部分以自然永恒反衬人生短暂的"人道"哀愁。诗的后部分将主观情绪与客观环境相融合，传达出不绝如缕的伤痛，感物怀人，惆怅情伤。陈祚明《采菽堂古诗选》论潘岳的《悼亡诗》："安仁情深之子，每一涉笔，淋漓倾注。"沈约何尝不是如此？

夫妻间的生死之别，令人伤怀，悲痛不已。志趣相投的好友重逢再别，也让人伤感不已，如《别范安成》诗：

> 生平少年日，分手易前期。及尔同衰暮，非复别离时。
> 勿言一樽酒，明日难重持。梦中不识路，何以慰相思？

范安成比诗人大一岁，齐时曾为安成内史。这是沈约的赠别名作。追溯友谊渊源及人生的漫长，少年时几多分手，并未感到离别的镂心铭骨。彼此年老，来日无多。正因如此，写出此次离别心中留下的巨大阴影。结尾句以出人意表的想象，将生离死别之情推到极致：梦中相寻，恐亦迷不知路，却如何慰藉相思之情呢？全诗以明白晓畅的语言，抒发对于友谊的珍重之情，感人至深。刘履《选诗补注》曰："此休文与范内史老年相别，故其感念顾虑之情自有不容已者。

然非交谊之深，亦未必能至此也。"尤其"梦中不识路"用典极为生动，语出《韩非子》，张敏与高惠为友，别后屡次梦中寻访高惠，皆因中途迷路而返。此典妙用，反衬老年离别之难，既有人生易老、岁月不居的慨叹，也有老年别离的伤悲，真切表达与友人不忍相别的感情。少年不谙离别，老年伤别；杯酒珍重，梦中相思，充满对友人的深情。"一片真气流出。句句转，字字厚，去十九首不远。"①

沈约伤悼诗表达对友人远逝的悼念，主要以《怀旧诗》九首为代表。作于萧齐永明九年至永元元年时期，对王融、谢朓、庚杲之等九位友人的悼念。王室内争，带来无数杀戮，文人志士多因此送命，友人王融、谢朓等死于无辜。

第一首诗《伤王融》。沈约、王融等为"竟陵八友"，相互酬唱，拥有共同主张，是"永明体"的知音，更是文学创作的知己。对其早逝，沈约哀伤痛惜。

> 元长秉奇调，弱冠慕前踪。眷言怀祖武，一篑望成峰。
> 途艰行易跌，命舛志难逢。折风落迅羽，流恨满青松。

前四句是对王融生平的概括，才情过人，独树一帜，年少之时便胸有大志，仰慕前修，想要成就一番"不朽"功业。王融七世祖王导是东晋丞相，其曾祖父任官太保中书监，祖父则为中书令，直到其父时期家族逐渐衰落。由此王融"眷言怀祖武"，回顾自己祖先当年辉煌功绩，以此激励自己，振兴家业。然而，世事难料，年仅 27 岁的王融赐死狱中。沈约以"一篑望成峰"表达对王融功名未成却命丧狱中的深切惋惜。后四句表达对其不幸命运的哀悼。深刻分析功亏一篑的原因是"途艰""命舛"。"途艰"指官途艰难，这与当时政治背景有关，王融身处竟陵王萧子良的阵营，萧子良落败，使其被判下狱，最终成为政治斗争的牺牲品，这也是王融"命舛"的原因所在，与其说王融的黯然消逝是因其命运不顺，不如说是因为当时的政

---

① 沈德潜：《古诗源》卷一二《沈约》，中华书局 2006 年版，第 250 页。

治斗争，所以"途艰"是实，"命舛"为虚。这是沈约对王融"途艰"的同情，更是对当时政治黑暗的不满和抨击。诗歌最后两句则是沈约对王融的冤死表示了深深的惋惜和同情。

与王融并列的谢朓，与沈约是君子之交。沈约《伤谢朓》诗，以五言诗的形式对谢朓的文学成就予以高度评价。

> 吏部佳才杰，文峰振奇响。调与金石谐，思逐风云上。
> 岂言陵霜质，忽随人事往。尺璧尔何冤，一旦同丘壤。

谢朓含冤而死，沈约作诗哀悼。前四句盛赞谢朓才能杰出，卓尔不群，所作诗歌音节铿锵，才思超群。萧子显《南齐书·谢朓传》载："朓善草隶，长五言诗，沈约常云：'二百年来无此诗也。'"沈约极力推崇谢朓，不仅是"永明体"的诗友，而且都有"思逐风云上"的志向，各为家门振兴而进取。"岂言""忽随"，杀头之祸降至，对谢朓屈死不仅悲痛，更是愤慨，然而又无能为力，只能表达一种深深的敬佩与歌颂。"霜质""尺璧"喻谢朓品行高洁、人才难得。可"尺璧"有"冤"，如同"丘壤"，才华横溢之年而罹难。赞颂与惋惜并存，沉痛与义愤交织，真实地抒发出对谢朓伤悼怀念之情。

除了这两位以外，还有两位也是因其才学受到沈约赞赏，他们是虞炎与韦景猷。有关虞炎、韦景猷的记载并不多，但通过沈约的诗歌可以知道两人博学多才，学富五车。上面提及的王融、谢朓等四位均是因其文采受到沈约赞赏，从而为之写下哀悼的诗歌，而《怀旧诗》中的另外五位是庾杲之、王谌、李珪之、刘沨与胡谐之，则是因其高尚的德行受到沈约敬重，因而为之哀悼。

庾杲之谈吐优雅，李延寿《南史·庾杲之》载曰："杲之幼有孝行。"《南齐书》中又提到："杲之少而贞立，学涉文义。……杲之风范和润，善音吐。"① 由此可见，庾杲之拥有许多高洁的品质。

---

① 萧子显:《南齐书》卷三四《庾杲之传》，中华书局 1972 年版，第615 页。

右率馥时誉，秀出冠朋僚。耸兹千仞气，振此百寻条。
蕴藉含文雅，散朗溢风飙。楸槚今已合，容范尚昭昭。

沈约《伤庾杲之》诗，对其高尚品行及其气质文采进行赞美。"右率馥时誉，秀出冠朋僚"是说庾杲之出身名门，声誉犹如花儿般散发着清香，于同僚朋友中独领风骚，可谓是才华出众。"耸兹千仞气，振此百寻条"是对庾杲之为人的赞美，气质高洁，仿佛壁立千仞般高不可攀，为人则又如垂下的枝条般和蔼可亲。"蕴藉含文雅，散朗溢风飙。"有文雅的才华，深不可测，外表也是丰神俊朗、潇洒不羁。诗歌最后表达了沈约对庾杲之的怀念，"楸槚"是一种植于墓前的植物，虽说庾杲之早已去世，其墓前的楸槚已长得合拢了，但其俊朗的容貌和高洁的气质仍留在诗人的心中。诗歌篇幅简短，字字珠玑，意味深长，十分深切地表达了沈约对于庾杲之赞美与怀念。

对王谌、李珪之、刘沨以及胡谐之四人，均以诗怀念其高尚德行。沈约的这组诗，内容朴素真挚，感情含蓄细腻，虽说有隐约表达对当时政治不满之意，但诗歌总体呈现是一种含蓄内敛的怀念与伤感。所哀悼之人中，有与他志气相投的知己，也有与他在文学上相互酬唱的知音，知音知己的离逝是何其悲伤，他以诗歌的形式哀悼了友人的离逝以及独留自己一人在纷繁人世的孤寂。

沈约的忆旧伤悼诗，以自己的亲身经历为背景，以志趣相投的友人为取材对象，委婉地表达着怀才不遇的苦闷与哀怨，反映了自己的希冀与渴望。其忆旧诗是在卷入殿堂政治冲撞中所作，写友人的种种不幸而离世，借以真实反映自己的内心，显现情感上"清怨"特色，表现出深沉委婉的艺术魅力。

第七章

诗文赋创作展现沈氏
由武向文嬗变的艺术魅力

柳谷向夕沈余日，蕙楼临砌徙斜光。
金户半入蓁林影，兰径时移落蕊香。
丝绳玉堂传绮席，秦筝赵瑟响高堂。
舞裙拂履喧珠佩，歌响出扇绕尘梁。
云边雪飞弦柱促，留宾但须罗袖长。
日暮歌钟恒不倦，处处行乐为时康。

沈君攸《薄暮动弦歌》

小　序

　　这是萧梁末期沈君攸写的《薄暮动弦歌》诗，用"薄暮"交代时间，以"弦歌"为咏诵主旨，表达人生关注重心由"尚武"到"崇文"嬗变带来"处处行乐"的愉悦心境与"恒不倦"的创作才思，显现出剑锋到笔锋渐变过程中名人雅士诗文赋之作与拜将封侯"尚武"之功相映同辉，心灵相通地撑起文化世家的荣耀。

　　沈君攸这首诗，全诗 12 句，有三层之意，首四句的第一层，明确"弦歌"幽静清美的自然环境与"时康"的社会环境。中间四句的第二层，描写令人欣然陶醉的"绕尘梁"歌响与美妙舞姿的场面。后四句的第三层，抒发弦歌情志。全诗由自然之景的精心描摹过渡到人为场面的生动刻画，再到自身情怀的坦诚倾吐，静动交错，标志着"一代词宗"沈约以来家族关注点差异变化的创作魅力。其前家族名人多以好《左氏春秋》"尚武"建功扬名，如沈充、沈劲、沈林子、沈庆之、沈演之等。其后多以能文显名，如沈约、沈君攸、沈炯等，创作才华横溢，诗文赋不同样式多有佳作，别集行于世，鲜明地体现文化世家创作的丰富与著述的深邃，彰显出文学文化的艺术魅力。

第一节　诗歌多有新意显现文化世家的文学生命力

按六朝史书所记，魏征《隋书·经籍志》所载，寻绎《新唐书·艺文志》《旧唐书·经籍志》《艺文类聚》与《全上古三代秦汉三国六朝文》《先秦汉魏晋南北朝诗》等典籍，梳理钩沉，吴兴文化世家沈氏别集如下：

沈　充：《沈充集》三卷（亦曰二卷）。

沈　亮：《沈亮集》七卷。

沈怀文：《沈怀文集》十六卷，《南越志》八卷。《隋书·经籍志》曰：宋侍中《沈怀文集》十二卷，残缺。

沈怀远：《沈远怀集》十九卷。

沈　勃：《沈勃集》十五卷，梁二十卷。

沈　约：《梁书》本传言：著《晋书》一百一十卷，《宋书》百卷，《齐纪》二十卷，《高祖纪》十四卷，《迩言》十卷，《谥例》十卷，《宋文章志》三十卷，文集一百卷，皆行于世，撰《四声谱》。《隋书·经籍志》曰：《四声》一卷，《俗说》三卷，《杂说》二卷，《袖中记》二卷，《袖中略集》一卷，《珠丛》一卷，梁特进沈约集一百一卷，《集钞》四十卷，《梁武帝连珠》沈约注。

沈麟士：《梁书》本传言：著《周易两系》《庄子内篇训》，注《易经》《礼记》《春秋》《尚书》《论语》《孝经》《丧服》《老子要略》数十卷。《隋书·经籍志》言其有：《丧服经传义疏》一卷，齐太子舍人《沈麟士集》六卷。

沈　旋：《集注尔雅》十卷（《隋书·经籍志》）

沈　宏：《春秋经解》六卷，《春秋文苑》六卷，《春秋嘉语》六卷，《春秋五辨》二卷。

沈满愿：梁征西记室范靖妻《沈满愿集》三卷。

沈　重：《周官礼仪疏》四十卷，《礼记义疏》，《乐律义》四卷。据《周书·儒林传》载：《周礼义》三十一卷，《仪礼义》三十五卷，《礼记义》三十卷，《毛诗义》二十八卷，《丧服经义》五卷，《周礼音》一卷，《仪礼音》一卷，《礼记音》二卷，《毛诗音》二卷。有"当世儒宗"之誉。

沈君游（攸）：《沈君游集》十三卷。

沈婺华：《陈后主沈后集》十卷。

沈不害：《陈书》本传言其著述：《五礼仪》一百卷，《文集》十四卷。

沈文阿：《陈书》本传言：《仪礼》八十余卷，《经典大义》十八卷。李延寿《南史》本传曰：撰《仪礼八十余条》，《春秋、礼记、孝经、论语义记》七十余卷，《经典大义》十八卷。《隋书·经籍志》言其有：《春秋左氏经传义略》二十五卷，《经典大义》十二卷。

沈　炯：《陈书》本传言：有集二十卷行于世。"陈侍中《沈炯前集》七卷，陈《沈炯后集》十三卷。"①

吴兴沈氏文化世家有 16 人撰写近六十余种别集。别集或以其名、居任官职与"集"来载录；或以"某人集""某人文集"的方式，或以经典注疏样式来注名。关于经典注疏名家，在第五章有论述。少者三卷，多者达几十卷。最多者沈约达四百余卷。尤其是出现两位才女，各有别集，第八章有专论。虽然诸多别集在流传中散佚严重，难以看到原貌，但能够看到创作的文学成就，既可以了解不同诗歌的取材与情感的抒发，也可以了解当时流行的诸多文种所催发的与社会生活密切相关的散文创作乃至赋体作品对时代人生的形象折射。

就诗歌散佚来说，出现两种情况：一种别集存世有诗篇者，沈充、沈约、沈君攸、沈满愿、沈婺华与沈炯。一种无别集有存世诗篇，沈庆之、沈旋与沈趋。无论哪种情况，沈氏家族有诗存世的作者为 9 人。按其生活大致社会背景来说，东晋的沈充，南朝刘宋时期的

---

① 　魏征:《隋书》卷三五《经籍志》，中华书局 1973 年版，第 1080 页。

沈庆之，萧梁时期的沈约、沈旋、沈趋、沈君攸、沈满愿，陈朝的沈婺华皇后、沈炯。《宋书》本传所载仅见《楚昭王二妃诗》诗题而难窥原诗的沈怀文之作，没有列入。

沈充是存世作品中最早的作者，有诗1首。最晚的沈皇后，有诗1首。中间依次是沈庆之有诗1首，沈约有诗182首，沈旋有诗1首，沈趋有诗2首，沈君攸有诗10首，沈满愿有诗14首（一说12首），沈炯有诗19首，计有诗214首。9位作者的二百余首诗歌，或用乐府诗样式，以天工人巧的构思展现新意韵；或五言、七言与杂言，用满眼生机的真切感受表达对时事的体味，抒写人生际遇缘事而发的情感，显现沈氏文化世家有审美意境而多有新意的诗歌创作的文学生命力。

一

吴兴沈氏文化世家诗歌创作所存作者及相关篇目：沈充的《沈充集》，今存仅见《前溪曲》。沈庆之无集，今存仅见《侍宴诗》。沈旋无集，今存仅见《咏萤火诗》。沈趋无集，今存仅见《赋得雾诗》与《咏雀诗》两首诗。沈皇后有集，今存仅见《答后主诗》。

沈约有多种别集，存诗可见《日出东南隅行》《昭君辞》《长歌行》《同前》《君子行》《从军行》《豫章行》《相逢狭路间》《长安有狭斜行》《三妇艳》《江蓠生幽渚》《却东西门行》《饮马长城窟》《拟青青河畔草》《梁甫吟》《君子有所思行》《白马篇》《齐讴行》《前缓声歌》《芳树》（二首）《临高台》《江南曲》《东武吟行》《怨歌行》《悲哉行》《携手曲》《有所思》《夜夜曲》《钓竿》《临碣石》《湘夫人》《贞女引》《襄阳蹋铜蹄歌》（三首）《永明乐》《江南弄》（四首）《乐未央》《四时白纻歌》（五首）《团扇歌》（二首）《侍皇太子释奠宴诗》《赠沈录事江水曹二大使诗》《赠刘南郡季连诗》《为南郡王侍皇太子释奠诗》（二首）《三日侍凤光殿曲水宴应制诗》《为临川王九日侍太子宴诗》《九日侍宴乐游苑诗》《从齐武帝琅邪一作琊城讲武应诏诗》《三日侍林光殿曲水宴应制诗》《侍宴乐游苑钱吕僧珍应诏诗》《正阳堂宴劳凯旋诗》《游钟山诗应西阳王教》《登高望春诗》《游金华山诗》《留真人东山还诗》《登玄畅楼诗》《酬谢宣城诗》《新安江至清浅深见底贻京邑游好诗》《送别友人诗》《去东阳与吏民别诗》《早发定山诗》《循役朱方道路诗》《和竟陵王游仙诗》（二首）《游沈道士馆诗》《酬华阳陶先生诗》《还园宅奉酬华阳先生诗》《华阳先生登楼不复下赠呈诗》《奉华阳王外兵诗》《赤松涧诗》《八关斋诗》《古意诗》《少年新婚为之咏诗》《登北固楼诗》《梦见美人诗》《直学省愁卧诗》《休沐寄怀诗》《宿东园诗》《行园诗》《和左丞庾杲之移病诗》《和竟陵王抄书诗》《咏竹火笼诗》《奉和竟陵王郡县名诗》《奉和竟陵王药名诗》《和陆慧晓百姓名诗》《三月三日率尔成章诗》《织女赠牵牛诗》《应王中丞思远咏月诗》《和王中书德充咏白云诗》《咏雪应令诗》《和刘雍州绘博山香炉诗》《咏湖中雁诗》《冬节后至丞相第诣世子车中作诗》《奉和竟陵王经刘瓛墓诗》《悼亡诗》《侍游方山应诏诗》《乐将殚恩未已应诏诗》《泛永康江诗》《饯谢文学离夜诗》《别范安成诗》《效古诗》《庭雨应诏诗》《初春诗》《春咏诗》《伤春诗》《秋夜诗》《咏篪诗》《咏竹槟榔盘诗》《咏檐前竹诗》《玩庭柳诗》《麦李诗》《咏桃诗》《咏青苔诗》《十咏》（二首）《怀旧诗》（九首）《咏新荷应诏诗》《听蝉鸣应诏诗》《咏笙诗》《咏筝诗》《咏山榴诗》《大言应令诗》《细言应令诗》《咏余雪诗》《咏帐诗》《侍宴咏反舌诗》《寒松诗》《咏孤桐诗》《咏梧桐诗》《园橘诗》《咏梨应诏诗》《咏芙蓉诗》《咏杜若诗》《咏鹿葱诗》《咏甘蕉诗》《咏菰诗》《早行逢故人车中为赠诗》《四城门诗》《和刘中书仙诗》（二首）《华山馆为国家营功德诗》《和王卫军解讲诗》《侍宴谢朏宅饯东归应诏诗》《石塘濑听猿诗》《出重闱和傅昭诗》《秋晨羁怨望海思归诗》《侍宴乐游苑饯徐州刺史应诏诗》《憩郊园和约法师采药诗》《咏竹诗》《诗》《上巳华光殿诗》《六忆诗》（四首）《八咏诗》《登台望秋月》《会圃临春风》《岁暮愍衰草》《霜来悲落桐》《夕行闻夜鹤》《晨征听晓鸿》《解佩去朝市》《被褐守山东》等。

　　沈君攸有集，今存可见《采桑》《采莲曲》《薄暮动弦歌》《羽觞飞上苑》《桂楫泛河中》《双燕离》《赋得临水诗》《同陆廷尉惊早蝉诗》《待夜出妓诗》《咏冰应教诗》10首诗。

　　沈满愿有集，今存可见《王昭君叹》二首、《挟琴歌》《映水曲》《登栖曲》《越城曲》《晨风行》《彩毫怨》《戏萧娘诗》《戏萧娘诗》《咏五彩竹火笼诗》《咏步摇花诗》12 首诗。还有《残灯诗》及失去标题的小诗，计 14 首诗。

　　沈炯有集，今存可见《长安少年行》《独酌谣》《从驾送军诗》《望郢州城诗》《长安还至方山怆然自伤诗》《离合诗赠江藻》《建除诗》《六府诗》《八音诗》《六甲诗》《十二属诗》《从游天中寺应令诗》《同庾中庶肩吾周处士弘让游明庆寺诗》《名都一何绮诗》《为我弹鸣琴诗》《赋得边马有归心诗》《咏老马诗》《和蔡黄门口字咏绝句诗》以及《谣》（《幽庭赋》系此谣）19 首诗。

　　沈充、沈庆之、沈约、沈满愿与沈皇后，已有专章或专节论述，故而于此主要论述沈旋、沈趋、沈君攸与沈炯。沈旋、沈趋是沈约之子。沈旋，字士规，沈约长子，出仕萧梁王朝，官至司徒右长史。母亲去世，悲伤而蔬食辟谷。再为给事黄门侍郎、中抚军长史，出为招远将军、南康内史。"在部以清治称。卒官，谥曰恭侯。"[1] 沈趋，字孝鲤，沈约次子，位至黄门郎。

　　沈旋存诗名《咏萤火诗》，沈趋存诗名《赋得雾诗》与《咏雀诗》。从兄弟所存的 3 首诗来看，皆为咏物诗。其诗曰：

> 火中变腐草，明灭靡恒调。雨坠弗亏光，阳升反夺照。
> 泊树类奔星，集草疑余燎。望之如可灼，揽之徒有耀。

> 窈郁蔽园林，依霏被轩牖。睇有始疑空，瞻空复如有。
> 游蛇隐遥汉，文豹栖南阜。既殊三五辉，远望徒延首。

> 肌薄少滋腴，色浅非丹翠。不惧越王羞，宁怀秦后珥。
> 傍檐茸寒草，循场啄余穗。且欣大厦成，焉须鸿鹄志。

---

① 　姚思廉：《梁书》卷一三《沈旋传》，中华书局 1973 年版，第 232 页。

以"阳升反夺照"来突出所咏"萤火"昆虫"泊树类奔星，集草疑余燎"的生活习性，"可灼"之"明"与"亏光"之"灭"的"明灭靡恒调"，不可预测的自然界变化，不也是社会生活的一种表象么？借此抒写无论地位显赫之"明"或门楣暗淡之"灭"，皆恪守着家族喜文"恒调"的人生志趣。

以"蔽园林""被轩牖"的静态描写，突出"雾"气之大。又用"游蛇隐遥汉，文豹栖南阜"动态描写，突出"雾"气千姿百态的变化，表达既"疑空"又"瞻空"的空灵意境。

以"肌薄""色浅"的静态描写，突出"少滋腴""非丹翠"所咏飞禽"雀"平凡的外在形象。以"茸寒草""啄余穗"的动态描写雀的生活习性，突出雀虽无多肉又无色彩，却有着自食其力的勤劳品格，一反"燕雀安知鸿鹄志"① 史籍载录的高远企盼，表达"不惧羞""宁怀后"人生应该具备的平常心态。

这三首表达志趣的咏物诗，有着深厚的家族文化传承。五言八句，注重对偶，讲究声律，用白描手法写出所咏之物的自然属性，在宁静清新的自然环境中感受所咏之物的变化乐趣，心灵随之升华，创造出多有新意的审美诗境。

二

沈君攸与沈炯是除沈约外存诗较多的两位才子，虽以文名享誉当时，但人生际遇截然不同，前者较为平顺地活动于偏安江陵的后梁，后者惨遭妻死子亡的伤痛、历经艰险由北南归。故而在其所存的诗篇中，取材各异，以个性的创作特色，或借物清丽富艳地抒情，或于寄寓中流动着情真意切的悲伤。

沈君攸（？—573年），令狐德棻《周书·萧詧传》载："及岿纂业，亲贤并用，将相则华皎、殷亮、刘忠义，宗室则萧欣、萧翼，民望则萧确、谢温、柳洋、王湜、徐岳，外戚则王抶、王诵、殷琰，文章则刘孝胜、范迪、沈君游、君公、柳信言，政事则袁敞、柳庄、

---

① 司马迁：《史记》卷四八《陈涉世家》，中华书局1959年版，第1949页。

蔡延寿、甄诩、皇甫兹。故能保其疆土，而和其民人焉"。附传曰："沈君游，吴兴人。祖僧昺，左民尚书。父巡，东阳太守。君游博学有词采，位至散骑常侍。岿之十二年，卒。有文集十卷。"生年不详的沈君攸，亦作沈君游，卒于后梁世宗萧岿的天保十二年（573年）。

沈君攸之弟君公，有干局，为萧岿所重，据《周书·萧詧传》的附传载："自都官尚书为义兴王瓛师。从瓛奔陈，授侍中、太子詹事。隋平陈，以瓛同谋度江，伏诛。"姚思廉《陈书》载曰："沈君理，字仲伦，吴兴人也。……高祖镇南徐州，巡遣君理自东阳谒于高祖，高祖器之，命尚会稽长公主。"沈君理娶陈武帝女为妻，其女沈婺华为陈后主的皇后。沈君理有兄沈君严，有弟君高。由此可知：沈君严、沈君攸、沈君公、沈君理、沈君高为手足。

沈君攸存世10首诗，《采桑》诗以蚕妾口吻，描写采桑女子"牵低叶""避小枝"的敏捷动作，"看金""求心""畏桑萎"的心理活动，勤劳活泼的采桑女形象跃然而出。同有"采"字标题的《采莲曲》诗，则在传统上有着仅为爱情吟唱的突破。

　　平川映晚霞，莲舟泛浪华。衣香随岸远，荷影向流斜。
　　度手牵长柄，转楫避疏花。还船不畏满，归路讵嫌赊。

汉乐府有《采莲》，吟唱"江南可采莲"。古乐府的采莲曲地域锁定江南，寓意爱情与喜庆。采莲为世人喜欢的风俗，寓意着文学创作的永恒主题。由汉乐府民歌到六朝文人之作，代有佳篇。陆厥的《南郡歌》，首句用"江南可采莲"，然后用"惑江皋，迷下蔡"的典故，极写采莲人之美。吴均《采莲曲》，以"锦带杂花钿，罗衣垂绿川"的美丽形象去采莲，由采莲想到异地的"君"，相思相爱溢于言表。沈约《江南曲》，以"罗衣织成带，堕马碧玉簪"之笔，描写采莲女之美与"采莲渡湘南"赴约急切之情。沈君攸的《采莲曲》，虽仍为"男子作闺音"的传统，但起笔景色烘托，以"衣香""荷影"描写采莲女的形象，打破"莲"谐音怜爱相思的传统，表达出"牵长柄""不畏满"劳动收获之乐。

沈君攸的诗歌创作，写《采莲曲》《采桑》生活的适性之美，写《双燕离》的爱情，写《羽觞飞上苑》《赋得临水诗》的富贵繁华与"携手望桃源"的恬静心绪，写《同陆廷尉惊早蝉诗》《咏冰应教诗》的咏物之乐，处处显现着景色之美与人生的意趣。其诗或为整齐的五、七言诗，或为三、四、七言交错于一起的杂言诗。长于写景，音律和谐，有着声韵之美。《采莲曲》《赋得临水》《同陆廷尉惊早蝉》诗，五言八句，对仗工整，开唐人五言律诗的先例。而《薄暮动弦歌》《桂楫泛河中》《羽觞飞上苑》诗，为七言诗，脱出"新体诗"的窠臼，带有七言排律的因子。

> 上路薄晚风尘合，禁苑初春气色华。石径断丝阑蔓草，山流细沫拥浮花。鱼文熠爚含余日，鹤盖低昂照落霞。隔树银鞍喧宝马，分衢玉轴动香车。车马处处尽成阴，班荆促席对芳林。藤杯屡动情仍畅，翠樽引满趣弥深。山阳倒载非难得，宜城醇酎促须斟。半醉骊歌应可奏，上客莫虑掷黄金。

这首《羽觞飞上苑》诗，诗题由东晋谢太傅、王羲之山阴"曲水流觞"文人雅士志趣与汉武帝皇家上林苑意韵转化而来，既写上苑"春气色华"的景色之美，也写"鹤盖""宝马"的尊贵繁华；既写"促席""翠樽"的宴饮"趣弥深"，也写"山阳倒载""半醉骊歌"的任性惬意。全诗 16 句，不仅环境景色的描写空前幽美爽丽，而且羽觞上苑的人物更是动情意畅，极富诗歌兴象的艺术魅力。宋人吴开《优古堂诗话》的"山流细沫拥浮花"条言："沈君攸《羽觞飞上苑》云：'石径断丝阑蔓草，山流细沫拥浮花。'《外史梼杌》载张蠙诗：'墙头细雨垂纤草，水面微风落花。'盖本于沈耳。"意绪相承，体现文学创作的生命力。

沈炯的诗歌创作，不同沈君攸"隔树银鞍喧宝马，分衢玉轴动香车"的奢华欢快。沈炯（502—560 年）字礼明，少有"俊才"，为时所重。萧梁王朝出仕，以孝母为时人所敬。侯景之乱，吴郡太守袁君正入援建康，沈炯监郡。台城陷，侯景部将宋子仙据守吴兴，逼其当书记，坚决不从，几乎被杀。王子仙败，王僧辩以十万钱于乱军中购之。入幕府，羽檄军书，皆出沈炯所出。其文甚工，"当时莫有逮者"①。陈霸先与王僧辩会于白茅湾，盟文出于沈炯的手笔。侯景东逃至吴郡，害死沈炯妻子虞氏与儿子沈行简，其弟携母逃出，九死一生。梁元帝即位，封沈炯为原乡县侯，任尚书左丞。荆州陷，为西魏所掳，归长安，虽受礼遇，仪同三司，但思念故国和老母。在北朝三年，心绪始终不佳。

沈炯存诗 19 首，从表达的思想内容上看，可分为三类。一类是取材于日常生活，《十二属诗》《离合诗赠江藻》《独酌谣》等，表达"为我弹鸣琴，琴鸣伤我襟"的心绪。一类取材于时事政治，《从游天中寺应令诗》《同庚中庶肩吾周处士弘让游明庆寺诗》《名都一何绮诗》等，于帝王气势的夸张描写中，比对着"欲知天子贵，千门应紫微"的大汉气象，流露出对国事的担忧。一类取材于不堪回首的自身际遇，《长安少年行》《望郢州城》《赋得边马有归心》等，最有文学生命力的是第三类诗。

> 秦军坑赵卒，遂有一人生。
> 虽还旧乡里，危心曾未平。
> 淮源比桐柏，方山似削成。
> 犹疑屯虏骑，尚畏值胡兵。
> 空村余拱木，废邑有颓城。
> 旧识既已尽，新知皆异名。
> 百年三万日，处处此伤情。

这首《长安还至方山怆然自伤》诗，是沈炯由西魏都城长安放归、行近故国都城建康时所作。方山又名天印山，在江宁县东南，秦淮河东岸。因四面等方，故名方山。"怆然自伤"的诗题就抒写出其诗深沉的基调，沉重的情感。"秦军"四句抒发的不单是"遂有一人

---

① 姚思廉：《陈书》卷一九《沈炯传》，中华书局 1972 年版，第 251 页。

生"的个人被放归的侥幸之感，"坑"字是对造成成千上万无辜死难祸国殃民者的有力控诉。"犹疑"四句也不是个体对战乱的恐慌畏惧，而是对国家残破局面的痛心。命存乱世，有着强烈的家国之念和深沉的兴亡之感。"空村""废邑"，多灾多难的现实在诗中有着具体的反映，动乱的深入反映，是典型的感时伤乱之作。其诗在艺术上尤以细腻的心理描写见长，战乱给人们的心理造成极大的扭曲和压力，"虽还旧乡里，危心曾未平"，平安返乡，仍是惊恐不安。"淮源比桐柏，方山似削成"，由山之形状引发对战争残酷的联想，"犹疑屯房骑，尚畏值胡兵"，以往战乱的阴影挥之不去，一路走来，必然是"处处伤情"。如此混乱的邦国家园，沈炯如何面对呢？

> 昔日从戎阵，流汗几东西。一日驰千里，三丈拔深泥。
> 渡水频伤骨，翻霜屡损蹄。勿言年齿暮，寻途尚不迷。

这首《咏老马》诗，是一首咏物诗，借"老马识途"表达了复杂的情感。《韩非子·说林上》曰："管仲、隰朋从桓公伐孤竹，春往冬返，迷惑失道，管仲曰：'老马之智可用也。'乃放老马而随之，遂得道。"全诗的前六句，集中笔墨，概述老马当年驰骋四方、骁勇善战的经历。老马当年长尾风生、逸足电发，尽跋涉之苦，立下汗马功劳，如今虽是老马，但"勿言年齿暮，寻途尚不迷"，老马识途，充满信心，壮心不已。对老马价值充分肯定，实际以马喻人，在更广阔的范围内，寄托那些曾经为社稷奋争者的心理状态与精神世界。

李延寿《南史·沈约传论》曰："沈炯才思之美，是以继踵前良。然仕于梁朝，年已知命。主非不文，而位裁邑宰。及于运逢交丧，驱驰戎马，所在称美，用舍信焉。"沈炯作为文学家，既继承了晋、宋、齐、梁以来诸贤之长，同时又有出新，显现着沈氏家族文化底蕴对其陶冶。齐梁的艳体风情不屑一顾，文章应时而出，激扬旨趣。他的诗歌创作有着鲜活的内容，凸显着激昂悲壮的风格。

第二节　散文拓展题材体现文化世家的文学渗透力

沈氏世家的散文创作虽不如讲究"四声""新体诗"那样绚丽多彩，但在骈体兴盛文坛时，其拓展题材的散文也显现出一些独有的特点。从东晋沈充最早留下单篇之文，到陈朝沈炯存文 16 篇。其间散文之作或单篇，或多篇；或议、表、书、论、启、敕、令、答、颂、赞、签、疏等，或上疏、墓志、连珠、行状、哀策文、盟文、祭文等，作者 20 位，各种样式存世散文多达 230 余篇。

文化世家的沈林子，"诗、赋、赞、三言、箴、祭文、乐府、表、笺、书记、白事、启事、论、老子一百二十一首（篇）"①。次子沈亮承沈田子一脉，"诗、赋、颂、赞、三言、诔、哀辞、祭告请雨文、乐府、挽歌、连珠、教记、白事、笺、表、签、议一百八十九首（篇）"②。少子沈璞亦显现创作才华，"赋、颂、赞、祭文、诔、七、吊、四五言诗、笺、表，皆遇乱零失"③。另外，沈勃有集 20 卷，仅见存世的 1 篇赋，不见其他文种，不在所论之列。

一

按《晋书》《宋书》等六朝史书文献与《初学记》《通典》《北堂书钞》《艺文类聚》与《太平御览》等典籍，以及严可均《全上古三代秦汉三国六朝文》考证，吴兴文化世家沈氏存世散文的作者与作品的篇目，钩沉如下：

沈　充，1 篇：《鹅赋序》。

沈　劢，1 篇：《赠王孚孝廉板教》。

沈　亮，5 篇：《陈府事启》《陈营创城府功课》《救荒议》《发冢不赴救议》《修治石碣签》。

沈庆之，3 篇：《弃彭城南归议》《铸四铢钱议》《与南郡王义宣书》。

---

① 沈约：《宋书》卷一〇〇《自序》，中华书局 1974 年版，第 2459 页。
② 沈约：《宋书》卷一〇〇《自序》，中华书局 1974 年版，第 2452 页。
③ 沈约：《宋书》卷一〇〇《自序》，中华书局 1974 年版，第 2465 页。

沈攸之，4篇：《答皇太后令问》《与武陵王赞笺》《遗萧道成书》《宣令军中》。《宋书·沈攸之传》，攸之表檄文疏，皆宗俨之词也，姑录之。

沈演之，4篇：《巡行上表言刘真道等政绩》《以一大钱当两议》《嘉禾颂》《白鸠颂》。

沈怀文，5篇：《上言皇子不宜置邸舍》《录尚书议》《扬州移治会稽议》《垦起湖田议》《宋侍中赵伦之碑》。

沈怀远，2篇：《长鸣鸡赞》《博罗县簟竹铭》。

沈　渊，1篇：《荐沈麟士表》。

沈　冲，1篇：《奏劾江谧》。

沈　宪，1篇：《求改二豫属郡启》。

沈麟士，3篇：《与沈约书辞表荐》《答张永使者辞功曹》《沈氏述祖德碑》《终制遗令》，文体有书、答、碑、令，各1篇。

沈　宏，1篇：《答释法云书难范缜神灭论》。

沈　重，1篇：《钟律议》。

沈婺华皇后，1篇：《与释智顗手书》（亦作《少主后沈手令书》）。

沈君理，1篇：《请释智顗开讲法华疏》。

沈不害，1篇：《上文帝书请立国学》。

沈文阿，3篇：《大行侠御服重议》《嗣君谒庙升殿仪注议》《哀策称谥议》。

沈　洙，3篇：《沈孝轨诸弟除服议》《皇太后服安吉君覃除议》《测狱刻数议》。

沈　炯，16篇：《为王僧辩等劝进梁元帝初表》《第二表》《第三表》《经汉武通天台为表奏陈思归意》《为周弘正让太常表》《为陈太傅让表》《为百官劝进陈武帝表》《为周仪同失律后复官表》《请归养表》《答张种书》《林屋馆记》《太极殿铭》《武帝哀策文》《太尉始兴昭烈王碑》《为王僧辩与陈武帝盟文》《祭梁吴郡袁府君文》。

篇数最多者沈约，有174篇。从存世的单篇文章看，"沈约可谓兼长众体"①。严可均《全梁文》辑集的学术分卷归类，文种如下：

文体为制、诏、敕、令与答五种样式：制5，诏29，敕3，令1，答1，计39篇。《授蔡法度廷尉制》《授王缋蔡约王师制》《封徐世标制》（一作诏）《授李居壬等制》（《南齐书·崔慧景传》作居士）《封左兴盛等制》，《劝农访民所疾苦诏》《封申希祖诏》《南郊赦诏》《为齐明帝遗诏》《立太子赦诏》《立太子赦诏》《授王亮左仆射诏》（《梁书·王亮传》作右仆射）《沈文季加侍中诏》《崔慧景加侍中诏》《王亮王莹加授诏》《临川王子晋南康侯子恪迁授诏》《大赦诏》《授萧重俅左仆射诏》《南郊恩诏》《刘暄封侯诏》《王亮等封侯诏》《常僧景等封侯诏》《封三舍人诏》《立左降诏》《降死罪诏》《改天监元年赦诏》《封授临川等五王诏》《立太子诏》《立内职诏》《探游隐逸诏》《资给何点诏》《酬荆、雍义士献物者诏》《南郊恩诏》《使四方士民陈刑政诏》《王茂加侍中诏》，《梁武帝践祚后与诸州郡敕》《为武帝与谢朏敕》《又与何胤敕》，《为梁武帝除东昏制令》（《答诏访古乐》）。

文体为章表疏言奏弹五种样式：章3，表25，疏1，言1，奏弹7，计37篇。《为六宫拜章》《为晋安王谢南兖州章》《又为安陆王谢荆州章》，《谢赐新历表》《谢赐新历表》《谢赐新历表》《荐沈士义行表》《荐刘粲表》《举胡元秀表》《让仆射表》《谢封建昌侯表》《谢母封建昌国太夫人表》《为长城公主谢表》《为柳世隆让封公表》《为柳世隆上铜表》《拜尚书令到都上表》《为太子谢初表》《为南郡王让中军表》《为始兴王让仪同表》《为褚炫让吏部书表》《让五兵书表》《上宋书表》《注制旨连珠表》《为柳兖州世隆上旧宫表》《上建阙表》《谢立皇太子赐绢表》《致仕表》《临终遗表》，《上疏论选举》，《上言宜校勘谱籍》，《奏弹王源》《奏弹秘书郎萧遥昌》《奏弹太子中舍人王僧》《奏弹孔稚圭违制启假事》《奏弹奉朝王希聘违假》《奏弹御史孔橐题省壁悖慢事》与《修竹弹甘蕉文》。

---

① 郭预衡：《中国散文简史·沈约》，北京师范大学出版社1994年版，第203页。

文体为谥议、启、书三种样式：谥议4，启18，书12，计34篇，《齐武帝谥议》《齐明帝谥议》《梁武帝郊后谥议》《正会乘舆议》，《谢敕赐冰启》《谢赐甘露启》《贺齐明帝登祚启》《谢齐竟陵王教撰高士传启》《谢齐竟陵王示永明乐歌启》《谢齐景陵王赉母赫国云气黄绫裙襦启》《为东宫谢敕赐孟尝君剑启》《为皇太子谢赐御所射雉启》《谢司徒赐北苏启》《谢赐轸调绢等启》《谢女出门宫赐绢绮烛启》《谢敕赐绢葛启》《谢赐交州槟榔启》《为柳世隆谢赐乐游胡桃启》《应诏进佛记序启》《钱随喜光宅寺启》《送育王像并上钱烛等启》《谢齐竟陵王示华严璎珞启》，《答释法云书难范缜〈神灭论〉》《答乐蔼书》《答庾光禄书》《答沈麟士书》《与范述曾论竟陵王赋书》《与陶弘景书》《报王筠书》《报刘杳书》《答陆厥书》《与徐勉书》《与约法师书悼周舍》与《书》。

文体为论的样式有12篇：《辩圣论》《七贤论》《〈晋书·食货志〉论》《〈晋书·选举志·九品〉论》《均圣论》《答陶隐居难〈均圣论〉》《究竟慈悲论》《形神论》《神不灭论》《难范缜神灭论》《述僧设会论》《述僧中食论》。

文体为记序义颂赞连珠铭哀策文、墓志铭11种样式：记2、序4与并序5，义3，颂1，赞6，连珠1，铭5，哀策文1，墓志铭6，计39篇。其中颂、赞、连珠、哀策文与铭，四言体。《湘州枳园寺刹下石记》《竟陵王造释迦像记》，《武帝集序》《棋品序》《内典序》《佛记序》，《佛知不异众生知义》《六道相续作佛义》《因缘义》，《齐丹徒故宫颂》，《雪赞》《高士赞》《又锁声赞》《千佛赞》《绣像赞》（并序）《绣像赞》（并序），《连珠》，《齐明帝哀策文》，《瑞石像铭》（并序）《光宅寺刹下铭》（并序）《弥陀佛铭》《释迦文佛像铭》《栖禅精舍铭（并序）》《丞相长沙宣武王墓志铭》《齐太尉文宪王公墓志铭》《齐太尉徐公墓志》《司徒谢朏墓志铭》《尚书右仆射范云墓志铭》与《太常卿任昉墓志铭》。

文体为碑、行状的两种样式：碑7，行状3，计10篇，碑为四言体，行状是唯一的女尼纪事。《善馆碑》《桐柏山金庭馆碑》《法王寺碑》《齐太尉王俭碑》《齐故安陆昭王碑》《齐丞相豫章文宪王碑》

《比丘尼僧敬法师碑》，《齐临川王行状》《齐司空柳世隆行状》《齐禅林寺尼净秀行状》。

文体为文、疏两种样式：文4，疏7，计11篇，《冠子祝文》《祭蒋山庙文》《忏悔文》《千僧会愿文》，《为文惠太子礼佛愿疏》《为文惠太子解讲疏》《为齐竟陵王发讲疏》（并颂）《为齐竟陵王解讲疏》《又为齐竟陵王解讲疏》《为南郡王舍身疏》与《舍身愿疏》。

在沈约存世诸多散文作品中，诏、敕、刺、制、疏、表、章、弹文、启、书、序、论、文、赞、铭、连珠、记、碑、哀策文、谥议、墓志铭、行状等不同篇名，既堪称散文的各种文体皆备，也囊括着家族其他人散文之作的文体。

题材上看，涉及当时社会生活各个方面，多有拓展。代帝室之言，如沈约的《南郊赦诏》《立太子赦诏》等。与时政相关，如沈怀文的《扬州移治会稽议》、沈宏的《答释法云书难范缜神灭论》、沈文阿的《哀策称谥议》等。为人物作文，如沈怀文的《宋侍中赵伦之碑》、沈约《司徒谢朏墓志铭》《齐太尉王俭碑》等，书信赠答，如沈庆之的《与南郡王义宣书》、沈约的《答庾光禄书》、沈麟士的《答张永使者辞功曹》等。思想文化论辩，如沈宏的《答释法云书难范缜神灭论》、沈约的《答陆厥书》《难范缜神灭论》等。赞颂自然之物，沈演之的《嘉禾颂》与《白鸠颂》、沈怀远的《长鸣鸡赞》等。议论时政，写人见志，状物抒情，学术争辩，字字用心，文情并茂，体现出文化世家散文创作的文学渗透力。

二

沈约是吴兴文化世家沈氏散文存世最多者，人生际遇与丰富著作等，在第六章已有不同侧重点的论述。其存世散文的研究，主要于此来探索。沈约有文集百卷，已散佚。今存诗文集《沈隐侯集》，为明人张溥所辑刊的诗文集，卷一收赋、诏、敕、刺、制、疏、表、章、弹文、启、书、序、论、文、赞、铭，卷二收连珠、记、碑、哀策文、谥议、墓志铭、行状、文等，计有一百七十余篇。

沈约存世的散文之作，以"兼长众体"在中国散文史上占有重要地位。其散文无论是代皇家而言的制、诏、敕、令等文，还是谈论王朝时政的议、表、疏；无论是针砭时人时事的奏弹之文，还是褒奖品评有功之人的铭、志、哀策文，都有鲜明的针对性，有感而发。时政之文多为议论或为学术争辩，观点明确。虽然文采不富，但逻辑性强，以说理透彻见长。书表往来之作，虽然带有应酬因素，但在所提倡的"声律论"与所开创"永明体"的影响下，散文创作或构思别致，或独出心裁，或用议论笔法，或擅长抒情，亦多名篇，如《修竹弹甘蔗文》《与徐勉书》《忏悔文》与《齐禅林寺尼净秀行状》等。

> 长兼淇园贞干臣修竹顿首：臣闻芟黄蕴崇，农夫之善法；无使滋蔓，剪恶之良图。未有蠹苗害稼、不加穷伐者也。切寻苏台前甘蔗一丛，宿渐云露，荏苒岁月，擢本盈寻，垂荫含丈。阶缘宠渥，铨衡百卉，而与夺乖爽，高下在心。每叨天功，以为己力。风闻籍听，非复一涂。犹谓爱憎异说，所以挂乎严网。今月某日，有台西阶泽兰萱草，到园同诉，自称"虽惭杞梓，颇异蒿蓬，阳景所临，由来无隔。今月某日，巫岫敛云，秦楼开照。乾光弘普，罔幽不瞩；而甘蔗攒茎布影，独见鄣蔽。虽处台隅，遂同幽谷"。臣谓偏辞难信，敢察以情。登摄甘蔗左近杜若江蓠，依源辨覆，两草各处，异列同款。既有证据，羌非风闻。切寻甘蔗出自药草，本无芬馥之香，柯条之任，非有松柏后凋之心，盖阙葵藿倾阳之识。凭藉庆会，稽绝伦等，而得人之誉靡即，称平之声寂寞，遂使言树之草，忘忧之用莫施；无绝之芳，当门之弊斯在。妨贤败政，孰过于此！而不除戮，宪章安用？请以见事，徒根剪叶，斥出台外，庶惩彼将来，谢此众屈。

这篇《修竹弹甘蔗文》，全文不到四百字，把自然界中修竹与甘蔗两种植物作为主要对象，赋以人的意识与灵感，进行寓言式的故事虚构。修竹"顿首"，正面立论，善法良图，态度决绝地"芟黄蕴崇"。苏台前的甘蔗，"每叨天功"，"风闻籍听"。殿堂中无事生非者，"妨贤败政"，就如甘蔗一般，显然，文有所讽。"奏弹"之文盛于沈约、任昉，沈约有《奏弹王源》和《奏弹孔稚珪违制启假事》，文字刻板。这篇散文独具艺术感染力，以修竹来弹奏甘蔗，既在构思上别具一格，又在书写上别有情致，文采斐然。

　　吾弱年孤苦，傍无期属，往者将坠于地，契阔屯遭，困于朝夕。崎岖薄宦，事非为己，望得小禄。傍此东归，岁逾十稔，方忝襄阳县。公私情计，非所了具。以身资物，不得不任人事。永明末出守东阳，意在止足，而建武肇运，人世胶加，一去不还，行之未易。及昏猜之始，王政多门，因此谋退，庶几可果。托卿布怀于徐令，想记未忘。圣道聿兴，谬逢嘉运，往志宿心，复成乖爽。今岁开元，礼年云至。悬车之请，事由恩夺。诚不能弘宣风政，光阐朝道，尚欲讨寻文簿，时议同异。而开年以来，病增虑切。当由生灵有限，劳役过差，总此凋竭，归之暮年。牵策行止，努力祗事，外观旁览，尚似全人；而形骸力用，不相综摄。常须过自束持，方可黾俯。解衣一卧，支体不复相关，上热下冷，月增日笃。取暖则烦，加寒必利。后差不及前差，后剧必胜前剧。百日数旬，革带常且移孔。以手握臂，率计月小半分。以此推算，岂能支久？若此不休，日复一日，将贻圣主不追之恨。冒欲表闻，乞归老之秩。若天假其年，还得平健，才力所堪，惟思是策。

　　这篇《与徐勉书》之文，在篇幅上与《修竹弹甘蔗文》极为接近，仅有四百余字。以"弱年孤苦"起笔，追述往昔，突出"行之未易"的艰难；载述现实，突出"努力祗事"的品格，当下的个人形象描写，更是恰切生动。"百日数旬，革带常且移孔。以手握臂，率计月小半分。"所言之语，如话家常，自然质朴，别有意趣。这在骈文盛行的六朝，动辄以四六句来构思成文，多以内容空洞而流于形式的绮靡风气中，显得格外珍贵。当然，"沈郎腰瘦"也成为历史典故。唐代诗人牟融《山中有怀李十二》诗曰："客边秋兴悲张翰，病里春情笑沈郎。"晚唐著名词人李煜《破阵子·四十年来家国》词曰："一旦归为臣虏，沈腰潘鬓消磨。"明代杰出的少年爱国诗人夏完淳《杨柳怨和钱大揖石》诗曰："酒杯千古思陶令，腰带三围恨沈郎。"或诗或词，皆表达经历重大变故的激动心绪。

沈约信奉佛教，晚年所写的《忏悔文》，既不同于寓言式的《修竹弹甘蔗文》，也异于《与徐勉书》。

> 弟子沈约，稽首上白诸佛众圣：约自今生己前，至于无始，罪业参差。固非辞象所算。识昧往缘，莫由证举。爰始成童，有心嗜欲，不识慈悲，莫辨罪报。以为毛群鳞品，事充庖厨，无对之缘，非恻隐所及。晨坐暮爨，亘月随年。兼腹填虚，非斯莫可。兼囊昔蒙稚，精灵莫达，遨戏之间，恣行夭暴。蠢动飞沉，罔非登俎。傥相逢值，横加剿扑。却数追念，种果实蕃。远忆想间，难或详尽。又暑月寝卧，蚊虻啮肤，恣之于心，应之于手，岁所歼殒，略盈万计。手因怒动，命因手倾，为杀之道。事无不足。迄至于今，犹为顿免。

这是其文开篇段落，佛祖面前忏悔，打死蚊虻，都要如实述说，似是写得虔诚之至，实际作用如何？张溥《沈隐侯集题辞》曰："佛前忏悔，省讼小过，戒及绮语；独讳言佐命，不敢播腾。"其文絮絮地只说生活琐事，讳言移祚大过，加深与梁武帝间的嫌隙，导致过早离世。齐梁间改朝换代，不论当时人还是后世者，皆看得很平常，仕齐仕梁，都无所谓，也无可忏悔。出语虽琐碎之至，无关宏旨，却反映出六朝佛教盛行时所出现散文创作趋于细微的特色。

沈约散文中行状写得最生动，代表作《齐禅林寺尼净秀行状》。这篇近三千字的"行状"之文，追溯人物姓氏渊源，以具体事件叙述一生"行状"，展现净秀的高尚品格，折射出由南齐到萧梁佛教日趋盛行的社会风气。这位禅林寺的女尼净秀，有着不同凡响的家世，姓氏出自少昊，后裔以国为姓。刘宋时，梁粲之封龙川县都亭侯，第四女就是"行状"所述的净秀。出身尊贵，弱龄便"洗志法门"，年十岁，"慈念弥笃，绝粉黛之容，弃锦绮之习，诵经行道，长斋蔬食"。从 12 岁求出家，直到 29 岁方获所志。在概述净秀为尼后，遂以详细的笔触叙述生活中凡人不可思议之事出现在净秀身上。于是，宋孝武帝大明七年（463 年）八月，南昌公主敬仰其德行，初置精舍。宋明帝泰始三年（467 年），赐号曰禅林。性好清静，冥感有征，制龛造像，无不毕备。由刘宋到萧梁的天监五年（506 年），尼僧敬仰，多有神奇之事出现。沈约以"知识往来，并亲瞻睹"的语气，叠用"又"字，叙述净秀修行通灵之事，以"如此其数，不能备记"表示遗憾。造语新颖，人物脱俗，比起《宋书》传记中所写不同类型的传主，虽有脱离现实的夸张与想象，但形象更为鲜活。

三

吴兴文化世家沈氏散文存世最多者除沈约外，较多者是沈炯，有16 篇散文，文体分别为表、文、书、记、铭与碑，分别为表 9、文3，书、记、铭、碑各为 1 篇。沈炯的创作，诗、文、赋俱佳，尤其长于盟文与表。"贼臣侯景，凶羯小胡，逆天无状，构造奸恶，违背我恩义，破掠我国家，毒害我生民，移毁我社庙。"这是《为王僧辩与陈武帝盟文》的开篇，先以如椽大笔揭露侯景之乱造成的家国灾难，渲染出结盟的庄严氛围。"共诛奸逆，雪天地之痛，报君父之仇"的盟文主旨轰然推出。最后，发出"同心共事，不相欺负，若有违戾，明神殛之"的铁血誓言，表明"必诛凶竖"不可动摇的忠贞意志与必胜"贼徒"的决心。盟文饱含血泪，一气呵成，感情激昂，令人振奋。

沈炯的《经汉武通天台为表奏陈思归意》，旨趣激扬。《经汉武通天台为表奏陈思归意》作于羁旅西魏期间。曾一人独行，经过汉武帝的通天台，于是有感而作表，以陈思归之意。因为是奉与汉武帝的，故以表名，曰：

> 臣闻乔山虽掩，鼎湖之灵可祠；有鲁既荒，大庭之迹无泯。伏惟陛下降德猗兰，纂灵丰谷。汉道既登，神仙可望，射之罘于海浦，礼日观而称功，横中流于汾河，指柏梁而高宴，何其乐也，岂不然欤！既而运属上仙，道穷晏驾，甲帐珠帘，一朝零

落，茂陵玉碗，宛出人间，陵云故基，共原田而膴膴，别风馀址，对陵阜而茫茫，羁旅缧臣，能不落泪！昔承明既厌，严助东归，驷马可乘，长卿西返，恭闻故实，窃有愚心。黍稷非馨，敢忘徼福。

海岛求仙、灵台观日、汾河击水、柏梁台摆宴的汉武帝，是何等的快乐，最终也是摆脱不了"一朝零落""茂陵刘郎"空余陵草的人生命运。沈炯凭吊汉武帝，借古喻今，"羁旅缧臣"，当然伤心落泪，因为不能如同严助、司马相如那样，他们虽是汉武帝的臣子，可东归、西返。我有此心，只能像曹操遗命妾伎诸子吊于铜雀台的历史烟云一样，没有什么用，只能徒增凄恋之情。文章写得质朴动人，语言凄丽，有着的极强的历史穿透力，更有着现实政治的渗透力。

梁敬帝绍泰二年（556 年），沈炯由西魏南归。陈武帝代梁而立，加封通直散骑常侍。为了让老母安度晚年，沈炯上了《请归养表》，陈武帝不许。陈文帝即位，沈炯再次上表请归，曰：

臣婴生不幸，弱冠而孤，母子零丁，兄弟相长，谨身为养，仕不择官，宦成梁朝，命存乱世，冒危履险，百死轻生，妻息诛夷，昆季冥灭。余臣母子，得逢兴运，臣母妾刘，今年八十有一，臣叔母妾丘，七十有五，臣门弟侄，故自无人，妾丘儿孙，又久亡泯，两家侍养，余臣一人。

前帝知臣之孤茕，养臣以州里，不欲使顿居草莱，又复矜臣温清，所以一年之内，再三休沐，臣之屡披丹款，频冒宸鉴，非欲苟违朝廷，远离畿辇。一者以年将六十，汤火居心，每跪读家书，前惧后喜，温枕扇席，无复成童。二者职居彝宪，邦之司直，若自亏身体，何问国章？前德绸缪，始许哀放，内侍近臣，多悉此旨，正以选贤与能，广求明哲，越趄荏苒，未始取才，而上玄降戾，奄至今日，德音在耳，坎土遽干，悠悠昊天，哀此困极。兼臣私心煎切，弥迫近时，慺慺之祈，转忘尘触。

伏惟陛下睿哲聪明，嗣兴下武，刑于四海，弘此孝治，寸管求天，仰归帷扆，有感必应，实望圣明，特乞霈然申其私礼，则王者之德，覃及无方，矧彼翔沉，孰非涵养？

沈炯的这篇《请归养表》，全文四百字。先叙"命存乱世"的家道不幸，笔意急转，虽"得逢兴运"，阊门仅存81岁的老母与75岁的叔母。接着叙述前帝圣恩，虽然有"一年之内，再三休沐"的相聚，但不能早晚尽孝膝前，以"一者"与"二者"的阐释，表明自己请归的原因。最后用"弘此孝治""实望圣明"的企盼，再次申诉归养之意。其文短幅简短，辞清语真，句句由内心流淌而来，情感动人，有着极强的感染力。

第三节　赋体深化喻意彰现文化世家的文学感染力

由"尚武"剑锋向"崇文"笔锋倾斜的沈氏文化世家，以讲究"四声八病"声律之美的诗歌创作领先着社会风气，散文创作上带有参与社会政治"汉魏风骨"的文化传统，赋体创作更是深化喻意，既在题材拓展上显现主旨的丰富性，也在表现方法上显现样式的艺术性，突出文化世家的文学创作感染力。与吴地"顾陆朱张"四姓及侨迁"王谢庾桓"四姓相比，赋体创作东山谢氏人数多，存世作品也不少。单篇传世的有谢万、谢惠连，多篇名世的有谢灵运、谢庄、谢朓，共有5人26篇赋。沈氏单篇作赋的有沈充、沈璞、沈勃、沈众，多篇名世的有沈约、沈炯、沈麟士，共有7人19篇赋。文化世家赋体存世作品东山谢氏居首位，作者人数吴兴沈氏居第一。

至于沈林子的作品，沈约《宋书·自序》言祖父"绥略有方"，频得宋公刘裕"赐书褒美"，而且文体多样，诗、赋、赞、三言、箴、祭文、乐府、表、笺、书记、白事、启事、论等，惜于后世全部阙失。其次子沈亮，善属文，宋文帝十分赏识，"每远方贡献绝国勋器，辄班赉焉。又赐书二千卷"。元嘉二十七年（450年）卒于官，"著诗、赋、颂、赞、三言、诔、哀辞、祭告请雨文、乐府、挽歌、连珠、教记、白事、笺、表、签、议一百八十九首"。17种文体中有列于诗后的赋体之作，仅存《陈府事启》等 5 篇散文。笼统从赋体作者人数上说，文化世家的吴兴沈氏家族堪称第一。

东山谢氏的赋体创作，篇名显现取材的主旨，既有感慨世事的应时之作，也有述写个人胸怀的抒情之作；既有描写自然物象的咏物之作，也有描写人物的追慕之作。吴兴沈氏家族的赋体创作虽留存篇目少于东山谢氏，但在主旨显现丰富性与其相一致，更在喻意深化上有着独特性。那种历经国破家亡而虏至北地，最终从异姓他乡回故园的"归魂"之作，既在打破大赋歌颂天子威势与宫苑壮丽的"汉赋四大家"①"三都赋"②的传统，也打破谢灵运《山居赋》的庄园富有与怡然自得之情，更以家国之痛的"魂归"深化喻意。

吴兴沈氏家族的赋体创作，按其生卒年与主要活动社会环境来排序，沈充死于东晋王敦之乱（324 年），沈璞死于刘宋"元凶弑立"孝武帝（453 年）的诏命下，沈勃为刘宋后废帝（473—477 年）所杀，沈约卒于梁武帝天监十二年（513 年），沈众为陈武帝永定二年（558 年）休沐还乡路上赐死，沈炯于陈文帝天嘉二年（560 年）病逝。6 人之中，只有 2 人寿终。先论单篇以篇目存世或有作品者，再论赋体作品最多者，最后论深化赋体喻意而有自己独特成就者。

一

第一位见于载录赋体名篇的是沈充，所作《鹅赋》不可考，仅从《鹅赋序》知其有此赋体作品。序文交代赋作原因，着重描写大苍鹅"体色丰丽，鸣声惊人"的形象，其形象既有外表的，更有内在的"鸣声"之美。这篇咏家禽之作，大苍鹅比之"绿眼黄喙，折翼赤头，家家有焉"的普通鹅，不但"鹤立鸡群"，而且寄托个人情感，突出"少好兵书，颇以雄豪闻于乡里"超凡脱俗的人生志向。沈充有集二卷，存留作品仅见《鹅赋序》与《前溪曲》七首诗。

沈璞是第二位有赋体的作者。沈约《宋书·自序》言："尝作《旧宫赋》，久而未毕。"沈璞何以作《旧宫赋》？从本传看，是在元

---

① "汉赋四大家"：司马相如《上林赋》、扬雄《羽猎赋》、班固《两都赋》、张衡《二京赋》。

② "三都"：左思的《吴都赋》《魏都赋》《蜀都赋》。

嘉二十二年平定范晔谋反事，"宣引与晤对"的奉旨之作。始兴王与疏询问："卿常有速藻，《旧宫》何其淹耶？"沈璞因事陈答，辞义可观。刘濬再次求教曰："卿沉思淹日，向聊相敦问，还白斐然，遂兼纸翰。昔曹植有言，下笔成章，良谓逸才赡藻，夸其辞说，以今况之，方知其信。执省踌躇，三复不已。吾远惭楚元，门盈申、白之宾，近愧梁孝，庭列枚、马之客，欣恶交至，谅唯深矣。薄因末牍，以代一面。"用陈思王曹植"逸才赡藻"之言，显现"速藻"之才，突出既有申公、白生那样的贤才，也有汉赋大家枚乘、司马相如那样的创作才华。刘濬又与主簿顾迈、孔道存书，言沈璞《旧宫赋》："沈璞淹思逾岁，卿研虑数旬，瑰丽之美，信同在昔。向聊问之，而远答累翰，辞藻艳逸，致慰良多。既欣股肱备此髦楚，还惭予躬无德而称。复裁少字，宣志于璞，聊因尺纸，使卿等具知厥心。"

沈璞创作《旧宫赋》，"敬奉此旨"的始兴王刘浚催问。旧宫当有所指，刘宋王朝代东晋立祚，帝都在建康。东晋帝都建康承东吴建邺而来，避晋愍帝司马邺之讳改名。左思用十年时间写出《三都赋》，其中就有《吴都赋》。沈璞于刘宋王朝背景下创作《旧宫赋》，"淹思逾岁"未成，在"旧宫"上"赋"新意，才力上要脱出前人窠臼，即便速藻之才，也不可能一蹴而就。"瑰丽之美，信同在昔"之语，点出了沈璞《旧宫赋》创作成就的不凡。尤其是"辞藻艳逸"，超越往昔的赋体大家。可惜沈璞所作皆不存，仅见赋体作品之名。

沈众的《竹赋》也是仅见作品之名，奉梁武帝诏，文德殿上援笔即作，"赋成，奏，帝善之，手敕答曰：'卿文体翩翩，可谓无忝尔祖。'"[①] 沈众祖父是沈约，曾祖是沈璞，承文脉能为赋体，所作《竹赋》从题名来看，是一篇"咏竹"之作。祖父沈约曾取材于江南遍地可见之"竹"，创作出《咏竹火笼诗》。

在赋体单篇存目的沈氏家族中，只有沈勃《秋羁赋》的残篇见载于唐人欧阳询的《艺文类聚》中，也见载于清代同郡严可均《全宋文》中。沈勃好为文，善弹琴，能围棋，多才艺。沈氏善琴者见

---

① 姚思廉：《陈书》卷一八《沈众传》，中华书局 1972 年版，第 243 页。

于载记的仅有两人，除沈勃外，还有沈文季。沈勃为人"轻薄逐利"，泰始年间为太子右卫率，上欲北讨，使还乡里招募兵马。打着朝廷出征旗号，私下多受货贿。宋明帝大怒，下诏罪责，徙付梁州。后废帝元徽初年得还，阿谀结事阮佃夫，复为司徒左长史，为后废帝所诛。《秋羁赋》曰：

> 于时朱云弛辰，金祇御岁。菊图缛于园沼，橘倒饰于池例。草改貌而倾黄，林伐状而摇蒂。潭激气而威荷，露危光而严蕙。

这篇赋开篇两句，强调"于时"的季节气候特征，是"朱云弛辰"，更是"金祇"司秋之神来"御岁"。接着用菊、橘、草、林、荷与蕙的六个物种，交代其因"金祇御岁"变了样。自然万物并非这几种，感受物种"改貌"如何领略？赋体尚未展开。此赋为残赋，所存八句辞藻华美，虚词"于""而"置于句中，形成整齐的对仗，渲染出秋羁的自然氛围，强化了赋作的文学感染力。

二

沈约的赋体作品，比东山谢氏赋体最多的谢灵运少3篇，比同在"竟陵八友"之列的谢朓多5篇。学术界研究的重点多在诗文。尽管赋体有所探索，相对诗文显得薄弱。存世11篇赋体作品，他别作于何时，一直存在着争议，有着不同的看法。

林家骊《沈约辞赋简论》按创作时间分，认为："大致可确定在刘宋时期创作的有《丽人赋》《愍途赋》《伤美人赋》，可大致确定在萧齐时代创作的有《拟风赋》《高松赋》《桐赋》《反舌赋》（一作《反舌鸟赋》）《愍衰草赋》《愍国赋》，入梁之后创作的有《郊居赋》《天渊水鸟应诏赋》。"就全文载于《梁书》的《郊居赋》来说，伍叔傥及日本学者铃木虎雄认为作于梁武帝"天监六年"，熊清元《沈约〈郊居赋〉作年考辨》认为作于"天监九年"。本传没有注明创作时间，但言其得意于萧梁，由建祚初封到"关尚书八条事，迁尚书令"，仕途坦通，有逸趣为生活美景环境作赋。显然，是人生得意时创作出篇幅最长、气势宏大而显现优越之感的《郊居赋》。

沈约的 11 篇赋，按其题材，可分为咏物、写人、抒情三种。咏物的赋作有《拟风赋》《高松赋》《桐赋》《天渊水鸟应诏赋》《反舌赋》，写人的有《丽人赋》《伤美人赋》，抒情的有《愍衰草赋》《愍涂赋》《悯国赋》《郊居赋》。物与情是分不开的，咏物必含情，情的倾吐必托物。

沈约的咏物赋，或咏"单泛姿容""群飞合离"的天池水鸟与反舌微禽"闻好音于庭树"的庶鸟，或咏极为夸饰的"羽容仙风"，或咏"喧密叶于凤晨，宿高枝于鸾暮"的凤鸾与"郁彼高松，栖根得地"的木本植物。在咏物赋中，《高松赋》是唯一超过二百字的最富有文学感染力之作。其赋曰：

> 郁彼高松，栖根得地。托北园于上邸，依平台而养翠。若夫蟠株耸干之懿，含星漏月之奇，经千霜而得拱，仰百仞而方枝。朝吐轻烟薄雾，夜宿迷鸟羁雌。露虽滋而不润，风未动而先知。既梢云于清汉，亦倒景于华池。轻阴蒙密，乔柯布镬。叶断禽踪，枝通猿路。听骚骚于既晓，望隐隐于将暮。暧平湖而漾青绿，拂增绮而笼丹素。于时风急垄首，寒浮塞天，流蓬不息，明月孤悬。檀栎之竹可咏，鄹枚之客存焉。清都之念方远，孤射之想悠然。擢柔情于蕙圃，涌宝思二珠泉。岂徒为善之小乐，离缴之短篇，若此而已乎？

这篇赋是唱和之作，竟陵王萧子良写《高松赋》，王俭作《和竟陵王子良高松赋》，谢朓作《高松赋》。以松柏喻志节始于孔子，子曰："岁寒，然后知松柏之后凋也。"[①] 沈约之前取材高松而咏者，有刘桢、嵇康与"咏絮才女"谢道韫。女性写松，借以抒志，有着更高的品格。王夫之《古诗评选》赞道："入手落手转手总有秋月孤悬，春云忽起之势，不但古今闺秀不敢望其肩背，即中散当年犹有凝滞之色，方斯未逮也。"左思《咏史》诗，以"郁郁涧底松"为

---

① 杨伯峻：《论语译注·子罕篇》，中华书局 1958 年版，第 102 页。

"离离山上苗"的小草所遮，以此抨击门阀制度。

沈约《高松赋》以"郁彼高松，栖根得地"起笔，开篇点题，一反左思诗中"地势使之然"的建构，用根扎"得地"来弘扬着传统文化的体物言志的精华。然后围绕着"点题"主旨，从不同角度描绘出"高松"的形象，先是描绘高松"含星漏月""经千霜而得拱"的本性，因其"依平台而养翠"，有着"听骚骚于既晓，望隐隐于将暮"得天独厚的环境，故而更具"清都之念方远，孤射之想悠然"的胸襟。于不动声色中赞扬竟陵王萧子良以文会友、招纳宾客的美德懿行。松的本性与品质既是自喻，也是他喻，彼此间的欢洽之情溢于言表。其赋时而四字，"叶断禽踪，枝通猿路"，时而六字，"擢柔情于蕙圃，涌宝思二珠泉"，四六句交错，有着声律之美。

沈约有两篇写人之赋，一为《丽人赋》，一为《伤美人赋》。"有客弱冠未仕，缔交戚里，驰骛王室，遨游许史。"这是《丽人赋》的开篇，也是赋的小序，从所述来看，是刘宋王朝的经历，也是婚姻状况的简述。"归而称曰"起笔，以包含极为丰润的"称"字描写"缔交戚里"的"丽人"之美，先是概括写出"亭亭似月，嬺婉如春，凝情待价"，接着叙写"响罗衣而不进，隐明灯而未前"的相见，紧接着"池翻荷而纳影，风动竹而吹衣"的相约相会，最后描写"宵分乃至，含羞隐媚"的缠绵之情，小赋层层推进，写出相悦深情。

沈约有大量以女性为题材的诗，30句诗《少年新婚为之咏》的"山阴柳家女"，与此赋有"异曲同工"之妙，显现沈约赋体创作"长于清怨"的风格。这位"缔交戚里"婚姻之约、肌肤之亲的女子，在聚少离多的生活中，过早地离开人世。沈约异常悲痛，曾创作《悼亡诗》，用月圆月缺、花开花谢的自然现象，抒写"游尘掩虚座，孤帐覆空床"的人去床空、不绝如缕的伤痛。《伤美人赋》以情感之"伤"为标题，何尝不是如此？其赋曰：

> 信美颜其如玉，咀清畦而度曲。思佳人而未来，望馀光而踟蹰。拂螭云之高帐，陈九枝之华烛。虚翡翠之珠被，空合欢之芳褥。言欢爱之可永，庶罗袂之空裁。曾未申其巧笑，忽沦躯于夜

台。伊芳春之仲节，夜犹长而未遽。怅徙倚而不眠，往徘徊于
故处。

起笔说明作此赋的动机，思念"美颜如玉"的佳人，遂有"望
余光"而对"佳人"展开描写，"高帐""罗袂"的两情相悦，刻骨
铭心的"芳褥合欢"的性爱生活，"言永欢爱"的海誓山盟。然而，
"伊芳春"的"仲节"之际，却出现了"沦躯于夜台"的不幸，自
己陷入"徘徊故处"不能自拔的悲痛中。其赋以"伤"字作标题，
可见感情之深厚，悲伤之深重。活用《诗经·硕人》之典，"巧笑"
写出外貌之美，更突出心灵世界。"曾未申"三个字，饱含着彼此间
有多少话要叙说，多少情要倾吐？这篇赋以整齐的六言句式，在
"而""之""于"拖长句式的巧妙使用中，将"伤痛""伤悲""伤
心"的情感抒写得淋漓尽致。

沈约抒情类赋体创作，用"愍"或"悯"抒写传统的"悲秋"
主题，表露人生前途"羁离""屡蹇"的心绪，寄寓"余生平之无
立"的感怀。抒情赋的作品中，《郊居赋》最有代表性，代表人生，
代表赋体"长于清怨"风格，曰：

惟至人之非己，固物我而兼忘。自中智以下洎，咸得性以为
场。兽因窟而获骋，鸟先巢而后翔。陈巷穷而业泰，婴居湫而德
昌。侨栖仁于东里，凤晦迹于西堂，伊吾人之褊志，无经世之大
方。思依林而羽戢，愿托水而鳞藏。固无情于轮奂，非有欲于康
庄。披东郊之寥廓，入蓬藋之荒茫。既从竖而横构，亦风除而雨
攘。昔西汉之标季，余播迁之云始。违利建于海昏，创惟桑于江
汜。同河济之重世，逾班生之十纪。或辞禄而反耕，或弹冠而来
仕。逮有晋之隆安，集艰虞于天步。世交争而波流，民失时而狼
顾。延乱麻于井邑，曝如莽于衢路。大地旷而靡容，昊天远而谁
诉。伊皇祖之弱辰，逢时艰之孔棘。违危邦而窘惊，访安土而移
即。肇胥宇于朱方，掩闭庭而晏息。

……

— 215 —

晚树开花，初英落蕊。或异林而分丹青，乍因风而杂红紫。紫莲夜发，红荷晓舒。轻风微动，芬芳袭余。风骚屑于园树，月笼连于池竹。蔓长柯于檐桂，发黄华于庭菊。冰悬坎而带坻，雪萦松而被野。鸭屯飞而不散，雁高翔而欲下。

并时物之可怀，虽外来而非假。实情性之所留滞，亦忘之而不能舍也。伤余情之颓暮，雁忧患其相溢。非异轸而同归，欢殊方而并失。时复托情鱼鸟，归闲蓬荜。旁阙吴娃，前无赵瑟。以斯终老，于焉消日。惟以天地之恩不报，书事之官靡述；徒重于高门之地，不载于良史之笔。长太息其何言，羌愧心之非一。

这是篇近三千字的大赋。谢灵运历时三年创作万余字的《山居赋》，是写出始宁山居的地理情状、物貌之盛的赋作，用山水之景表达个人的自傲的真性情。沈约的《郊居赋》，是写出郊居庄园的地理面貌、地产之丰的赋作，用"农皇之攸始，讨厥播之云初"纵横捭阖人类历史变迁的追述，表达出"栖余志于净国，归余心于道场""不慕权于城市，岂邀名于屠肆"的创作主旨，以郊居庄园的美景抒写出"以斯终老"的归闲之情。

"阁室远临""高轩旁睹"的郊居庄园，既有"其水草则苹萍茨芰"，也有"其陆卉则紫鳖绿澹"；既有"其林鸟则翻泊颉颃"，也有"其鱼则赤鲤青鲂"，既有"其竹则东南独秀"，也有"其来风南轩之下"，水里生的、陆地长的、空中飞的、池里游的，不但无不齐聚，而且紫绿赤青，色彩缤纷。在极有特色的庄园美景描写中，虽然时时领略"近循则一岩异色，远望则百岭俱青"近远交错的景色之美，但想到"伊皇祖之弱辰，逢时艰之孔棘"的往昔，感悟"惟圣文之缵武，殆隆平之可至"的功业，进而领悟"宁知蝼蚁之与狐兔，无论樵刍之与牧竖"不可避免的归宿，内心深处油然生出"天地之恩不报，书事之官靡述"而"徒重于高门之地，不载于良史之笔"的感慨，"睇东巘以流目，心凄怆而不怡"的悲叹，显现"长于清怨"的风格与赋体创作的文学感染力。

三

晚于沈约而活动于梁末陈初的沈炯，存世的赋体作品有《幽庭赋》与《归魂赋》（并序）两篇。其赋既形象地再现由南至北、由北南归的特殊经历，也鲜明地抒写出久经乱离的真实情感。

沈炯的两篇赋作，皆为抒情之作，比较而言，《幽庭赋》是抒情小赋。从赋中描写"筑山川于户牖，带林苑于东家"的建筑住所与"秦人清歌，赵女鼓筑"的生活场面来看，应该作于被虏于魏时。"恐以文才被留，闭门却扫，无所交接。时有文章，随即弃毁，不令流布。"① 李延寿《南史》本传所言，表明滞留北地没有文字流传。归于江南，在"幽庭闲趣"中回顾过去，写下"顾留情于君子"的赋作。《幽庭赋》短小幽丽，诗文并茂。"故年花落今复新，新年一故成故人。那得长绳系白日，年年日月但如春。"赋作结尾的长谣，富有深刻的哲理性，遂有以"独篇压倒全唐"的吴中名士张若虚《春江花月夜》的"人生代代无穷已，江月年年只相似"的人生思索，遂有刘希夷《代悲白头翁》的"年年岁岁花相似，岁岁年年人不同"的诗境意韵。

沈炯的《归魂赋》是抒情大赋，欧阳询《艺文类聚》卷七十九载作此名，而卷二十七亦有载，作《魂归赋》。严可均《全上古三代秦汉三国六朝文·全陈文》所辑，有删节。尽管有删节，仍有一千七百余字。"古语称收魂升极，周易有归魂卦，屈原著招魂篇，故知魂之可归，其日已久。余自长安反，乃作归魂赋。"从小序可以得知，《归魂赋》作于自西魏都城长安返归故园，有感人生际遇。辞曰：

> 伊吾人之陋宗，资玄圣而云始。肇郚阆之灵源，分昌发之世祀。实闻之乎家记，又孚之于惇史，亢宗贵而博古，四史成乎一身。怪日月之辽远，而承袭之相因。岂少贱之能察，非末学之知津也。若夫风流退让，在秦作相疑，越江以东，惟戎及鄞。出忠

① 李延寿：《南史》卷六九《沈炯传》，中华书局1975年版，第1657页。

出孝，且卿且公。

世历十五，爰逮余躬，值天地之幅裂，遭日月之雰虹。去父母之邦国，埋形影于胡戎。绝君臣而辞骨宇，蹐厚地而跼苍穹。抱北思之胡马，望南飞之夕鸿。泣沾襟而杂露，悲微吟而带风。昔休明之云始，余播弃于天地。自太学而游承明，出书生而从下吏。身豫封禅之官，名入南宫之记。登玉墀之深眇，出金门之崇邃。受北狄之奉，礼东夷之献使。实不尝至屈膝逊言，以殊方降意。

嗟五十之逾年，忽流离于凶忒。值中军之失权，而大盗之移国。何赤疹之四起，岂黄雾之云塞，祈瘦弟于赤眉，乞老亲于剧贼，免伏质以解衣，遂窘身而就勒。既而天道祸淫，否终斯泰。灵圣奋发，风云飨会。埽桅枪之星，斩蚩尤之旆。余技逆而效从，遂妻诛而子害。虽分圭而祚土，迄长河之如带。肌肤之痛何泯，潜黯之悲无伏。我国家之沸腾，我天下之匡复。我何辜于上玄，我何负于邻睦。背盟书而我欺，图信神而我戮。

······

于时和风四起，具物初荣。草极野而舒翠，花分丛而落英。鱼则潜波涣濯，鸟则应岭俱鸣。随六合之开朗，与风云而自轻。其所涉也，州则二雍三荆，昌欢江并。唐安浙落，巴郢云平。其水则淮江汉沔，隋浩汗澧。潦浐潏河，泾渭相乱。或浮深而揭浅，或凌波而沿岸。每日夕而靡依，常一步而三叹。蛮蜒之与荆昊，玄狄之与羌胡。言语之所不通，嗜欲之所不同。莫不叠足敛手，低眉曲躬。岂论生平与意气，止望首丘于南风。悲城邑之毁撤，喜风水之渺扬。既尽地而谒帝，乃怀橘而升堂。何神仙之足学，此即云衣而虹裳也。

由"家记、惇史、博古"而"四史"融通地"成乎一身"的沈氏文化世家，品性"忠孝"、仕途"公卿"的自己，遭遇"去父母之邦国，埋形影于胡戎"的社会乱离，不但"天道祸淫"地"妻诛子害"，而且经秦至洛，沿途所见，"百万之虏，俄成鱼鳖"。想"汉祖英雄"的伟业，叹"长卿之赋"所描写社稷江山的壮阔，恨"南董卓""北苻坚"二贼的罪恶，残喘于"言语之所不通，嗜欲之所不同"的羌胡中，每日每夜，一步三叹，"语咽"而"泪悲"。其赋如同蔡文姬的五言《悲愤诗》，如同"诗圣"杜甫的"三吏""三别"的"诗史"一样，具体形象地反映战乱给社会、给百姓带来的无穷灾难。其赋意蕴深厚，具有"抱北思之胡马，望南飞之夕鸿。泣沾襟而杂露，悲微吟而带风"的艺术感染力。

第八章

才女创作与学识为
沈氏文化世家增光添色

轻鬓学浮云，双蛾拟初月。水澄正落钗，萍开理垂发。

沈满愿《映水曲》

小　序

　　这是才女沈满愿写的一首小诗，"轻鬓"对仗"双蛾"，"水澄"对仗"萍开"，形象地描写出理妆少女的美貌，生动地描绘出池水的澄清水面，应景切题，凸显出少女天真活泼的性格。小诗中"学浮云"的少女，既是作者的自我写照，也是夫妻间的浓情蜜意，岁月有了"落钗"的插曲，不仅让平淡的生活多了情趣，而且体现出文化世家的诗才蕴含。小诗别致的构思与意境，开唐人绝句之先。继沈满愿声名鹊起的沈婺华皇后，于有陈一代的创作别具一格。著书显现"立言不朽"的文化传统，创作的《沈后集》十卷，是自古以来宫闱才女别集卷帙最多者。

　　六朝吴兴沈氏文化世家，既有沈充、沈约、沈炯等才子，更有才女沈满愿、沈婺华。沈氏文化世家的女性，从闺秀才媛的创作到宫闱才女的学识，有诗、文的名篇佳作，有载录创作规模的别集留存，更有文化家族才女创作的绵远影响，使中国女性文学呈现蓬勃发展态势，于明清时期达到鼎盛。以沈满愿、沈婺华为代表的沈氏才女，以独具个性的创作与远见学识为沈氏文化世家增光添色。

第一节　闺秀才女沈满愿诗歌创作成就斐然

如果说沈约是沈氏家族的才子代表，那么沈满愿就是沈氏家族的才女代表。有《沈满愿集》三卷，是湖州较早有别集且是六朝吴兴郡作品流传最多的女作家。别集虽散佚，仍存 12 首诗（一说 14首）。从留存的作品看，诗歌创作取材于日常生活，多以五言为主，或"咏物"，或"写人"，形成独特的艺术风格，与文化家族擅作宫体诗的萧氏才子相比，体现出秉承文化家族"三易"文学创作主张的精神特质。

一

沈满愿，生卒年与生平事迹均不详。吴兆宜《玉台新咏笺注》载其为"沈约孙女"。以沈约为领衔的吴兴郡沈氏家族是南朝有名的文化望族，其子沈旋与沈趋，皆为名士，沈旋的《咏萤火诗》与沈趋的《咏雀诗》《赋得雾诗》，以写物形象、描写逼真而成为文学创作的经典。沈约之孙沈众，有文才，作《竹赋》。梁武帝赞曰："卿文体翩翩，可谓无忝尔祖。"[1] 沈满愿的父祖辈皆为诗文大家，同辈也是出类拔萃的名家，自幼就受到文化家族的熏陶与诲导，为其诗歌创作奠定了扎实的基础。

才华横溢的沈满愿，及笄之后嫁征西将军范靖。相关少女生活与婚后夫妻资料极少，仅有《乌程县志》的一段记载："沈满愿，征西记室范靖妻，能诗。尝偕靖坐后园观洒翠池，又上洗心亭，共索笔砚为《映水曲》。满愿先成诗……靖奇之。"沈满愿的才气灵性比丈夫更胜一筹，以诗的方式表达深情爱意，既显现文学家族出色的创作成就，也有"娇痴"妻子处理异性关系巧妙经营爱巢的情感艺术。梁乙真《中国妇女学史纲》曰："沈满愿，范靖妻也。长于诗，所著甚丰。"魏征《隋书·经籍志》载："梁征西记室范靖妻《沈满愿集》三卷。"刘昫《旧唐书·经籍志》记载异于《隋书》："《沈满愿集》

---

① 姚思廉：《陈书》卷一八《沈众传》，中华书局 1983 年版，第 243 页。

五卷。"欧阳修《新唐书·艺文志》所载又同于魏征:"《沈满愿集》三卷。"魏征为初唐人,生活在唐太宗贞观之治社会安定时期,此时距六朝较近,其言更接近实际。

沈满愿是继谢道韫之后,六朝浙江较早留下别集的才女,也是吴兴郡继松阳令钮滔母孙琼之后见有作品集记载的才女。别集无论三卷还是五卷,所载作品多数亡佚,原貌难见。南朝徐陵辑《玉台新咏》,保留沈满愿的 10 首诗:《咏步摇花诗》《戏萧娘》《咏五彩竹火笼》《咏灯》《晨风行》《王昭君叹》(二首)《映水曲》《登楼曲》《越城曲》。宋人郭茂倩所辑《乐府诗集》,又收录不见于《玉台新咏》的《挟琴歌》与《彩豪怨》两首诗。当代学者逯钦立《先秦汉魏晋南北朝诗·梁诗》,载沈满愿存诗 12 首。亦有学者认为存诗 14 首,丁福宝《历代诗话续编》中引《升庵诗话》,载录不见 12 首存诗之内的两首小诗:一首为《残灯诗》,一首为四句诗。还有两个诗句,缺乏相应文献支撑。

沈满愿现存诗 12 首,基本以五言为主。五言诗起于汉代,建安时期的曹植,以"骨气奇高"的创作成就成为杰出代表。至东晋南朝时,五言诗已经成熟:"五言居文词之要,是众作之有滋味者。"[1]生活于此时的沈满愿深受影响,诗歌创作主要以五言为主,包括五言四句的小诗,如《挟琴歌》《昭君怨》等;五言八句诗,如《咏五彩竹火笼诗》《戏萧娘诗》《咏步摇花诗》《彩毫怨》等。除此之外,《晨风行》属于杂言体诗,《挟琴歌》《映水曲》《登楼曲》等,属于乐府体创作。

沈满愿的诗歌创作主要取于个人的闺阁感受,《映水曲》《晨风行》是典型的闺中生活写照。王夫之《姜斋诗话》曰:"咏物诗,齐梁始多有之。"咏物诗是齐梁时期诗歌创作一大特色,沈满愿 12 首存诗中有 3 首咏物诗,分别是《咏灯诗》《咏五彩竹火笼诗》《咏步摇花诗》。所吟诵的"灯、五彩竹火笼、步摇花"等,虽说是日常所见之物,贴近生活,但题材较窄,仅限于闺阁。婚姻爱情是文学创作

---

① 钟嵘:《诗品·序》,中国社会科学出版社 2007 年版,第 1 页。

永恒的主题，对古代女性来说是生命的全部。沈满愿的《登楼曲》展示对真挚爱情的追求，《晨风行》抒发对远行丈夫的思念与对重逢的盼望之情。《戏萧娘》则走出庭院，以赠答诗的方式显现创作视野的拓展，由个人转向友人，由闺阁庭院转向对社会问题的挖掘。

从沈满愿的存诗来看，祖父"三易"的文学思想贯穿其诗歌创作，处处可见"易"的印痕，又可见其创作个性。跳出"永明体"束缚，以自己所思所感来写，显现着性别意识下才女诗歌创作的艺术表现力。她的诗歌创作以女性特有多愁善感的细腻心思来抒写，创作出不同于男性诗人的诗作。其咏物诗、写人诗与同时期的男性创作相比，虽然仍带有淡淡的轻靡艳丽、精雕细琢的印痕，但能够从单纯的咏物或停留人物外貌之美的描写转向情感的升华，使诗歌创作的蕴含厚重，意味悠长，展示的问题更具有理性思考意义。

二

有"辞宗"盛誉的文坛领袖沈约，创作了大量的咏物诗，现存的 182 首诗中，有近四十首咏物诗，取材广泛，草、桃、竹、柳、梧桐、芙蓉等植物花卉，蝉、雁、晓鸿、夜鹤等动物，人力加工的竹火笼、笙、筝等器物，无不涉及，取材生活化、细微化。沈满愿的 12 首存诗，有 3 首咏物诗，占存诗 1/4。比例上看高于祖父，从中可以管窥以沈约为代表的文化家族乃至当时咏物诗风气对沈满愿诗歌创作的影响。

沈满愿的咏物诗，不像祖父沈约取材那样广泛，所咏之物皆渗透人为参与因素，有创作者主观特定的指象，如灯、步摇花、五彩竹火笼等，日常生活必用。这是由于女性受到种种拘束而不能像男性那样活跃于社会，视野有限。沈约和沈满愿，祖孙二人都有吟咏"竹火笼"的诗，只不过孙女在诗题上加了"五彩"二字。"结根终南下，防露复披云。虽为九华扇，聊可涤炎氛。安能偶狐白，鹤卵织成文。覆持鸳鸯被，百和吐氛氲。忽为纤手用，岁末待罗裙。"这是沈约写的五言《咏竹火笼》诗，全诗 10 句。开篇两句写制作竹火笼的原料，"防露""披云"，低与高的交错，突出产自"终南山"不凡来历。中间六句写竹火笼的制作过程，最后两句以拟人化艺术手法显现竹火笼为美人之用。

> 可怜润霜质，纤剖复毫分。织作回风莒，制为萦绮文。
> 含芳出珠贝，耀彩接绀裙。徒嗟今饰丽，岂念昔凌云。

　　这是沈满愿创作的《咏五彩竹火笼诗》，全诗八句。起笔两句通俗易懂，长在大自然中经历风霜的野生竹子，被能工巧匠按照尺寸纤剖毫分。"可怜"一词运用得十分绝妙，表达诗人对竹子失去自由环境被强力制作又加以"耀彩"的怜惜之情，为尾句"徒嗟今丽饰，岂念昔凌云"感情抒发做了先声夺人的渲染。

　　沈约和沈满愿的两首咏物诗，都着重对客体本身的歌咏，将生活中照明所用"竹火笼"的材质、工艺、形态等，以诗化语言进行详细描述，越逼真越显现创作技巧的高超，这是当时咏物诗的审美标准。取材虽相同，却显现出迥异的特点。沈约《咏竹火笼诗》"忽为纤手用，岁末待罗裙"的结句，是从前面八句对竹火笼的描写而最后转到使用者女性身上，转得过于突兀。日常生活用品，何必分出性别？沈满愿《咏五彩竹火笼诗》，不是单纯停留在咏物表面有别于竹火笼"五彩"的描述，而是在结句上蕴含主旨理性思考的诗化表达，显现诗歌创作艺术表现力的厚重。"昔凌云"潜藏作者不能直接明言的心志，"霜质"的才女空有"终南"一样的襟怀，不但无法施展"凌云"之志，而且被"饰丽"。其诗慨叹生活的不公平，借"咏五彩竹火笼"来抒发自己的情感。

　　沈满愿《咏灯诗》同样带咏字的五言八句诗，艺术表现力与《咏五彩竹火笼》颇为相似，形式上也有催发唐人五言律诗之意义。

> 绮筵日已暮，罗帷月未归。开花散鹄彩，含光出九微。
> 风轩动丹焰，冰宇澹青辉。不吝轻蛾绕，惟恐晓蝇飞。

　　这首《咏灯诗》，首联在"绮筵"与"罗帷""日已暮"与"月未归"的对仗中交代出创作主体对象的时间，为描写"灯"创造出特定的情境。额联"散鹄彩"与"出九微"对仗,突出点灯光明带来的生活乐趣。颈联描写点灯后的灯光姿态,"丹焰"随风晃动,与"冰宇""青辉"(《玉台新咏》作清辉)对仗映衬。尾联想象别出心裁,将人性格赋予"灯",显示"蛾绕""蝇飞"的对仗巧妙,把灯写活了。灯有"不吝""惟恐"的喜好,何况人?层层推进,抒写女性的心灵寄托:为了所爱,像灯火是飞蛾的归宿一样,无怨无悔。表面写灯,句句喻人,以灯为喻,含蓄表明无私奉献的品格,深得西汉班婕妤《团扇歌》"以团扇写人"的创作真谛。

赵飞燕姐妹居心叵测,王氏外戚专权朝政,不愿卷入毫无意义宫苑争宠的班婕妤,退居长信宫,在孤寂中追思往事,创作出《团扇歌》。诗篇直入主旨,"皎洁如霜雪"的齐纨素,裁成样式时尚的合欢扇,"动摇微风发"而受到"出入君怀袖"的特殊喜爱。可"凉风夺炎热"的节候变化,终被"弃捐箧笥中"。合欢扇从宠到弃的遭遇,正是班婕妤人生遭际的真实写照。全诗五言 10 句,字字言扇,无一句说人,但又没有一句不隐含着人。运用比喻,不露痕迹,表现出极强的艺术感染力。沈满愿《咏灯诗》从日用之物入手,以绝妙的构思既显现传统文学的造诣,也显现在祖父"三易"说影响下独具的创作魅力。

沈满愿的咏物诗,多为五言八句诗,借咏物来寄托深意。以女性特有的多愁善感与观察的细致入微,诗歌创作取材虽然为生活中常见用品的"咏物",但没有停留在咏物表面唯妙唯肖的单纯描写上,而是思考的升华与构思的创新,将自身的情感融入诗中,物被赋予情,既咏活了"物",也使所抒之情别具风韵。与祖父咏物诗相比,将人之情融于咏物中,比单纯咏物不但增添了生活的情趣,而且显现出性别视阈下才女创作的亮色,更有艺术感染力与说服力。

沈满愿的诗歌创作,既受到了家族咏物之风的陶冶,也受到萧梁王朝取材美人写艳诗的熏染。梁朝的萧氏四父子,从梁武帝萧衍到昭明太子萧统、梁简文帝萧纲与梁元帝萧绎,皆好文学,帝王的富裕清闲与宴游享乐,使宫体诗登上文坛,艳诗兴盛。萧纲为宫体诗主要创作者,从不同视角来写美人之美,如《丽人诗》《美人晨妆诗》等。

"丽姐与妖嫱，共拂可怜妆。同安鬟里拨，异作额问黄。罗裙宣细简，画屦重高墙。含羞来上砌，微笑出长廊。取花争问镊，攀枝念蕊香。但歌聊一曲，鸣弦未肯张。自矜心所爱，三十侍中郎。"萧纲的这首《戏赠丽人诗》，极写商纣王宠妃妲己与汉代出嫁匈奴和亲的王嫱之美。一个用"丽"字着色，一个以"妖"渲染。沈满愿生活于名门中，不可避免地受到"丽""妖"奢靡诗风的影响，其存诗中有带着鲜明时代特色印痕的《戏萧娘诗》，曰：

> 明珠翠羽帐，金薄绿绡帷。因风时暂举，想象见芳姿。
> 清晨插步摇，向晚解罗衣。托意风流子，佳情讵肯私。

诗题皆为戏作，所戏对象皆为女性，一个是王室贵族异性眼中的"丽人"，一个是大家闺秀友人的"萧娘"，取材上没有区别，描写用语上毫无顾忌，但在创作立意上却有鲜明的不同。《戏赠丽人诗》着眼"欲"，宫体诗"伤于轻靡"，以"欲"为基调是其必然。《戏萧娘诗》则关注于"情"，沈满愿以才女视角来创作，抒写出不同于宫体艳诗雕琢蔓藻而带有鲜明性别意识的戏诗。

萧纲为突出丽人的"艳"与"妖"，将梳妆描绘得细致入微。"拨同安、作额黄、穿罗裙、踩高鞋"，衔接有序的动作，又有"含羞"的娇态、"取花""攀枝"的举动与"侍中郎"的矜持。从妆饰到形态的具体展示，"丽人"是作者所观之物，只有妆扮得"丽"且"妖"，才能让"中郎"怦然心动。其诗完全忽略丽人的真情实感，这是"男尊女卑"社会对"丽人"的看法与要求。以简文帝为代表的贵族男性，追求占有欲的视觉享受。

沈满愿的《戏萧娘诗》，写出萧娘外表之美，更通过外表美来透析女人蕴含于内的真情，表达女性追求真爱的心声。同为写女人的"戏"作，宫体艳诗作者用"丽""妖"刺激着男人的感官。而在才女视角中，女性是鲜活的人，靠自身"心"之思与"情"之真来渴求婚姻幸福。以"情"为主旨的《戏萧娘诗》，比以"欲"为关注点的《戏赠丽人诗》更具人性情怀，带有社会思考的积极意义。沈满愿以独特的视角看到不同于才子眼目中女性的内心活动与复杂情感，既深化南朝诗歌题材的创作，也凸显才女对美好人生的追求。

三

出身文化世家的沈满愿，凭借自身好学的灵气与才气，诗歌创作取得不菲成就。在"夫为妻纲"的古代社会，婚姻、夫婿，就是女人一生的倚靠。沈满愿的《晨风行》诗，表达着对丈夫的依恋与分别的相思之苦。其诗曰：

> 理楫令舟人，停舻息旅薄河津。
> 念君劬劳冒风尘，临路挥袂泪沾巾。
> 飙流劲润逝若飞，山高帆急绝音徽。
> 留子句句独言归，中心茕茕将依谁。
> 风弥叶落永难索，神往形返情错漠。
> 循带易缓愁难却，心之忧矣颇销铄。

这首以五言与七言构成的杂言诗，仅有的一句五言是整首诗的领起，然后以七言来结构全篇，细致地叙写与丈夫惜别的过程，依依不舍之情充溢于诗句的字里行间。开篇表明"息旅"的坐船就要出发，顿时百感交集，既感念丈夫"冒风尘"的劳苦，也感念身为妻子却不能为在外的丈夫打点一切，禁不住心头酸楚，虽热泪盈眶，却极力克制。行船离岸，任由泪水横流。"流、飞、急"，以夸张手法极写客船行速，"高山"遮住视线、丈夫身影。来时成双，回去"独归"，想到今后"茕茕"度日，不但无法走出"愁难却"的相思之苦，而且"循带易缓"的思念之情愈发强烈。

《晨风行》是一首送别诗，以妻子举止与思绪为主线，着眼别前"停舻"、相别"泪沾巾"与别后"神往形返"，环环相扣，场面描写生动，恰切地融汇"风弥叶落"的萧瑟秋景，景真情更真，极富感染力。"悲秋"是宋玉开创的古典诗歌创作传统，魏文帝曹丕留下最早完整七言诗的《燕歌行》，在悲秋中抒写"贱妾茕茕守空房"的相思之情。沈满愿弘扬"悲秋"传统，以切身的真实感受来写思妇相思之情，将"守空房"的片面相思拓展到"将依谁"的问题思考，女性心中"茕茕"的精神寄托与人生未来"将依谁"的社会问题，强化了思妇相思题材创作的文学与社会的双重意义。

沈满愿有代言体的诗歌创作，《王昭君叹》二首，是代汉元帝时出嫁塞北的王昭君诉说心中的苦楚，感叹女性不能主宰自身命运的无奈。其诗曰：

> 早信丹青巧，重货洛阳师。千金买蝉鬓，百万写蛾眉。

> 今朝犹汉地，明旦入胡关。高堂歌吹远，游子梦中还。

这两首五言四句小诗，站在昭君角度来叙写。第一首写汉宫生活，早知"洛阳师"的画技，当初就应以"千金""百万"去"重货"，自己人生或许就会逆转。造成命运的不幸，是因为行得正。第二首写出塞后对"高堂"父母之国汉家王朝的思念，"今朝""明旦"，将人带到完全不同的时空境地，由汉家王朝来到异族胡地，心中是何感受？"游子梦中还"道出内心的"幽怨"，那是割舍不了的对家国的眷念。小诗以叹为诗题，通过代和亲而有贡献于社稷"宁胡阏氏"昭君的慨叹，显现对女性不能把握自己命运相关问题的思索，推进自石崇所写的"明妃昭君"题材的创作意义。

石崇《王昭君辞》是最早的吟诵昭君之诗，确立的"昭君怨"基调影响深远。其诗用第一人称，三段书写。"杀身良不易，默默以苟生。苟生亦何聊，积思常愤盈。"三段铺叙，一层较一层悲戚，一层较一层紧迫，远嫁异族而有着忧怨思愤的形象跃然纸上。石崇的《王昭君辞》是男性吟诵昭君诗的作者，沈满愿则是才女以王昭君为创作题材的最早之人，对当世才女、后世才女的代言或咏史之作有着深远启迪作用。

同为南朝梁时的彭城刘氏三姐妹，其中之一的刘大娘写了《和昭君怨》诗。明代的黄幼藻以七绝的形式，作《题明妃出塞图》诗："天外边风掩面沙，举头何处是中华。早知身被丹青误，但嫁巫山百姓家。"清代的郭润玉、郭漱玉姐妹，亦写了《明妃》与《咏明妃》，言论边功，称誉其是"靖干戈"的第一人。诗曰："漫道黄金误此身，朔风吹散马头尘。琵琶一曲干戈靖，论到边功是美人。""竟抱琵琶塞外行，非关图画误倾城。汉家议就和戎策，差胜边防十万兵。"抒发对和亲女性出嫁而带来家国安宁的赞颂，有对朝廷的指责，更有敬仰之情。男儿喋血疆场，女性扭转局势，英雄的血与美人的泪共同写出的和亲文学，具有感人的艺术魅力。特别是在沈满愿题材的基础上，有着进一步的开掘：和亲女性的出嫁，以先进的汉文化逐渐渗透到周边较落后的游牧文化中，推动其历史演进的过程，显现民族融合与中华民族的凝聚力。

沈满愿是六朝吴兴郡文化世家的才女，祖辈、父辈于学术与文学上的造诣为其树立了楷模，再加上自身的不懈努力，诗歌创作取材虽然不及男性诗人那样视野广阔，却以独特视角看到了性别视阈下不一样的人生世界，既为家族文化增添了亮色，也丰富了诗歌题材的创作群体。沈约好坟籍，"聚书至二万卷，京师莫比"。齐时创立"永明体"，梁时写出百卷《宋书》，是有名的史学家和文学家，无愧"词宗"之誉。父辈沈旋、沈趋等文名响逸。同辈的沈炯、沈众皆有别集。闺阁内得到很好的文学培养，为人妻后又得到丈夫的支持，遂有章前所引夫妻同游洒翠池、赛诗先成《映水曲》诗，使丈夫心慰，赞叹不已。

沈满愿的《映水曲》描写出少女的美貌，其美完全异于梁简文帝萧纲"丽"且"妖"的"可怜妆"的做作之美。鬓发如云一样浓密，双眉就似弯弯的新月。天然之美对着自然池水理妆，碧绿的浮萍突然被落钗搅动荡开，明镜般的水面映照着少女的脸。其诗动静结合，人物肖像与人物举止相配合，画龙点睛地勾勒出及笄少女天真活泼的性格。"《映水曲》原本与丈夫同题共作。当时夫妇俩至后园观赏洒翠池，又上洗心亭，二人索笔砚同作《映水曲》。满愿先成诗。……范靖见夫人将临水照影、水澄如镜和对镜理发的情节描绘得如此绝妙，十分惊讶，自叹不如。'水澄正落钗，萍开理垂发'成为千古名句。"又说："其诗讲究声音调和，句式对仗，平浅易懂，很有祖父沈约遗韵。"①

沈满愿的 12 首诗,音律和美、清新秀丽,继承发扬"永明体"的精神,并渐显自己的思考与创新。其诗十分注重对仗,如《王昭君叹》二首诗中的"今朝犹汉地,明旦入胡关","今朝"对"明旦",以时空长度与广度的对仗,借昭君境遇突出岁月易逝、世事无常的哲理。再如《戏萧娘诗》中"明珠翠羽帐,金薄绿绡帷"中的"明珠"对"金薄",帐帷装饰之物;"翠"对"绿",都是颜色;"羽帐"对"绡帷",皆是床上用品。同时还注重声律,讲究韵律,如《挟琴歌》的"逶迤起尘唱,婉转绕梁声"开篇的两个诗句;再如《登楼曲》诗中二、四诗句,其小诗曰:"凭高川陆近,望远阡陌多。相思隔重岭,相忆限长河。"朗朗上口,音律和美。其诗创作成就既在题材上有新意,在诗歌的形式、声律也为唐人绝句、律诗的创作提供了范例。此后,不但浙江才女创作如张玉娘、朱淑真、商景兰等多了起来,而且江南才女的作品与别集如郑允端的《肃雝集》、沈宜修的《鹂吹集》、徐灿的《拙政园诗馀》等也大量涌现,从而彰显出沈氏文化世家才女对女性文学发展做出的贡献。

第二节　宫闱才女沈婺华皇后学识超凡脱俗

南朝萧梁时,吴兴沈氏文化世家出现了闺阁才女沈满愿。陈朝时出现了宫闱才女沈婺华皇后。她留下的别集、作品,既开浙江宫闱才女文学先例,也开中国居皇后之位而有心灵情感抒写的先例,更留下了世人尊崇敬仰"观音"的演绎传说,显现六朝沈氏文化世家文学创作的潜力与家族宫闱才女的学识魅力。

皇后,中国封建社会中的"一个特殊群体",② 是封建王朝至高无上皇帝的嫡妻,是那个时代妇女中地位最尊贵之人。其人生际遇的荣辱沉浮,与江山社稷的兴衰成败密切相关。在沈婺华皇后之前,辅

① 钮智芳:《吴越拾萃》,昆仑出版社 2005 年版,第 192 页。
② 赵孟祥:《中国皇后全传·前言》,中国社会科学出版社 2004 年版,第1 页。

弱君王的皇后或临朝的皇太后，虽有颁发的各种诏令文，但少见表达真情实感的文学作品。沈婺华皇后的别集与五言《答后主》小诗，是传统文化意义上的第一位皇后之作。

一

沈婺华为南朝陈朝后主陈叔宝的皇后，生年虽不可考，按及笄之年出嫁，应生于陈文帝元嘉元年（560 年），卒年亦不详，约在唐朝初期。人生经历了陈朝、隋朝的败亡，前者为偏安江南的小朝廷，后者是统一的强盛王朝，并受到唐太宗的礼遇。姚思廉《陈书》、李延寿《南史》有本传载其事，魏征《隋书·经籍志》著录：沈婺华有《沈后集》十卷，散佚，仅见 1 首诗、1 篇散文。

沈皇后出身高贵，父为沈君理，母为帝室公主。沈氏家族曾经门庭荣耀，也曾经罹难凋零。宋末与萧齐交替之际，沈攸之苦心经营荆州重镇，权重朝野，却败于瞬间，断送了沈氏从刘宋建国以来长达数十年的兴盛景象，如何重新崛起？东山谢氏家族"出则游弋山水，入则言咏属文"，琅邪王氏"书法喜道，与时舒卷"，吴郡顾氏"画龙点睛，绘画传承"，启迪着自沈充《前溪曲》以来的文学因子。尚武崇文，儒学名士不断涌出，"一代词宗"沈约、沈麟士、沈炯、沈文阿等相继出现，也出现了闺阁才女沈满愿，更出现了宫闱才女沈婺华，这使吴兴沈氏文化世家多了内蕴，显现出更为耀眼的光彩。

以位尊而论，六朝沈氏出现两位皇后，沈妙容居前；以文学才华而论，沈婺华占先。沈妙容为陈文帝皇后，父亲沈法深官梁安前中录事参军。其夫陈蒨"有识量，美容仪，留意经史，举动方雅，造次必遵礼法"[①]，深得叔父陈霸先赏识："此儿吾宗之英秀也。"陈霸先移祚，称陈武帝，立妻章要儿为皇后。永定元年（557 年），陈蒨为临川郡王，沈妙容为王妃。永定三年（559 年），孝怀太子战死平王琳之叛的两军阵前。陈武帝素服迎枢，崩于殿中，次子衡阳王陈昌囚于北周，国不可一日无君。章皇后只能立侄子陈蒨为帝，称陈文帝，

①　姚思廉：《陈书》卷三《世祖本纪》，中华书局 1973 年版，第 45 页。

改年号为天嘉，沈妙容立为皇后。

陈文帝天嘉元年（560年），芜湖一战，陈朝大败，凯旋的北周却有意放还衡阳王陈昌、陈文帝胞弟陈顼等人。陈文帝派侯安都往迎，陈昌渡江时落水身亡，引起章太后的怀疑。陈文帝天嘉三年（562年），陈顼、陈叔宝回到帝都建康。天嘉六年（565年），陈文帝死，其子伯宗继位，尊沈妙容为皇太后。居慈训宫的太皇太后章要儿，不能释怀儿子的屈死，在宫中生出诸多事端，支持安成王陈顼废帝自立，称陈宣帝，改年号曰太建。

陈伯宗为帝，叔父陈顼和仆射到仲举、舍人刘师知等重臣，受遗诏辅佐朝政。皇太后沈妙容使沈恪为护军将军，沈钦为尚书左仆射，以家族势力影响着朝政。又贿赂宦官蒋裕，引来建安人张安国，欲借外力重振朝纲。得到章太皇太后支持的陈顼，先行下手，光大二年（568年），下诏废黜时年17岁的陈伯宗的帝位。这篇诏文长达近九百字，是陈朝载录史册唯一以太皇太后与皇太后"两后"所发的诏令文。其文以开国皇帝与承位的世祖功绩开篇，接着转入主体，叙述由储宫至帝位之君者的种种不端，为废帝作铺垫，"七百之祚何凭，三千之罪为大"的陈伯宗，岂能居帝位？代者为谁？最后用赞颂之笔称扬陈顼。太后沈妙容即使要为其子辩解几句，有太皇太后撑腰，也只能无语相对。

沈妙容虽为家族文化增添了一抹帝室之色，但仅于文帝执政时居皇后之位荣耀了七年，之后陷入左有章太皇太后、右有安成王陈顼的挟制，亲生子承帝位两年被废辞世，只能接受现实。陈后主祯明三年（589年），陈亡，沈妙容被迁到隋朝都城长安。隋炀帝大业（605—618年）初期，得益于沈婺华的斡旋，从长安回到江南，76岁卒于故土。沈妙容夫死子亡，经宣帝与后主、隋文帝与炀帝两代四朝而寿终。与家族文化蕴含领悟相关联，拒绝平庸却以平凡态度生活。沈约放不下权势，73岁惶然死去，带着贬义"隐侯"谥号。沈妙容看淡了权势，以平常心态走完人生，这影响着沈婺华皇后。

沈婺华出身比沈妙容高贵得多，进宫是陈宣帝亲手操持的，太建二年（570年），欲为太子陈叔宝聘妃。朝中众臣皆言：吏部尚书沈君理之女才色出众，又为皇室姻亲。"美风仪，博涉经史，有识鉴"①
的沈君理，尚陈武帝女会稽公主，封永安亭侯。在一代词宗沈约诲导
下，家族才华誉满江南。沈婺华更是翘楚。会稽公主早逝，"尚幼"
的女儿哭丧，形毁骨立，涕泣哀动左右，内外敬服。陈宣帝素闻其贤
才孝名，又是皇亲，婚礼安排极为隆重。

　　陈宣帝太建三年（571年）八月十八日，皇太子陈叔宝携太子妃
沈婺华，释奠太学。太学宫原与太子宫毗邻，侯景之乱败退建康时，
放火烧毁了太学宫。陈朝兴建，太子与太子妃亲临，倡导儒术教化。
陈宣帝太建五年（573年）三月，太子妃陪嫁侍女孙姬临产，陈胤降
生。孙姬难产，临亡前将婴儿托付给沈婺华。或许是姑舅的血脉近
亲，沈婺华如同阿娇皇后一样，没能育出后嗣。太子妃无子，遂将陈
胤视为亲生。陈宣帝怜悯哭声洪亮的皇孙，起名颁诏，封为永康公，
立为嫡嗣，由沈婺华抚育。

　　太建十四年（582年），陈宣帝崩于宣福殿，后主陈叔宝即位。
沈婺华为皇后，张丽华为贵妃。至德二年（584年），为宠妃张丽华、
孔贵嫔新起临春、结绮、望仙三阁，力求亘古未有。大兴土木，群小
当道，造成国库空虚，百姓怨声载道。从太子宫到后宫，沈婺华皇后
与陈后主已有14年夫妇名分，陈后主沉溺嫔妃之乐，沈皇后却情志
如一，涉猎经史，工于书翰，既"诵佛经"，也大反奢侈之风，"居
处俭约，衣服无锦绣之饰"。醉心声色的陈后主，变本加厉，欲废沈
皇后及太子陈胤，立宠妃及其子深。

　　面对权势盛极的张贵妃，沈婺华博览群书，潜心向佛，修身养
性。朝政败坏，民不聊生，无法超然度外的沈婺华皇后上书进谏，引
来不快。陈后主来到皇后居处，本欲发作一番，却自觉扫兴，暂入即
还，顺手写了首《戏赠沈后》诗："留人不留人，不留人去也。此处
不留人，自有留人处。"这哪里是夫妻间的"戏赠"？分明是戏辱，
表明陈后主对沈皇后的态度。才思敏捷的沈皇后，立即作了《答后

---

　　①　姚思廉：《陈书》卷二三《沈君理传》，中华书局1972年版，第
299页。

主》诗，① 曰：

> 谁言不相忆，见罢倒成羞。情知不肯住，教遣若为留。

一反陈后主的浅薄无义与乏德无识，表达出十多年"相忆"的夫妻深情，流露出"遣"与"留"的忡忡忧心。"情知不肯住"一句，道出君王"戏赠"的本质。言为心声，沈皇后这首诗用明白晓畅的语言刻画出了真实的女性自我对答陈后主，委婉表达福祸难测的无奈。其无奈来自现实朝政，显现关注国事、关爱众生又心绪宁静的品格。

二

以长江天险为界，有南北两个王朝。南朝陈后主（553—604 年）以而立之年承位，却没有而立之举，偏安享乐。北朝杨坚（541—604 年）迫年幼的静帝禅位，以不惑之年建立隋朝，整治朝政，日夜勤勉。年轻隋文帝十余岁的陈后主，懈怠政务，"阉宦便佞之徒，内外交结，转相引进。贿赂公行，赏罚无度，纲纪督乱矣"②。偏安的小朝廷，如何能够抵御日夜操练兵马、随时准备南下的隋军？夫君不争气、嫡子被废，进言无效反招烦恼的沈婺华皇后，潜意典籍。

祯明二年六月（588 年），陈后主下诏，废年长且明政事的太子陈胤，立张贵妃之子年九岁的始安王陈深为嫡子，朝野哗然。转年，隋兵大举南下。朝野陷入混乱中，家国面临危亡之际，隔江犹唱《玉树后庭花》的陈后主，顷刻间兵败如山倒。陈朝灭亡，沈婺华陪同屈辱归降的陈叔宝北上，亡国的帝、后被押至长安。

仁寿三年（603 年），独孤皇后病逝，隋文帝身边的女人多起来，有陈叔宝之妹。因妹得宠号宣华夫人，陈叔宝住进饰金碧的府第，修陈氏宗祀，"乐不思蜀"。沈婺华虽与陈叔宝形影相随，但态度截然

---

① 逯钦立：《先秦汉魏晋南北朝诗陈诗·沈皇后》卷四，中华书局 1983 年版，第 2565 页。

② 李延寿：《南史》卷一二《后主张贵妃传》，中华书局 1975 年版，第 348 页。

相反，事事荣辱不惊，时时手不释卷。一应事务对答，依礼相待，仁慈宽厚。出入隋宫，受到的尊重与礼遇，竟在陈叔宝之上。

隋文帝仁寿四年（604年）四月，帝室东巡，陈叔宝伴驾，奉谕侍饮，即席赋出《入隋侍宴应诏诗》："日月光天德，山河壮帝居。太平无以报，愿上东封书。"以"日月"之光喻隋文帝统一中国的为政之德，虽是隋朝政治的形象折射，但因其身份不同，结句就有了阿谀献媚之嫌。隋文帝病逝，52岁的陈叔宝死于北地，谥"炀"。下葬时唯有沈婺华持素凭吊，不负旧情。陈叔宝倘若地下有知，应是自惭平生。姚思廉《陈书》本传载："自为哀辞，文甚酸切。"隋炀帝虽为政昏庸，却为沈婺华的贤惠所感动，为了笼络江南人心，每次去各地巡幸，都请其随驾出行，以示朝廷恩德。大业十四年（618年），隋炀帝在江都为宇文化及所杀。沈婺华乘混乱中从广陵（今江苏扬州）过江还乡。因感叹世事无常，命运多舛，于毗陵（今江苏常州）天静寺为尼，法号观音。

唐高祖武德四年（621年），虽有唐朝的年号，但隋末天下混乱的局面并为结束。曾到莱州白云庵修行的沈婺华，为救被吴主李子通强抓去抗唐的上千名无辜青年，巧设计谋。平安逃脱者不忘大恩，画观音来贡奉感恩，历史演绎出动人的传说，佛经中观音为"善男"，因出家修行的沈婺华名观音而为女。

隋代灌顶所辑的佛学著作《国清百录》卷二载，沈婺华存文1篇，题为《少主后沈手令书》，曰：

> 妙觉和南，今遣内师许大梵往稽首，乞传香火，愿赐菩萨名，庶积熏修，菩提眷属，谨和南答令名海慧菩萨。
> 沈后扶月供，熏陆沉檀各十斤，黄屑一斗，细纸五百张，烛十挺，赤松涧米五石。钱一千文。
> 右件月月供光宅寺。三月十二日。

明代梅鼎祚《释文纪》曰：与智顗手书，后请立法名。顗答令名海慧菩萨。两部辑录合读，便清楚这篇沈后"手令书"文的来龙去脉。向佛的沈后请赐法名，遂有智顗代表佛，赐名"海慧菩萨"。沈后的"手令书"，应和其《陈书》"善书法"的记载，也说明沈皇后于陈朝时，就有"海慧菩萨"的法名。

这是沈婺华皇后在帝室时向佛所作之文。文中透露的信息看，与寺院有着频繁来往，按例为寺院"扶月供"，内师不断前"往稽首"。既有生活用品"沉檀、黄屑、细纸、烛、赤松"的奉送，又有"愿赐菩萨名"的乞请，"今遣内师"的前往，是拜谢和南赐法名。不与张贵妃争长短的沈皇后，乱政中潜心向佛，有了家国败亡、人生归宿佛门之举。

沈婺华皇后诵经向佛之善举，史书典籍的载记有案可查。李延寿《南史》本传载：

> 尝遇岁旱，自暴而诵佛经，应时雨降。

"暴"通"曝"，沈婺华皇后为缓解旱灾，忍受曝晒，诵佛经求雨，感天动地，"应时雨降"，有着神话般的传奇。人生经历的起伏，文化世家的浸润，看透世事，归宿为尼，法号"观音"，为众生救苦救难，男性之变，有何不可？

沈婺华深得沈约、沈麟士、沈满愿乃至父辈沈君理、沈文阿等凝聚的"好学能经史，明慧擅诗文"家学，故而为人"恬静寡欲"，有别集之作。诵佛修行，荣辱不惊，始终以佛家"宁静"心态泰然处之。向佛为禅不废诗文，佛心宁静顾念众生。从闺秀才女到陈朝最后一位皇后、再到法号"观音"的沈婺华，彰显着传统女性的美德，闪现着家族文化的精华。这影响隋代宫闱才女炀帝皇后萧氏《述志赋》的创作，影响从长兴走出来的大唐诗僧皎然"禅栖不废诗"。

沈婺华皇后作《答后主》诗，有心"教遣若为留"，留的是初入东宫的真爱，留的是陈后主地下有知的愧悔。小诗错位展现的意境，使沈皇后名留史册，诗文存于后世。

主要参考文献

一 古籍文献

李昉等：《太平御览》，《四部丛刊》本。

虞世南：《北堂书钞》，《四库全书》本。

陆机、钟嵘：《文赋》《诗品》，周伟民、萧华荣注译，中州古籍出版社 1985 年版。

严可均：《全上古三代秦汉三国六朝文》，中华书局 1958 年版。

司马迁：《史记》，裴骃集解，司马贞索隐，张守节正义，中华书局 1959 年版。

班固：《汉书》，颜师古注，中华书局 1962 年版。

司马光：《资治通鉴》，中华书局 1962 年版。

杨伯峻：《论语译注》，中华书局 1963 年版。

杨伯峻：《春秋左传注》，中华书局 1963 年版。

范晔：《后汉书》，李贤等注，中华书局 1965 年版。

令狐德棻：《周书》，中华书局 1971 年版。

萧子显：《南齐书》，中华书局 1972 年版。

姚思廉：《陈书》，中华书局 1972 年版。

魏征：《隋书·经籍志》，中华书局 1973 年版。

姚思廉：《梁书》，中华书局 1973 年版。

魏收：《魏书》，中华书局 1974 年版。

房玄龄等：《晋书》，中华书局 1974 年版。

沈约：《宋书》，中华书局 1974 年版。

李延寿：《南史》，中华书局 1975 年版。

欧阳修、宋祁：《新唐书·艺文志》，中华书局 1975 年版。

郭茂倩：《乐府诗集》，中华书局 1979 年版。

孔颖达：《十三经注疏》，中华书局影印 1979 年版。

刘勰：《文心雕龙》，上海古籍出版社 1980 年版。

陈寿：《三国志》，裴松之注，中华书局 1982 年版。

欧阳询等：《艺文类聚》，上海古籍出版社 1982 年版。

刘义庆：《世说新语笺疏》，余嘉锡笺疏，中华书局 1983 年版。

逯钦立：《先秦汉魏南北朝诗》，中华书局 1983 年版。

赵翼：《廿二史札记校证》，王树民校证，中华书局 1984 年版。

高亨：《诗经今注》，上海古籍出版社 1989 年版。

李昉：《太平广记》，黑龙江人民出版社 1991 年版。

彭定求：《全唐诗》，中华书局 1999 年版。

洪迈：《容斋随笔》，昆仑出版社 2001 年版。

徐陵：《玉台新咏》，吴兆宜注，上海古籍出版社 2007 年版。

二　研究文献

郑文昂编：《古今名媛汇诗》，明内府藏本。

王夫之：《古诗评选》，《船山遗书》本。

万斯同：《东晋将相大臣年表》，《二十五史补编》本。

徐士俊：《奇女子风里络冰丝》，中国戏剧出版社 1958 年据诵芬室翻刻影印。

吴伟业：《通天台》，《暖红室汇刻本》。

陶秋英：《中国妇女与文学》，上海北新书局 1933 年版。

沈德潜：《古诗源》，文学古籍刊行社 1957 年版。

张溥：《汉魏六朝百三家集题辞注》，殷孟伦注，人民文学出版社 1960 年版。

罗根泽：《中国文学批评史》，中华书局 1961 年版。

游国恩：《中国文学史》，人民文学出版社 1963 年版。

瞿蜕园：《汉魏六朝赋选》，上海古籍出版社 1964 年版。

陈梦雷：《古今图书集成》，台湾鼎文书局 1977 年版。

王士禛：《池北偶谈》，靳斯仁点校，中华书局 1982 年版。

汤用彤：《汉魏两晋南北朝佛教史》，中华书局 1982 年版。

萧涤非：《汉魏六朝乐府文学史》，人民文学出版社 1984 年版。

胡文楷：《历代妇女著作考》，上海古籍出版社 1985 年版。

鲜于煌：《历代名媛诗词选》，重庆出版社 1985 年版。

许嵩：《建康实录》，张忱石校点，中华书局 1986 年版。

孔繁：《魏晋玄学和文学》，中国社会科学出版社 1987 年版。

王钟陵：《中国中古诗歌史》，江苏教育出版社 1988 年版。

朱彝尊：《静志居诗话》，人民文学出版社 1990 年版。

沈立东：《历代后妃诗词集注》，中国妇女出版社 1990 年版。

罗宗强：《玄学与魏晋士人心态》，浙江人民出版社 1991 年版。

程章灿：《魏晋南北朝赋史》，江苏古籍出版社 1992 年版。

王世贞：《艺苑卮言》，罗钟鼎校注，齐鲁书社 1992 年版。

陈顺智：《魏晋玄学与六朝文学》，武汉大学出版社 1993 年版。

蒋一葵：《尧山堂外纪》，台湾文化事业有限公司 1995 年版。

吴功正：《六朝美学史》，江苏美术出版社 1995 年版。

田余庆：《东晋门阀政治》，武汉大学出版社 1996 年版。

罗宗强：《魏晋南北朝文学思想史》，中华书局 1996 年版。

焦泰平：《汉魏六朝诗三百首注评》，太白文艺出版社 1997 年版。

钟惺、谭元春：《名媛诗归》，台湾庄严文化事业有限公司 1997 年版。

周勋初：《魏晋南北朝文学论集》，江苏古籍出版社 1999 年版。

纪昀：《四库全书总目提要》，河北人民出版社 2000 年版。

郭预衡：《中国散文简史》，北京师范大学出版社 2000 年版。

王永平：《六朝江东世族之家风家学研究》，江苏古籍出版社 2003 年版。

胡旭：《汉魏文学嬗变研究》，厦门大学出版社 2004 年版。

赵孟祥：《中国皇后全传》，中国社会科学出版社 2004 年版。

袁行霈：《中国文学史》第二卷，高等教育出版社 2005 年版。

周淑舫：《东山再起：六朝绍兴谢氏家族史研究》，浙江大学出版社 2008 年版。

王永平：《东晋南朝家族文化论丛》，广陵书社 2010 年版。

三　方志文献

沈约：《沈隐侯集》，《汉魏六朝百三名家集》本，《六朝诗集》本，《沈隐侯》十六章、《附录》一卷本，清吴汝纶集撰一卷本。

沈炯：《沈侍中集》，《汉魏六朝百三名家集》本。

[日] 铃木虎熊：《沈约年谱》，冯道源译，商务印书馆 1935 年版。

侯元棐、陈后方等：《德清县志》，康熙十二年刊本。

骆文盛等：《武康县志》，弘治十四年刊本。

阮元：《两浙輶轩录》，清嘉庆钱塘陈氏种榆仙馆刻本。

汪曰桢：光绪《乌程县志》，潘玉睿修，光绪七年刊本。

董斯张：《吴兴备志》，商务印书馆（台北）1969 年版。

张西廷：《湖州人物志》，上海科学院出版社 1990 年版。

疏篷：道光《武康县志》，上海书店 1993 年版。

余方德主编：《吴兴郡与吴兴大族的文化现象》，团结出版社 1993 年版。

陈庆元：《沈约集校笺》，浙江古籍出版社 1995 年版。

谈钥：嘉泰《吴兴志》，文物出版社 1996 年版。

余方德主编：《湖州市名村志》，解放军文艺出版社 1996 年版。

林家丽：《沈约研究》，杭州出版社 1999 年版。

董惠民等：《浙江历史与文化》，三秦出版社 2003 年版。

钮智芳：《吴越拾萃》，昆仑出版社 2005 年版。

唐燮军：《六朝吴兴沈氏及其宗族文化探究》，中国社会科学出版社 2007 年版。

周淑舫：《南朝家族文化探微》，吉林大学出版社 2008 年版。

周扬波：《从士族到绅族：唐以后吴兴沈氏宗族的变迁》，浙江大学出版社 2009 年版。

余方德主编：《名人与湖州》，沈阳出版社 2013 年版。

李学功、唐燮军、周扬波：《郡望吴兴　族鉴南浔—沈氏宗姓文化研究》，黑龙江人民出版社 2017 年版。